백제의 빛, 미륵사 석등

THE LIGHT OF BAEKJE, STONE LANTERNS OF MIREUKSA TEMPLE

표지_특별전 <백제의 빛, 미륵사 석등> '나만의 석등 만들기' 인터랙티브 콘텐츠 중에서

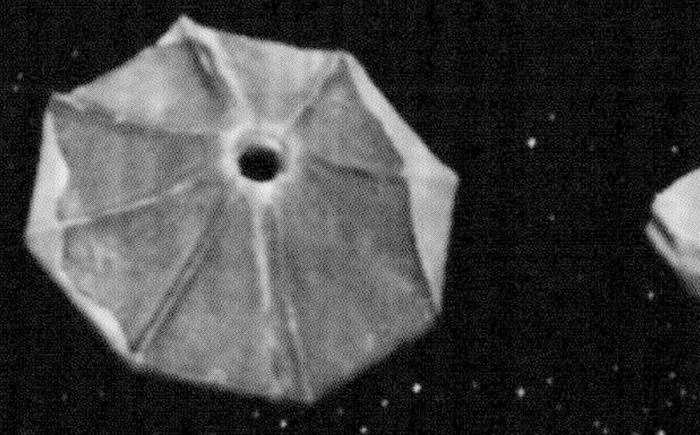

백제의 빛, 미륵사 석등

THE LIGHT OF BAEKJE, STONE LANTERNS OF MIREUKSA TEMPLE

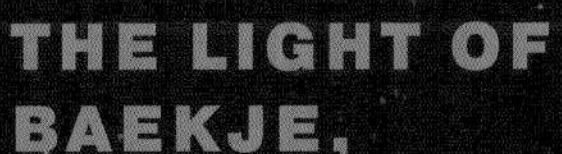

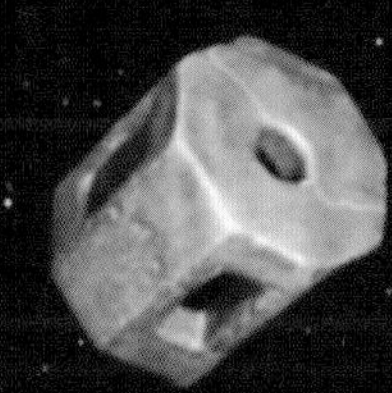

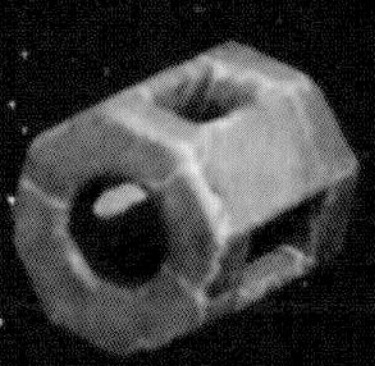

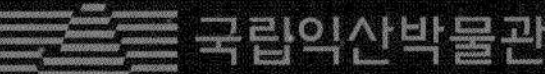

국립익산박물관

일러두기

1. 이 책은 국립익산박물관이 2021년 10월 19일부터 2022년 2월 13일까지 개최하는 특별전 〈백제의 빛, 미륵사 석등〉의 전시 도록이다.
2. 도록에는 전시품 31건 33점의 도판과 익산 미륵사지 석등 부재 13점의 3D 스캔 이미지 및 도면을 게재하였으며, 본문 중 내용의 이해를 돕기 위한 참고도판은 (그림)으로 표기하였다.
3. 유물 정보는 명칭, 시대, 크기, 출토지, 소장처(보관처) 순으로 기입하였다.
4. 한글 표기를 원칙으로 하고 필요한 경우 한자를 병기하였다.

차례
Contents

백제의 빛, 미륵사 석등

발간사

익산 미륵사는 7세기 전반 무왕武王(재위 600~641) 때 세워진 백제에서 가장 큰 절이었습니다. 이제 당시의 건물은 모두 사라지고, 석탑과 당간지주만으로 옛 모습을 짐작해 볼 뿐입니다. 그런데 많은 이들이 눈치채지 못하고 지나가기 쉬운 곳에, 창건기 미륵사의 모습을 떠올리게 하는 또 하나의 흔적이 있습니다. 바로 금당과 탑 사이에 있는 석등石燈의 받침돌입니다.

미륵사지에는 창건기 석등의 일부로 추정되는 돌이 여러 개 남아 있습니다. 이 중에는 서로 같은 모양, 비슷한 크기의 화사석火舍石 3점이 포함되어 있어, 창건기 미륵사에 적어도 3기 이상의 석등이 존재하였던 것을 알 수 있습니다. 이는 미륵사의 독특한 3원 3탑의 가람 배치와도 무관하지 않습니다. 이에 국립익산박물관은 이 석등 조각들을 모두 모아 3차원 실측 조사를 실시하고, 디지털로 복원하여 창건기 미륵사 석등의 모습을 재현해 보았습니다.

지금 우리나라에 남아 있는 석등의 대부분은 통일신라 이후에 제작되어 이보다 이른 삼국시대 석등의 원형을 확인할 수 있는 것은, 여기 익산 미륵사의 석등이 유일합니다. 비록 대부분의 조각이 원래의 형태를 알 수 없게 깨져 있거나, 원래의 위치를 벗어난 곳에서 발견되었기 때문에 복원안은 추정의 범위를 넘을 수 없습니다. 하지만 우리나라 석등의 시원始原 양식을 확인할 수 있다는 점에서 큰 의미를 지닙니다.

오랜 세월 무너진 채 방치되어 오다 최근 보수 정비를 마치고 새로운 모습으로 단장한 미륵사의 석탑처럼, 최신 디지털기술의 도움으로 다시 우리 앞에서 새로운 백제의 빛을 발하기 시작한 미륵사 석등의 모습을 소개합니다.

2021년 11월
국립익산박물관장
최흥선

The Light of Baekje, Stone Lanterns of Mireuksa Temple

Preface

Mireuksa Temple in Iksan, the largest temple of Baekje, was built by King Mu (r. 600-641) in the early 7th century. Today, its structures have all disappeared, except for a stone pagoda and flagpole supports that provide a glimpse into its former glory. Nevertheless, there are other remnants that sit ignored by most visitors and yet allow us to imagine the temple's early years: stone lantern pedestals situated between the sites of a prayer hall and a pagoda.

Most importantly, the Mireuksa Temple Site is home to several stone relics presumed to be stone lantern parts, suggesting that more than one stone lantern once stood at the site. In particular, there remain three light chamber stones and three roof stones of similar sizes and shapes — relics likely associated with the temple's unique layout of three courtyards, each consisting of a prayer hall and a pagoda. Against this backdrop, experts have long struggled to restore these stone lanterns, and recently, after renewed investigation, the Iksan National Museum has finally restored them to their original form using the latest digital technologies.

Most surviving stone lanterns in Korea are from the 8th century, the Unified Silla period and afterward. As for stone lanterns from the earlier Three Kingdoms period, those from the Mireuksa Temple Site are the only ones whose original form can be more or less identified. Since most remaining parts are broken beyond recognition of their original forms or were discovered some distance away from their original locations, our restoration is confined to the realm of conjecture. Nevertheless, the restoration is significant in that it allows us to identify the archetypal form of Korean stone lanterns.

Just as Mireuksa Temple's stone pagoda was revealed afresh after recent restoration work that followed extended abandonment, its stone lanterns are now restored using digital technologies and about to shine a new light of Baekje after what was a mostly inconspicuous and ignored existence. Let us then invite you to our Special Exhibition Hall, the venue where the light shines anew.

November, 2021
Director of Iksan National Museum
Choi Hyeungsun

백제의 사찰로 이끌다

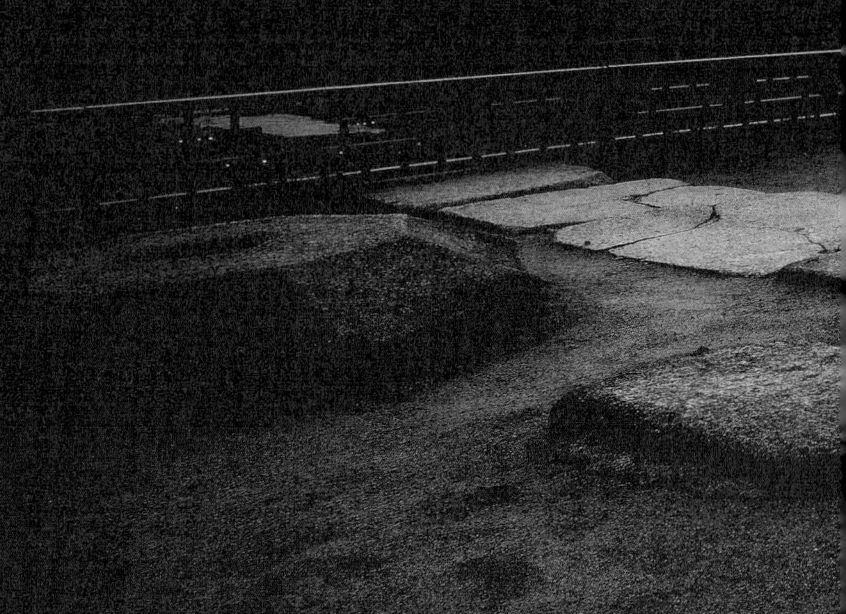

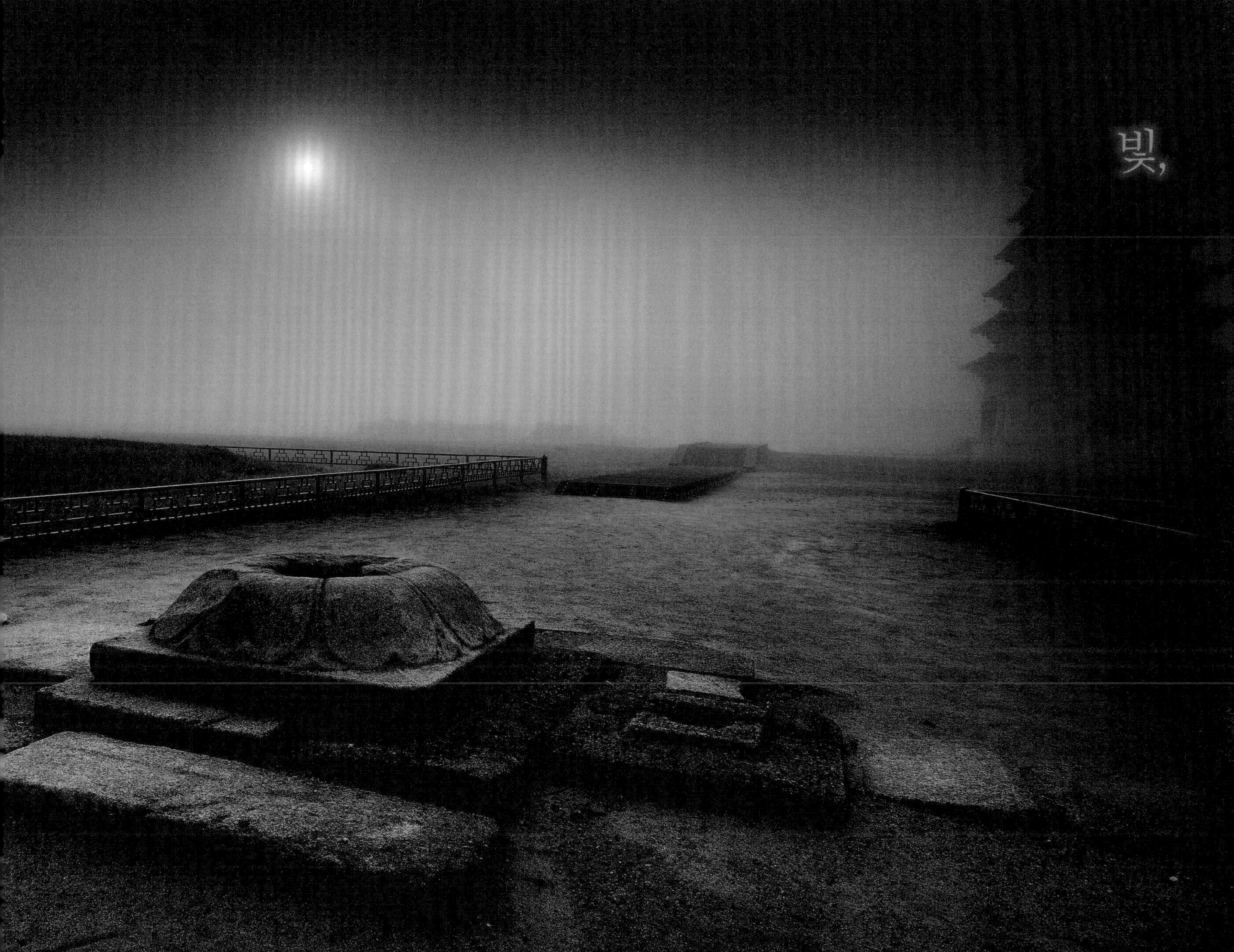
빛,

빛, 백제의 사찰로 이끌다

석등은 우리나라의 불교 사찰 어느 곳에서나 볼 수 있을 만큼 흔하지만, 흔한 만큼 사람들의 관심 밖에 있는 것이 사실이다. 하지만 석등은 부처의 가르침을 상징하는 '빛'을 가장 직관적으로 보여주는 조형물이며, 사찰 안의 어떤 조형물보다 우리 민족의 조형 감각에 기반을 두고 있는 창조물이다. 어둠을 밝히는 빛은 무지無知와 무명無明을 깨치는 진리를 상징하고, 불교에서 진리는 부처의 가르침 혹은 부처 자신을 의미하니, 이러한 빛을 발하는 석등은 단순히 주변을 밝히기 위한 실용 도구가 아니라, 한층 깊은 의미를 지닌 종교적 조형물이라 할 수 있다. 또한 지금 석등을 이야기하며 머릿속에 떠올리는 형태의 기원을 찾아 거슬러 올라가면 삼국시대 백제 사찰에 닿으니, 석등을 백제인의 창조물이라 해도 과언이 아닌 것이다.

→특별전 〈백제의 빛, 미륵사 석등〉 산수봉황무늬 장식 벽돌 3D 홀로그래픽 글래스 아트 중에서

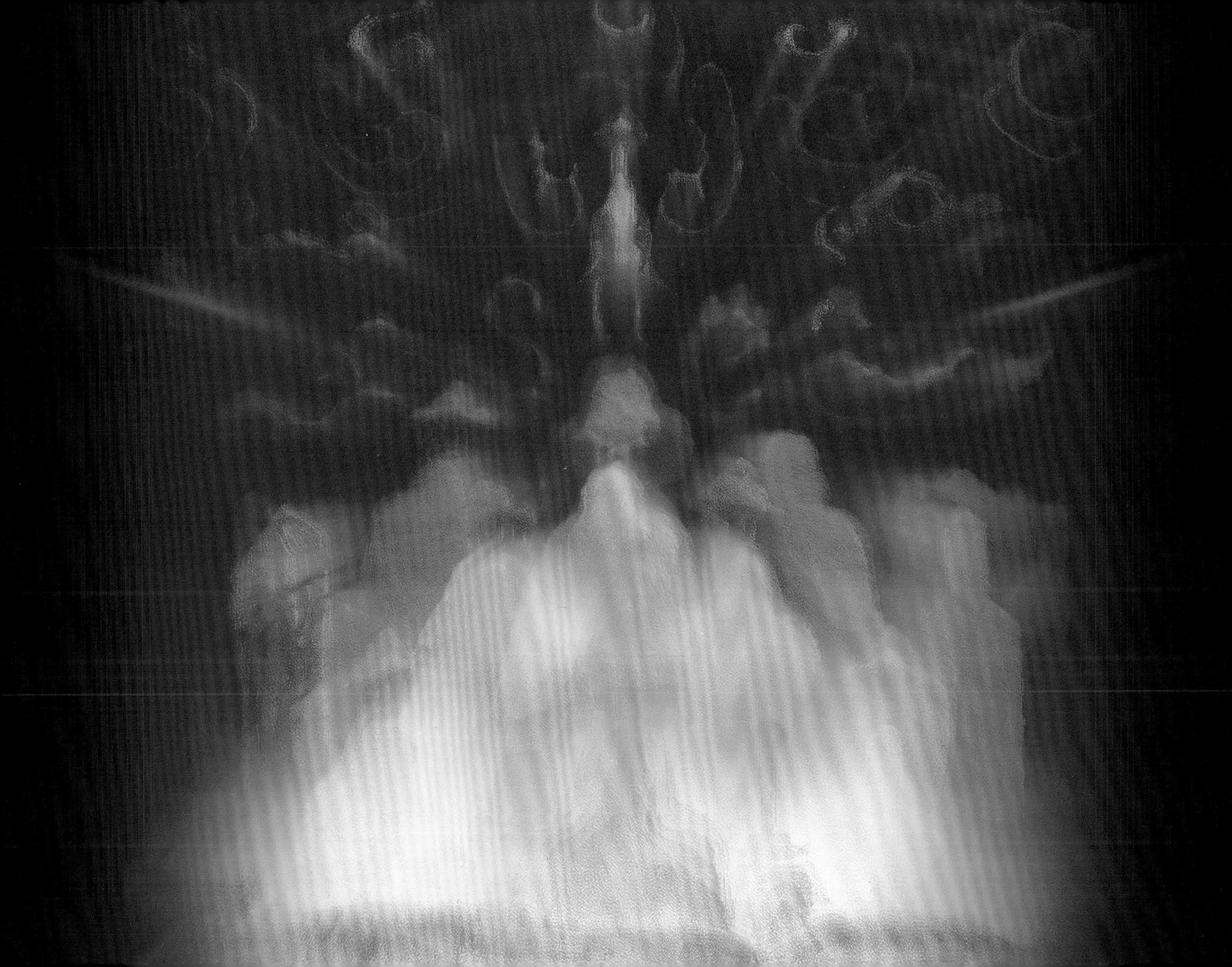

빛과 등燈, 그리고 석등

불교의 빛과 등 공양

불교에서 빛은 부처의 가르침 혹은 부처 자신을 상징한다. 불상에 금박을 더하여 금색으로 빛나게 하거나, 불신佛身 뒤로 광배光背를 세우는 것은 모두 여래의 빛을 형상화하기 위한 것이다. 『등지인연경燈指因緣經』의 한 구절을 인용해 보면,

> 여래의 몸[佛身]은 밝게 빛나 금과 같으시며, 공덕과 지혜로써 스스로를 장엄莊嚴하고, 원만하며 만족한 눈을 얻어 능히 중생들의 모든 근기根機를 관찰하시되, 세간世間이 어두우면 등불[燈明]이 되시고, 중생이 어리석으면 친한 벗이 되시니, 모든 선업善業을 갖추어 훌륭한 명성이 널리 들렸다.[1]

여래는 스스로 빛을 발하며 스스로 등불이 되기도 하는데, 이러한 여래에게 '빛'을 발하는 '등'을 올리는 일은 여러 공양 중에서도 으뜸으로 꼽힌다. 『시등공덕경施燈功德經』은 등을 밝혀 빛을 내는 '연등燃燈' 공양의 이루 헤아릴 수 없는 공덕에 대하여 다음과 같이 이야기하고 있다.

> 탑묘塔廟와 모든 형상形像 앞에 공양供養을 설치하여 작은 심지일지라도, 혹은 소유蘇油(우유로 만든 기름)를 태워 올린 것일지라도, 혹은 그 밝기가 좁은 길만 비출 정도일지라도 등불[燈明]을 받들어 올리면, 이에 대한 복덕福德을 모든 성문聲聞과 연각緣覺이 알 수 없어도 오직 여래만은 아실 것이다.[2]

> 부처님의 탑묘塔廟에 등불[燈明]을 받들어 올리면 죽은 후에 삼십삼천三十三天에 태어날 것이요, 그곳에서 다섯 가지 청정淸淨을 얻을 것이다. 첫째는 청정한 몸을 얻고, 둘째는 모든 하늘 가

1 T703;16, 808b24-27, 『燈指因緣經』(동국대학교 한글대장경 누리집 https://abc.dongguk.edu/ebti/c2/sub1.jsp 참조) "佛身光明如融金聚 功德智慧 以自莊嚴 得圓足眼 善能觀察 衆生諸根 世間黑闇 爲作燈明 衆生愚癡 爲作親善 衆善悉備 名稱普聞"

2 T702;16, 804a20-24, 『施燈功德經』(경전연구모임, 『조탑공덕경 등』(불교시대사, 1995), p.75 참조) "或於塔廟諸形像前 而設供養故 奉施燈明乃至以少燈炷 或蘇油塗然持以奉施 其明唯照道之一階 舍利弗 如此福德非是一切聲聞緣覺所能了知 唯佛如來乃能知也"

운데에서 뛰어난 위덕威德을 얻고, 셋째는 항상 청정한 생각과 지혜를 얻고, 넷째는 항상 뜻에 맞는 소리를 듣고, 다섯째는 권속이 항상 그의 뜻에 맞아 마음이 기쁠 것이다.[3]

이러한 등 공양의 공덕에 주목하여 불교 국가였던 신라와 고려에서는 연등회燃燈會를 나라의 연례 행사 중 하나로 중요시했다. 『삼국사기三國史記』에는 경문왕景文王 6년(866), 왕이 황룡사皇龍寺에 행차하여 연등 행사를 친견하고 모든 신하들에게 잔치를 베풀었으며, 뒤이은 진성왕眞聖王 4년(890)에도 왕이 황룡사의 같은 연등 행사를 보기 위하여 행차하였던 기록이 남아 있다.[4]

신라에 이어 고려를 세운 태조太祖는 훈요 10조로 연등회를 중시할 것을 강조하였는데, 이후 『고려사高麗史』에 관련 기록이 200회 이상 등장하여 거의 매년 거르지 않고 연등회가 개최된 사실을 확인할 수 있다.[5]

유교를 숭상한 조선에서는 건국과 함께 연등회 폐지의 명이 내려졌다.[6] 하지만 이후로도 연등회 폐지를 요청하는 상소가 끊이지 않고 올라왔으니 폐지의 명에도 불구하고 연등회의 명맥은 꾸준히 이어졌던 것으로 보인다. 지금도 음력 4월 초파일이면 성대하게 이루어지는 연등회의 전통은 바로 여기에서 찾아야 할 것이다.[7]

물론 연등 공양의 전통은 역사서에 기록된 국가 차원의 대규모 행사가 아니더라도, 불교 신도라면 누구나 절을 찾아 불전에 초를 밝히거나, 연꽃 모양의 등을 달아 '빛'을 공양하는 것으로 더

3 T702;16, 805c02-07, 『施燈功德經』(경전연구모임, 앞의 책(1995), p.86 참조) "復次舍利弗 於佛塔廟施燈明已 死便生於三十三天 生彼天已 於五種事而得清淨 舍利弗 云何彼天於五種事而得清淨 一者得清淨身 二者於諸天中得殊勝威德 三者常得清淨念慧 四者常得聞於稱意之聲 五者所得眷屬常稱彼意心得欣喜"

4 『三國史記』卷11 新羅本紀, 景文王六年春一月十五, "幸皇龍寺看燈 仍賜燕百寮"; 眞聖王四年春一月十五, "幸皇龍寺看燈"

5 『高麗史』卷2 太祖(癸卯)二十六年 夏四月, "御內殿 召大匡朴述希 親授訓要…其六曰 朕所至願 在於燃燈八關 燃燈所以事佛 八關所以事天靈及五嶽名山大川龍神也 後世姦臣建白加減者 切宜禁止 吾亦當初誓心 會日不犯國忌 君臣同樂 宜當敬依行之"

6 『太祖實錄』卷1, "甲寅 都堂請罷八關 燃燈"

7 우리나라의 연등회는 2020년 유네스코 인류무형문화유산으로 등재되어 지금의 모습으로 보존·전승될 예정이다. 국립무형유산원, 『특별전 천 갈래의 빛, 연등회』(국립무형유산원, 2020) 참조.

욱 뿌리 깊게 이어지고 있다. 그런데 주목할 것은, 지금까지 살펴본 불교의 빛과 등 공양에 관련된 경전이나 사료, 혹은 실제 행사의 전통에서 '석등'에 대한 언급을 찾아보기 어렵다는 점이다.

등 공양과 석등

돌로 만든 등, '석등石燈'은 현재의 우리에게는 매우 익숙하지만, 불교 경전 등 옛 문헌에서 좀처럼 찾아보기 어려운 용어이다. 우리나라에서 '석등'이 문자 기록으로 남아 있는 예는 전라남도 담양 개선사지 석등(그림1)의 명문이 유일하다.[8]

景文大王主
文懿皇后主大娘主願燈二
炷唐咸通九年戊子中春夕
…僧靈判□□ 建立石燈…

화사석에 음각으로 새겨진 명문은, 함통咸通 9년(868)에 경문왕과 왕후, 그리고 공주의 발원으로 '석등'을 건립한 내력을 담고 있다. 이외에 명문이 있는 석등이라고는 고려 순종 10년(1093)에 제작된 전라남도 나주 서문 석등(그림2)[9]과 무진명 석등[10] 2점뿐인데, 그나마 '석등' 대신 '등감燈龕'이라는 단어가 사용되었다.

8 이영훈, 「開仙寺石燈에 새겨진 8~9세기 新羅의 토지제도」, 『고문서연구』50(2017), pp.102-103; 장동익, 「京都大學所藏 開仙寺址石燈記의 拓本」, 『역사교육논집』36(2006), p.408; 최연식, 「개선사 석등기」, 『譯註韓國古代金石文 3』(1992); 황수영, 『韓國金石遺文』(일지사, 1976) 등.

9 大安九年癸酉七月日謹記 / 三世諸佛聖永獻供養 / 願以燈龕一坐石造排立 / 錦邑安泰富貴恒存 / 聖壽天長百穀豐登 / 迪孫□先月心光□□心 / 中興里戶長羅在堅應 / 南贍部洲高麗國羅州; 국립나주박물관, 『나주 서성문 안 석등-보존처리 및 이전 전시 보고서』(국립나주박물관, 2017), p.105.

10 聖壽天長□戊辰□五 / 穀豐登□□□民安 / 六趣迷倫三塗滯□□ / 剎之願燈龕一座令者 / 棟樑乘善消皆□修□□ / 再後證菩提之□□□ / 菩薩戒 / 右弟子; 전라남도 도청 안에 보관되어 있는 고려시대 재명在銘 석등이다. 허흥식, 『韓國金石全文』中世下編(아세아문화사, 1984).

이처럼 '석등'이란 용어가 등장하는 문헌 기록은 찾기 어렵지만, 실제 석등은 옛 구조를 간직한 여느 사찰이라면 어디에서나 쉽게 찾아볼 수 있다. 일주문과 천왕문 등 몇 개의 화려한 문을 지나 웅장한 전각 앞에 이르러 높은 탑을 마주하는 과정에서 놓치고 지나가기 쉽지만, 대개 옛 사찰의 중심 전각 앞에는 석등이 서 있는 경우가 많다. 그 중에 국보나 보물로 지정된 완형만 해도 26점에 이른다.[11] 석등을 세운 기록도, 석등에 불을 붙여 공양한 기록도 찾을 수 없지만, 실제 석등은 이렇게 많이 남아 있는 상황을 어떻게 해석해야 할까.

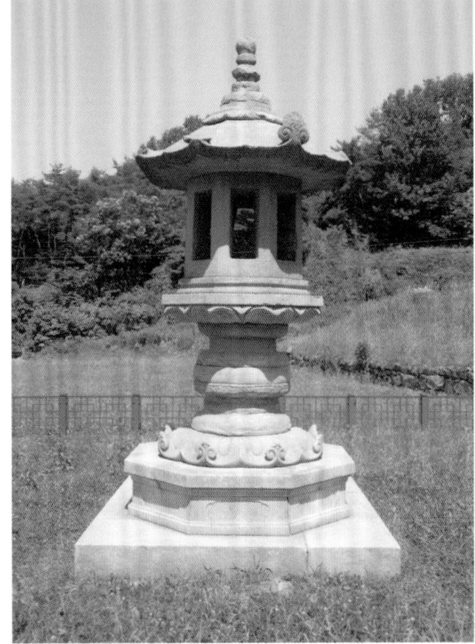

(그림1) 담양 개선사지 석등, 통일신라 868년, 높이 3.5m, 전남 담양군 가사문학면

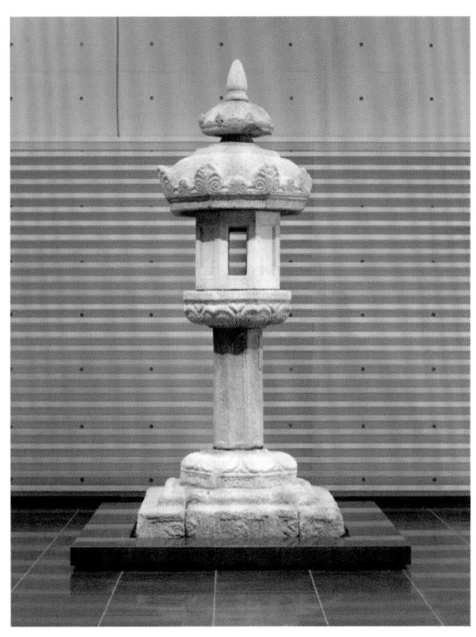

(그림2) 나주 서문 석등, 고려 1093년, 높이 3.32m, 국립나주박물관

11 국립문화재연구소의 석등조사보고서에 실린 완형의 석등 수량만 해도 74점이다. 국립문화재연구소, 『석등조사보고서 I』 竿柱石篇, 1999; 국립문화재연구소, 『석등조사보고서 II』 異形式篇, 2002.

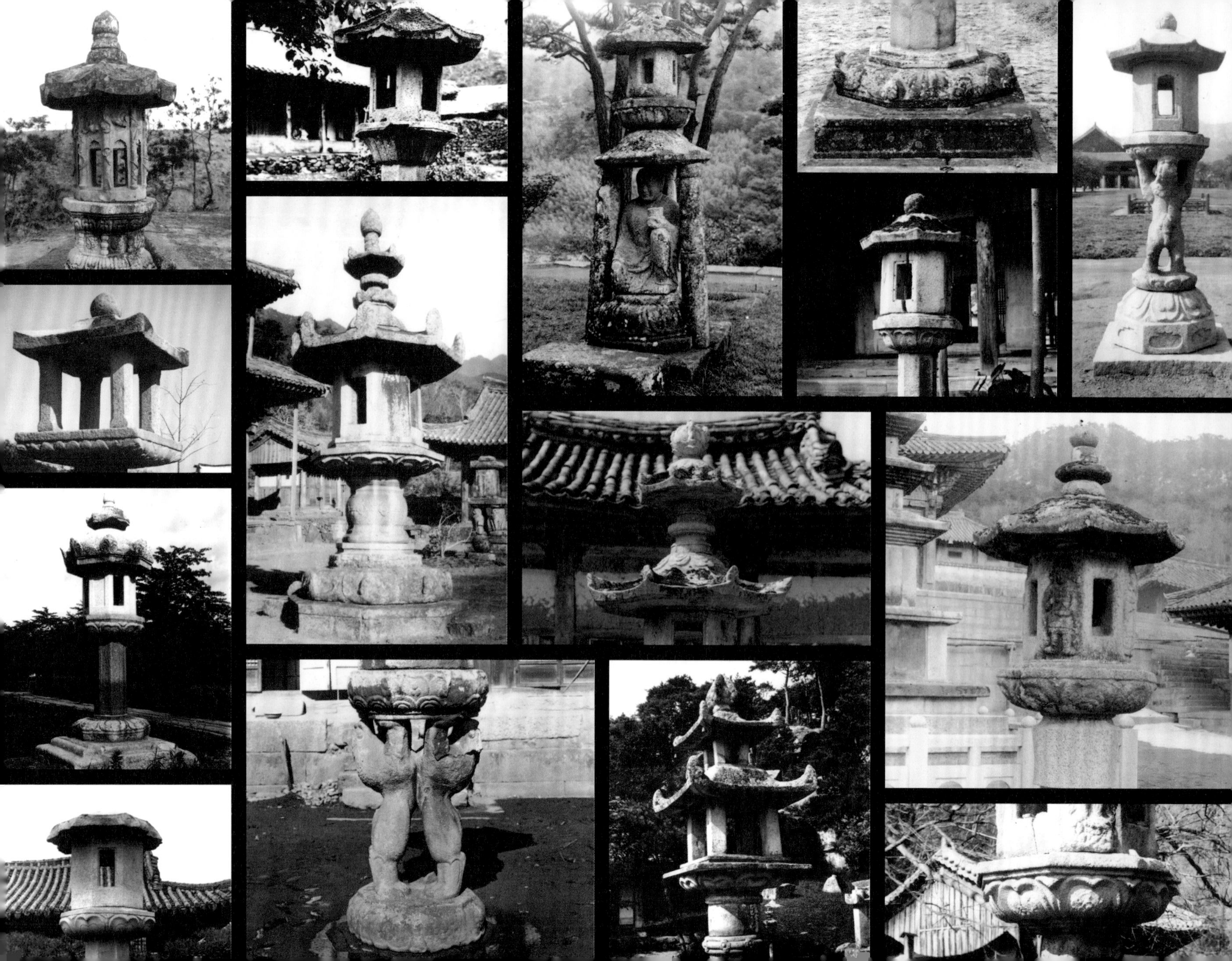

석등과 등명燈明의 여래

사찰의 중심 전각 앞에 서 있는 석등은 연등회와 같은 특정 행사에 사용되는 일회성 도구가 아니라, 매일 해가 지고 나면 어두워진 가람 안을 밝히기 위한 일상용품이었을 가능성이 높다. 말하자면 지금의 가로등과 같은 존재이니, 석등을 밝히는 일은 따로 기록해 둘 만한 사건이 아닌 것이다. 하지만 가람 안에서 생활하는 승려가 아니라 가끔 사찰을 찾는 참배객들은 불이 밝혀진 석등의 모습을 볼 기회가 좀처럼 없어서, 석등이 조명기구라는 사실을 잊기 쉽다. 그래서일까, 전각 앞에서 석등의 존재를 알아챈 참배객들은 불상과 탑에 절을 올리기 전에, 석등을 향해 두 손을 모으기도 한다. 앞에서 인용한 『등지인연경』의 구절을 되돌아보면,

佛身光明 如融金聚
世間黑闇 爲作燈明

여래의 몸은 금처럼 밝게 빛나시고,
세상이 어두우면 등불[燈明]이 되시니.

여래의 몸은 금처럼 밝게 빛나시고, 세상이 어두우면 스스로 등불[燈明]이 되신다고 하였으니, 여래는 '빛', 그 자체인 것이다. 화엄경의 주존主尊이신 노사나여래와 비로자나여래, 그리고 밀교 만다라의 중심에 계시는 대일여래와 같이 '널리 퍼지는 밝은 빛[光明遍照]'을 의미하는 산스크리트어를 어원으로 하는 여래도 있다. 불교에서 빛과 여래가 동일시되는 것은, 어둠을 밝히는 빛이 무지無知를 깨우치는 진리를 상징하는 것처럼 널리 인정되는 보편적 인식인 것이다. 그렇다면 빛을 발하는 석등에 두 손을 모아 절하는 행위는 등명燈明으로 나타나신 여래에게 합장하는 것이니, 불상이나 탑에 예배하는 것과 크게 다르지 않다고 볼 수 있다. 석등 안에 밝게 빛나는 빛이 곧 여래를 의미하는 사실은 미륵삼부경彌勒三部經 중 하나인 『미륵대성불경彌勒大成佛經』의 마지막 구절에서도 확인할 수 있는데, 이는 곧 미륵사 석등 이야기의 출발점이기도 하다.

← 국립중앙박물관 소장 유리건판 사진 중에서

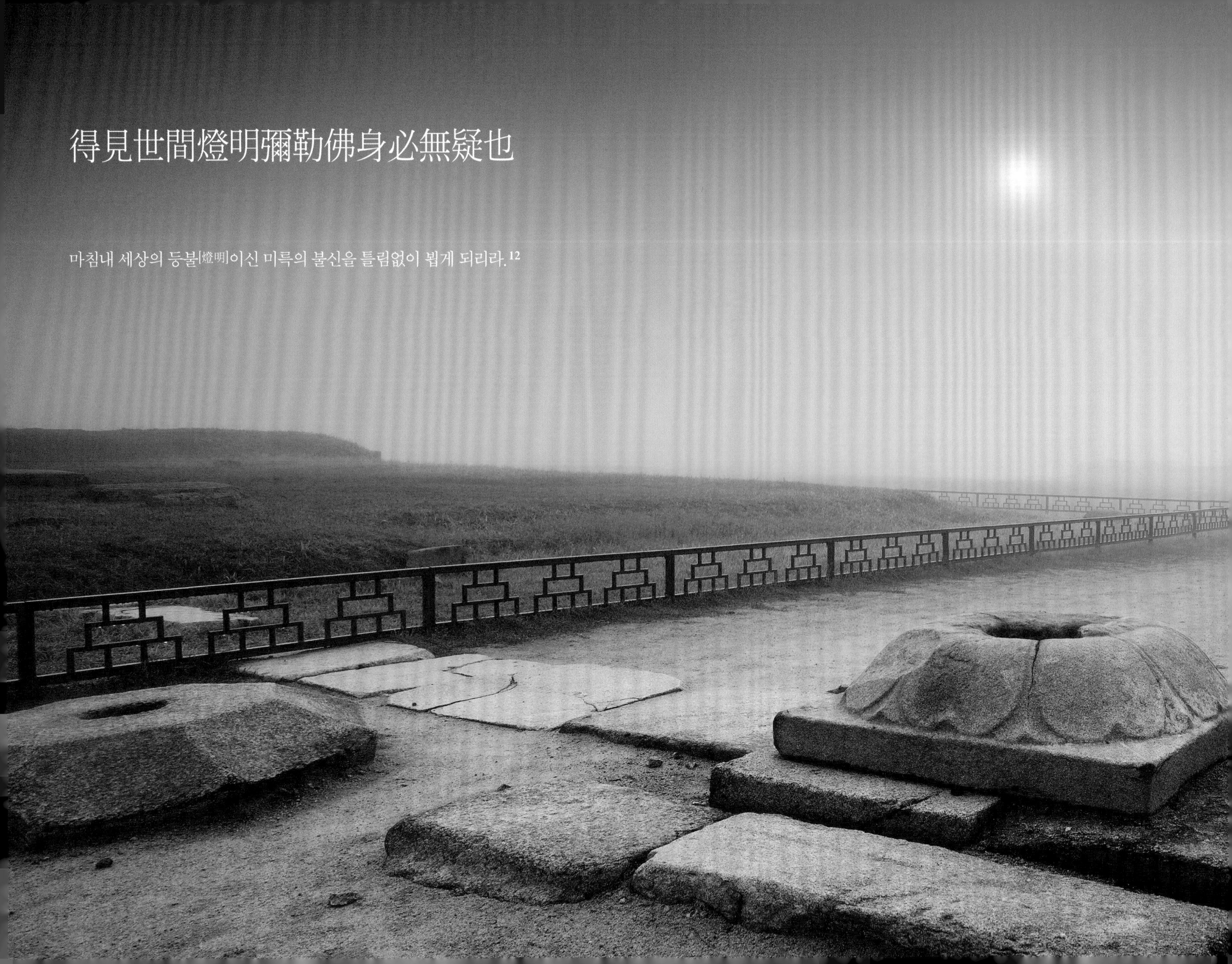

得見世間燈明彌勒佛身必無疑也

마침내 세상의 등불[燈明]이신 미륵의 불신을 틀림없이 뵙게 되리라.[12]

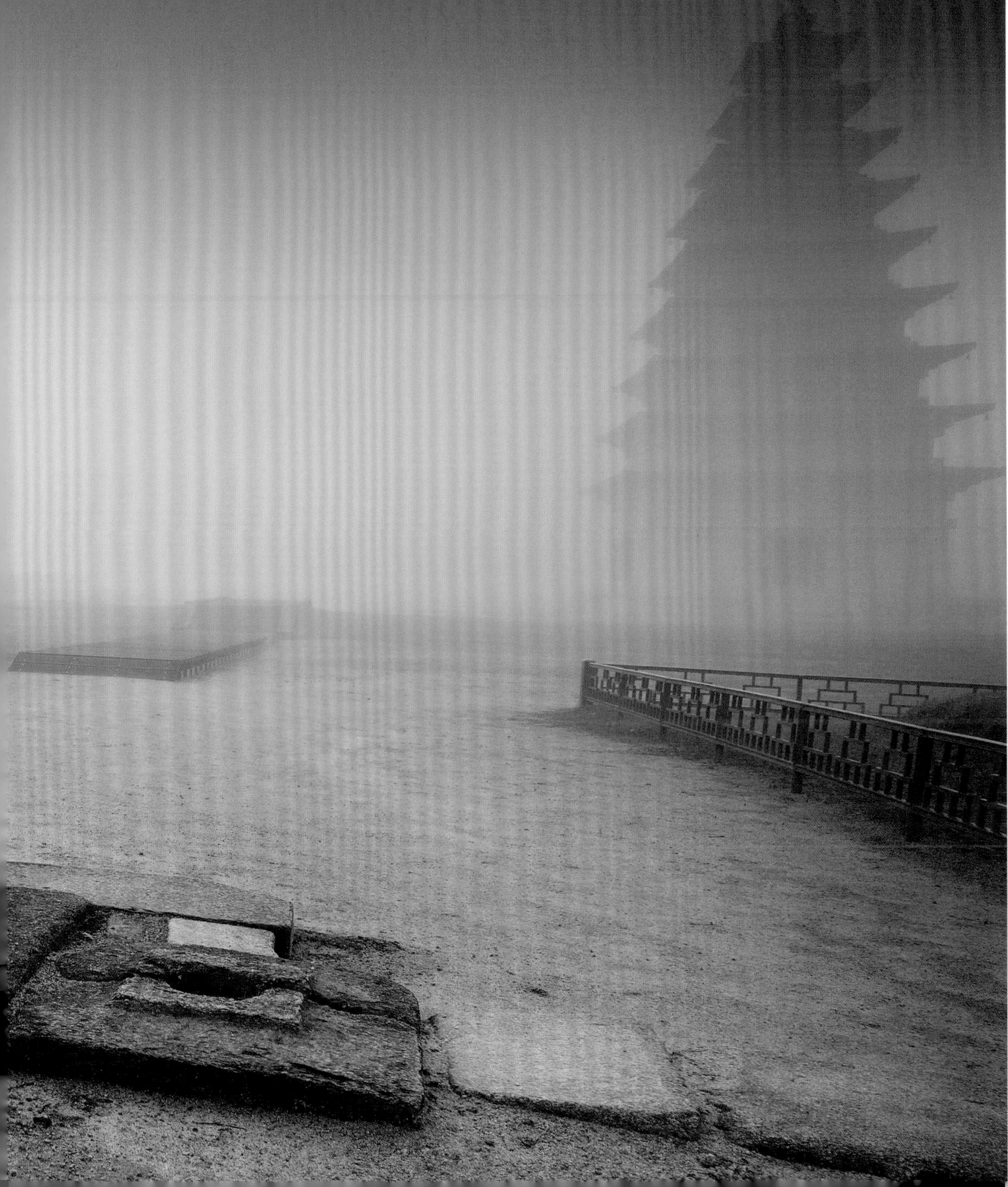

12 T456;14, 434a20-21,『彌勒大成佛經』.

백제의 석등

미륵사와 백제 석등의 원형

백제 무왕武王(재위 600~641) 때 창건된 익산 미륵사는 7세기 동아시아 최대 규모를 자랑하는 불교 사찰이었지만, 이제 와서 당시의 위용을 짐작할 수 있는 조형물이라고는 무너진 석탑과 당간지주뿐이다. 그리고 눈에는 잘 띄지 않지만, 동원東院과 중원中院의 금당金堂과 탑 사이에 석등의 받침돌이 각각 1점씩 남아 있다. 지금까지 우리나라 석등의 대부분은 8세기 통일신라 이후의 것으로 알려져 있는데, 7세기 전반에 창건된 익산 미륵사지에 이렇게 석등의 받침돌이 전하고 있으니, 우리나라 석등의 시원도 함께 7세기 전반 백제까지 거슬러 올라갈 수 있게 된다. 하지만 미륵사지에 남아 있는 석등의 받침돌만으로는 원래 백제 석등이 어떤 모습이었는지 알기 어렵다. 게다가 미륵사 이외의 다른 백제 사찰에 석등이 남아 있는 예도 없기 때문에, 백제 석등의 원형을 보다 구체적으로 복원해 보기 위해서는 몇 가지 단편적인 단서를 추적해 볼 수밖에 없다.

→ 익산 미륵사지 전경(2019년 11월 촬영)

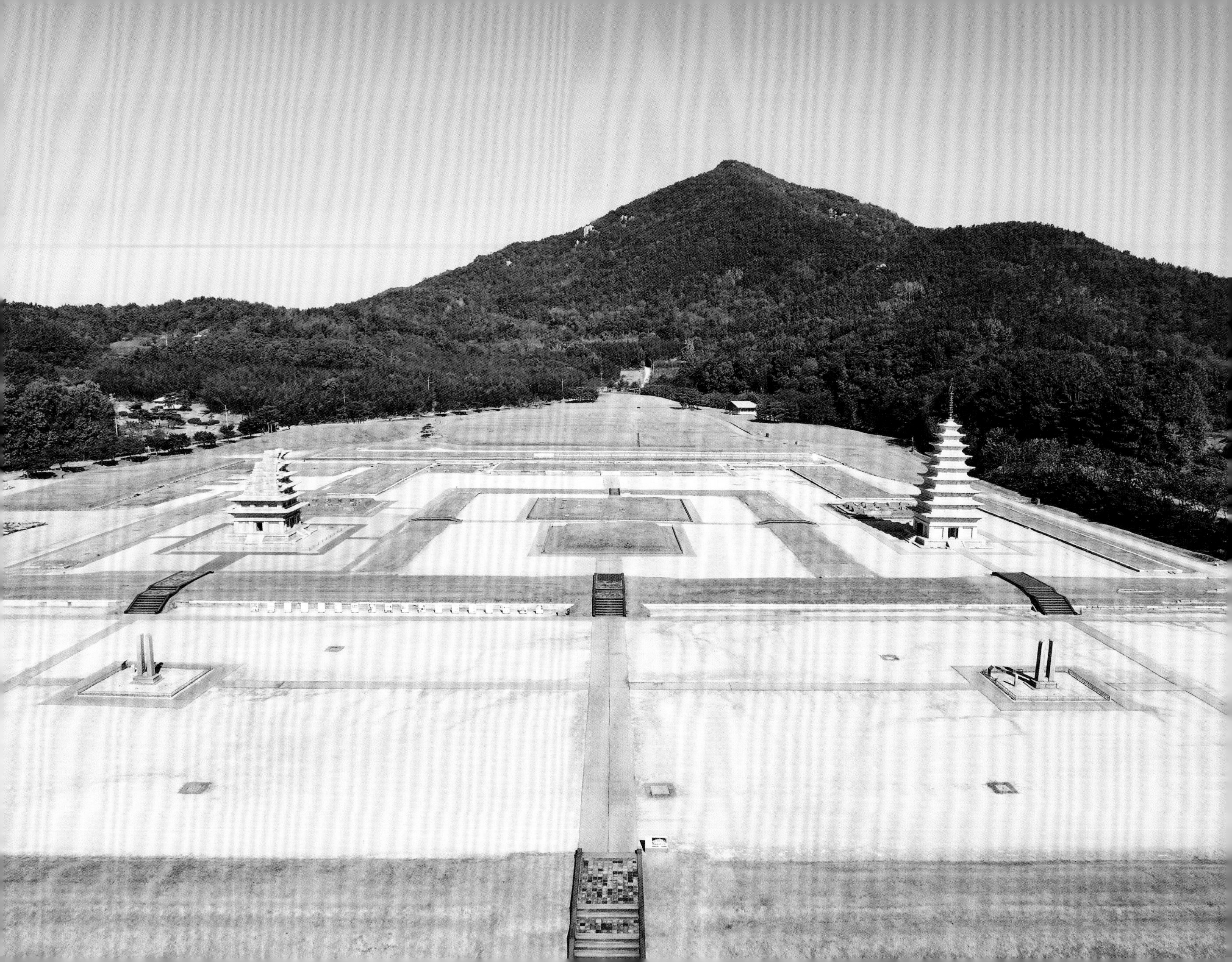

산수무늬 장식 벽돌

가장 유력한 단서는 백제 후기에 제작된 산수무늬 장식 벽돌이다. 이 벽돌은 1937년 부여 규암면 외리外里에서 우연한 기회에 발견되었다.[13] 이후 이루어진 간략한 발굴 조사에서 완형과 파편을 포함하여 약 150여 점의 장식 벽돌[文樣塼]이 확인되었다. 장식 문양은 백제인의 종교관과 현실 세계를 동시에 보여주는 것으로 산수무늬[山水紋], 산수봉황무늬[山水鳳凰紋], 산수도깨비무늬[山水鬼形紋], 연꽃도깨비무늬[蓮花鬼形紋], 용무늬[蟠龍紋], 봉황무늬[鳳凰紋], 연꽃무늬[蓮花紋], 연꽃구름무늬[蓮花雲紋]의 여덟 종류로 분류할 수 있는데, 그 중에서도 산수무늬와 산수봉황무늬 벽돌(도1)이 유명하다.

오른쪽의 산수무늬 벽돌에는, 드문드문 소나무가 자라는 산등성이와 기암절벽이 이어지는 첩첩산중에 치미鴟尾를 얹은 기와지붕 건물이 한 채 서 있다. 그리고 그곳을 향해 걸어가는 승려의 옆모습이 새겨져 있다. 그곳은 산속에 자리한 백제의 어느 사찰임이 틀림없다.

또 다른 벽돌, 다시 산등성이와 기암절벽이 이어지는데, 이번에는 하늘에 구름이 짙게 깔리고 그 위로 커다란 봉황이 나타나 상서로운 분위기를 연출한다. 정면관의 봉황에서 시선을 옮겨 첩첩산중 안을 들여다보면, 치미를 얹은 기와지붕 건물 두 채가 줄지어 서 있는 모습을 찾을 수 있다. 그중 오른쪽의 건물 앞에, 방형의 2단 받침대, 얇은 기둥, 그리고 둥근 물체를 얹은 조형물이 세워져 있는데, 이것이 바로 백제 사찰 내 금당 앞에서 불을 밝히던 석등의 단순화된 형태로 보인다.

낮은 받침대 위에 얇은 기둥을 세워 높이를 조절하고, 그 위에 등롱燈籠을 올린 형식은 조명기구의 기본 단위로, 이른 시기의 예를 찾아 거슬러 올라가면 중국 북위北魏 시대 분묘墳墓에서 출토되는 석제등잔石製燈盞에 이를 수 있다.

13 有光教一,「扶餘窺岩面に於ける文様塼出土の遺蹟と其の遺物」,『昭和十一年度古蹟調査報告』(朝鮮古蹟研究會, 1937), pp.65-73.

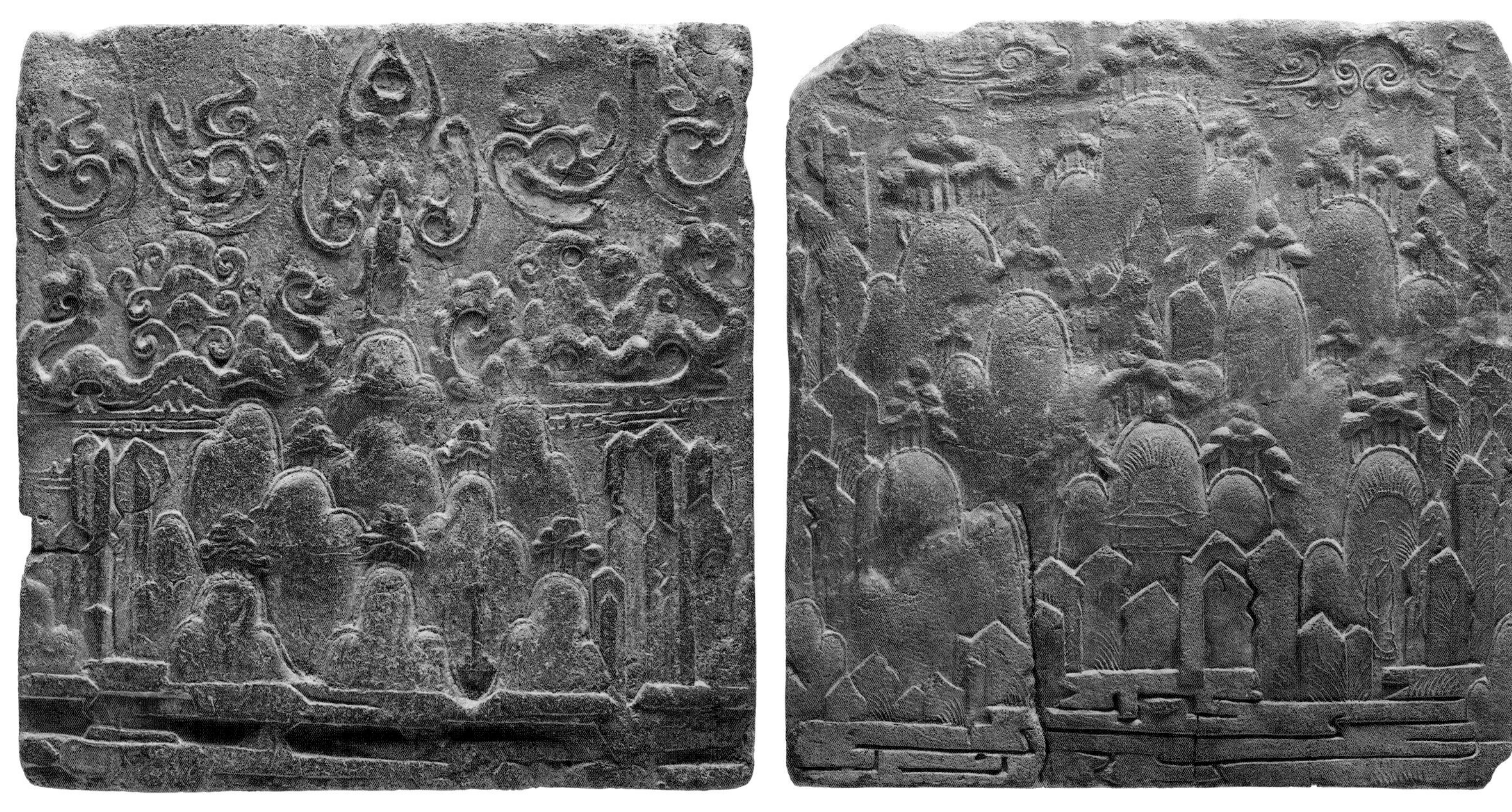

도1. 산수봉황무늬 벽돌(왼쪽), 산수무늬 벽돌(오른쪽), 백제 7세기 초, 29.1×28.8㎝ / 29.3×29.1㎝, 부여 규암면 외리 출토, 국립중앙박물관 소장

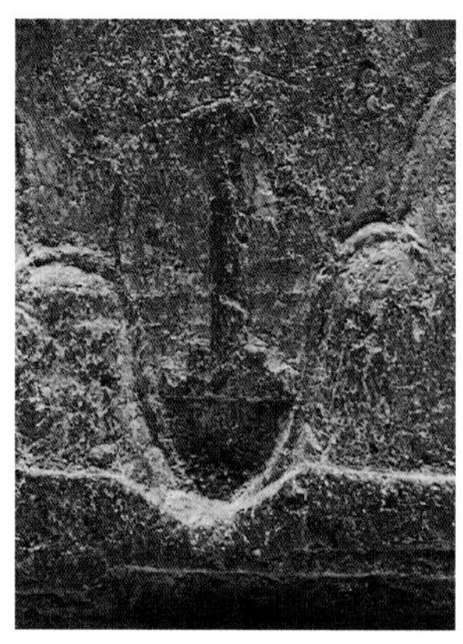

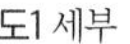

도1 세부

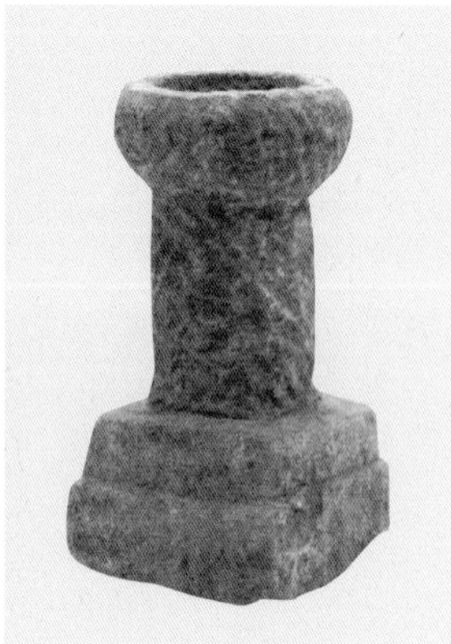

(그림3)
석제등잔,
중국 북위 4~5세기, 높이 16.1㎝
산시성 다퉁 안북사원(M9) 출토

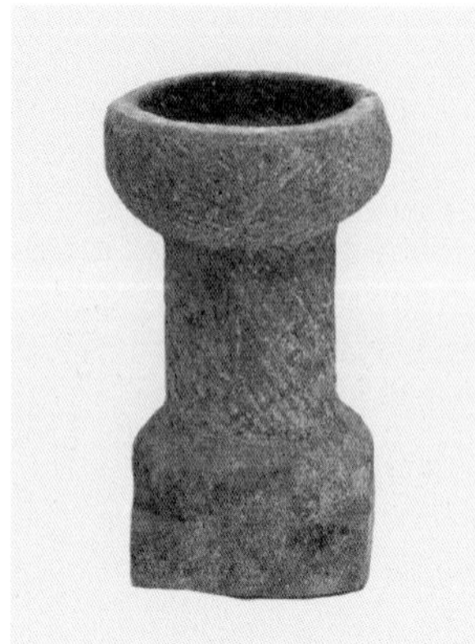

(그림4)
석제등잔,
중국 북위 4~5세기, 높이 21.3㎝
산시성 다퉁 안북사원(M52) 출토

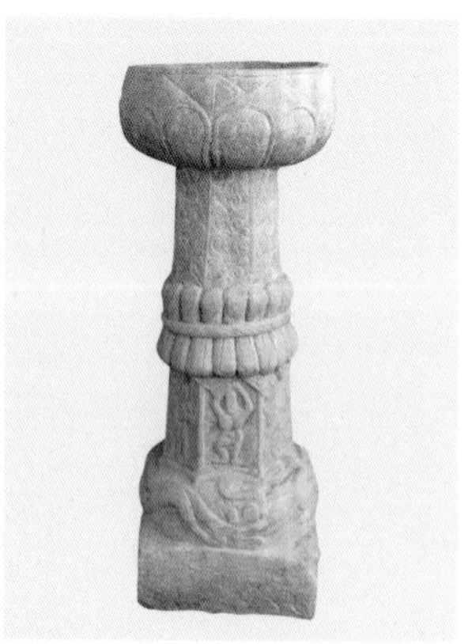

(그림5)
석제등잔,
중국 북위 5세기, 높이 45.4㎝
산시성 다퉁 가보묘(M13) 출토

북위의 수도 평성平城, 지금의 산시성[山西省] 다퉁시[大同市]에는 다수의 무덤이 한꺼번에 모여 있는 묘군墓群의 발굴이 최근 들어 활발하게 이루어지고 있는데, 이 가운데 동일한 형태의 석제등잔, 즉 석등의 출토가 확인된다.[14]

먼저 다퉁시 동쪽 외곽에 위치한 안북사원雁北師院의 묘군에서 출토된 석제등잔(그림3, 4)을 살펴보면, 크기는 20㎝ 남짓이지만 낮은 방형 받침대와 긴 기둥, 그리고 심지를 얹는 둥근 잔으로 이루어져 있어 앞서 백제의 장식 벽돌에서 살펴본 석등의 기본 형태와 일치하는 것을 확인할 수 있다.[15] 또한 다퉁 시내에 위치한 가보賈寶의 묘에서도 동일한 형태의 석제등잔, 즉 석등(그림5)이 출토되었다.[16] 안북사원의 묘군에서 출토된 석등이 표면을 거칠게 다듬고 장식하지 않았던 것에

14 우리나라에서 '석등'은 구체적으로 불교 사원 안의 대형 석제 조명기구를 가리키지만, 중국에서 '석등'은 단순히 석제등잔, 즉 돌로 만든 등잔이라는 의미로 널리 쓰이는 것으로 보인다. 이는 불교 경전이나 명문 중에 좀처럼 '석등'이라는 용어가 등장하지 않는 점과 유관해 보이지만, 방대한 중국어 용례에 대한 면밀한 검토가 선행된 후에야 자세히 논할 수 있을 것이라 생각한다.

15 大同市考古研究所·劉俊喜 主編, 『大同雁北師院北魏墓群』(文物出版社, 2008), 彩版3-3, 10-1.

비하여, 가보의 묘에서 출토된 석등은 용과 연화, 그리고 춤을 추는 인물로 화려하게 장식되어 있어 서로 차이를 보인다. 하지만 방형 받침대에 기둥을 세우고 둥근 등롱을 얹은 형태를 공유하고 있어, 이것이 조명기구의 기본 단위인 것을 재차 확인할 수 있다.

기존 연구에서 불교문화권 속 석등의 기원을 찾기 위해 제시했던 네팔이나 중국의 석등 또한 이와 동일한 기본 단위를 공유하고 있다.[17] 이는 더 나아가 우리나라의 모든 석등과 조선시대 능묘陵墓 앞을 밝히는 장명등長明燈에까지 이어지고 있다. 물론, 중국의 북위 분묘 출토 석제등잔과 백제 장식벽돌에 새겨진 석등, 10세기 말에 제작된 것으로 추정되는 네팔의 석등, 그리고 조선시대 능묘의 장명등은 서로 형태와 기능이 유사하다 할지라도, 시대와 장소가 너무 다양하고 사용된 상황과 맥락이 제각기 다르기 때문에 이들 사이의 영향 관계를 따지는 일은 무의미하다. 다만 여기에서 확인할 수 있는 한 가지 의미 있는 사실은, 기본 단위를 공유하는 인류의 보편적인 조명기구에 종교적 의미를 부여하여 특정 종교 공간 안에서 사용하기 시작한 것은 백제인이었다는 점이다. 돌로 만든 조명기구인 석등을 불교 사원 안에 설치하여, 일상생활에서 어둠을 밝히기 위한 용도에서 한 걸음 더 나아가 종교적 의례 도구로서 사용하기 시작한 움직임은 백제의 산수무늬 장식 벽돌, 백제의 사찰에서 처음 포착되기 때문이다.

16 大同市考古硏究所, 「山西大同北魏賈寶墓發掘簡報」, 『文物』 2021年 第6期, pp. 23-37, 圖10; 여기에 묻힌 이는 양주涼州 무위군武威郡 고장현姑臧縣 출신의 인물 가보賈寶로, 태화太和 원년(477)에 세상을 떠났다.

17 정명호, 「Nepal 石燈에 對한 考察」, 『東國史學』 15·16(1981), pp. 295-307(『한국석등양식』 (민족문화사, 2013), p. 39 재수록); 중국에서 가장 오래된 석등의 예로 알려진 것은 산시성 타이위안太原 동자사童子寺의 석등이다. 훼손이 심하여 원래의 형태와 기능을 파악하기 어려움에도 불구하고, 북제北齊 천보天保 연간(550~559)의 창건기 유구遺構에 남아 있는 유일한 조형물이어서 6세기 후반 제작으로 추정되고 있다. 따라서 미륵사의 예보다 반세기 정도 앞서게 되지만 우리나라 석등과의 양식적 친연성은 전혀 없다. 박경식, 「唐代 石燈에 관한 考察-한국 석등의 기원과 관련하여」, 『백산학보』 83(2009), pp. 391-423; 동자사의 석등은 조명기구라기보다 당시 유행한 사면탑四面塔의 형태에 가깝다. 일본이나 중국의 학자들이 이를 '연등탑燃燈塔'이라 부르는 연유도 여기에 있을 것이며, 이후 유사한 형태의 석등이 제작되지 않은 점도 고려해야 한다. 즉 조명기구에서 시작하여 종교적 의미를 갖기 시작한 우리나라의 석등과는 다른 조형물로 해석해야 할 것이다.

백제 석등 받침돌의 연꽃잎

산수봉황무늬 장식 벽돌에 새겨진 것처럼 전각 앞에 석등이 서 있는 모습을 직접 확인할 수 있는 실제 백제 사찰 유적은 없다. 오직 익산 미륵사 금당터 앞에 석등의 받침돌이 남아 있을 뿐이다.

현재 미륵사에 남아 있는 석등의 받침돌은 홑잎의 연꽃 8장으로 장식되어 있는데, 이와 같은 홑잎의 연꽃 장식 석등 받침돌이 부여와 공주 등 백제의 영역에서만 발견된다. 백제 석등의 원형을 찾는 데 도움을 주는 다음 단서는 바로 홑잎의 연꽃 장식이다.

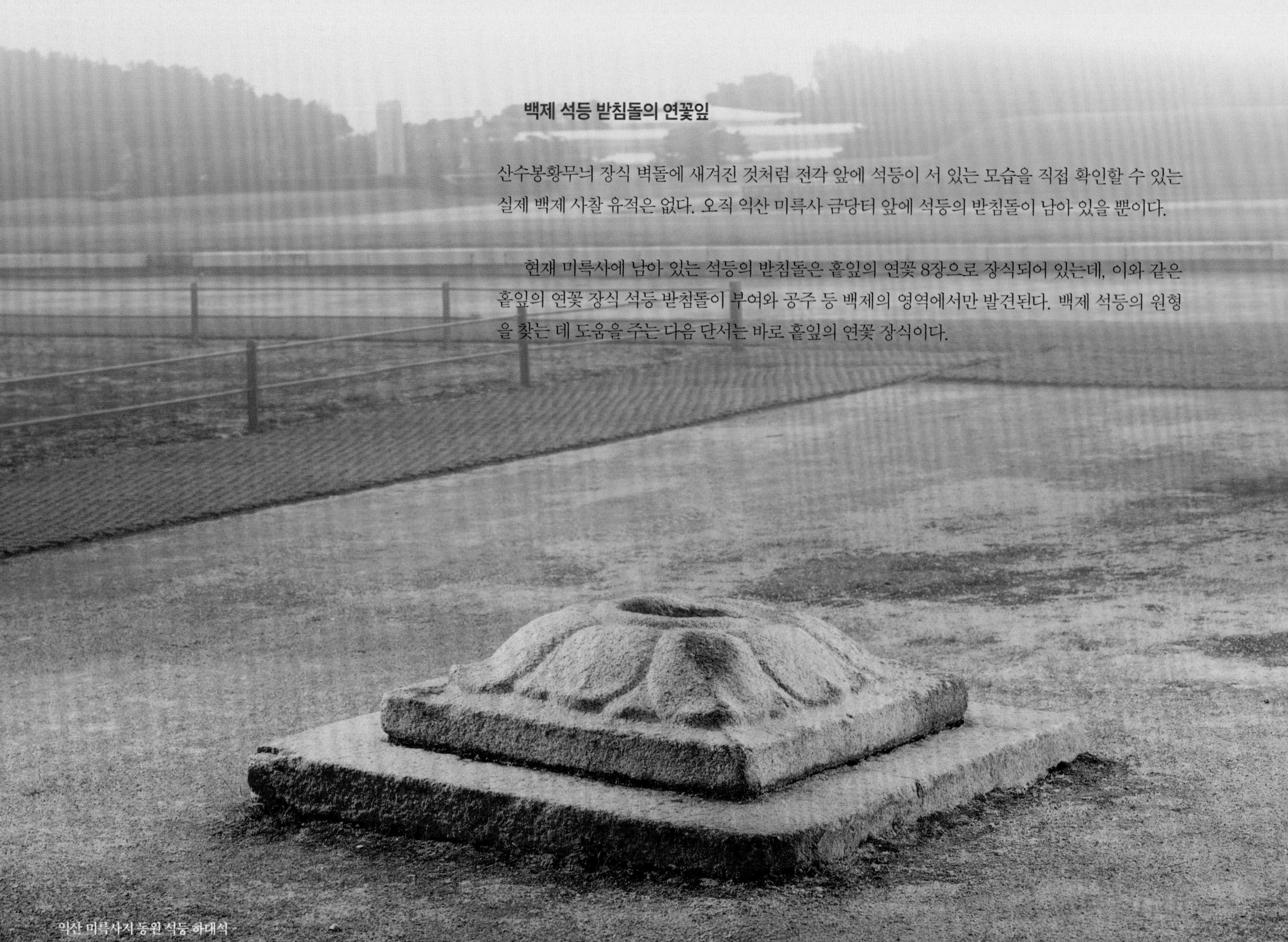

익산 미륵사지 동원 석등 하대석

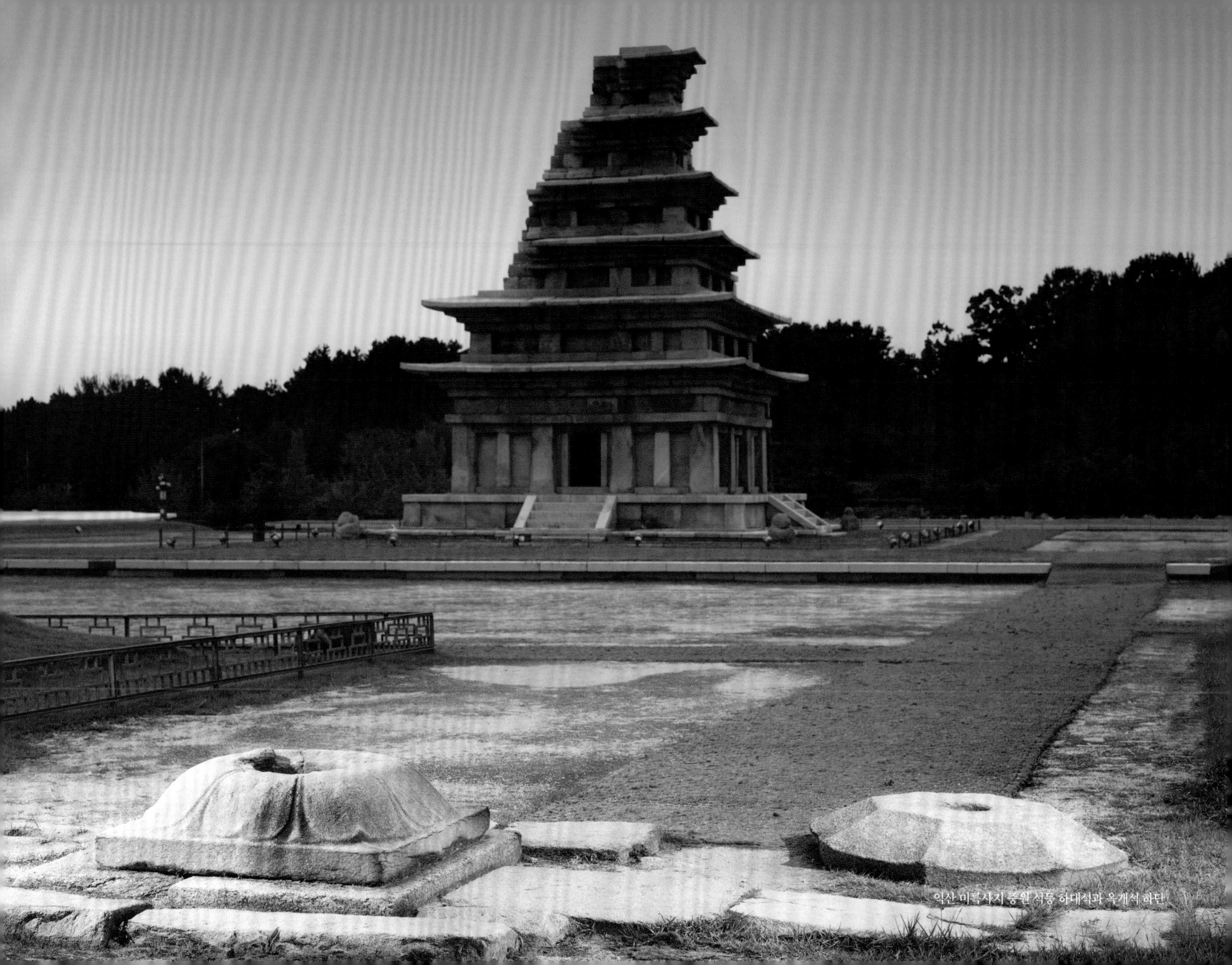

익산 미륵사지 중원 석등 하대석과 옥개석 하단

백제의 연화, 백제의 석등

진흙탕 속에서도 맑고 깨끗한 꽃을 피워내는 연꽃은 연화장세계蓮華藏世界, 연화화생蓮華化生 등 여러 불교의 가르침을 상징하는 식물이다. 이러한 연꽃으로 지붕의 수막새, 불상의 대좌, 그리고 석등의 기단부 등을 장식하곤 하는데, 시대와 지역에 따라 연꽃의 스타일이 조금씩 달라진다. 예를 들어, 백제의 연화가 홑잎의 연꽃잎이 모여 우아한 형태를 완성하였다면, 통일 후 신라의 연화는 겹잎의 연꽃잎이 모여 화려한 장식을 이룬다. 따라서 연꽃무늬만 보아도 시대를 가늠할 수 있다.

연꽃무늬가 시대에 따라 특히 다양한 변화 양상을 보이는 것은 사찰 전각의 지붕 끝자락 수막새 위이다. 수막새에 연꽃무늬가 본격적으로 등장하기 시작한 것은 백제가 웅진으로 천도한 5세기 후반의 일이다. 공산성, 무령왕릉, 그리고 공주 시내 각지에서 출토된 수막새들은 모두 꽃잎마다 따로 장식하지 않은 홑잎의 연꽃, 즉 단판연화單瓣蓮華 8장의 연화문으로 이루어진다. 6세기 전반, 다시 수도를 사비로 옮긴 후에 꽃잎의 끝이 살짝 솟아오르거나, 갈라지는 등 세부의 변화가 생기긴 하였지만, 기본적으로는 단판연화문으로 장식된 수막새가 주를 이루었다. 예를 들어 부여 가탑리, 능산리 절터에서 출토된 연꽃무늬 수막새(도2-①~④)는 마치 손가락으로 연꽃잎 끝을 살짝 집은 듯 솟아올라 도톰한 느낌을 준다. 한편 익산 왕궁리나 미륵사지에서는 꽃잎의 끝이 살짝 갈라져 하트 모양처럼 보이는 연꽃무늬 수막새(도2-⑤~⑨)가 출토되기도 한다. 하지만 이처럼 단순하면서도 우아한 홑잎의 연꽃으로 장식한 수막새가 만들어진 것은 7세기 전반까지의 일이다. 이후 신라가 삼국을 통일하고 나면 모두 자취를 감추니, 이를 백제의 연화라 부를 수 있는 것이다.

도2. 연꽃무늬 수막새, 백제 6세기 후반~7세기 전반, 지름 13.2~16.6cm

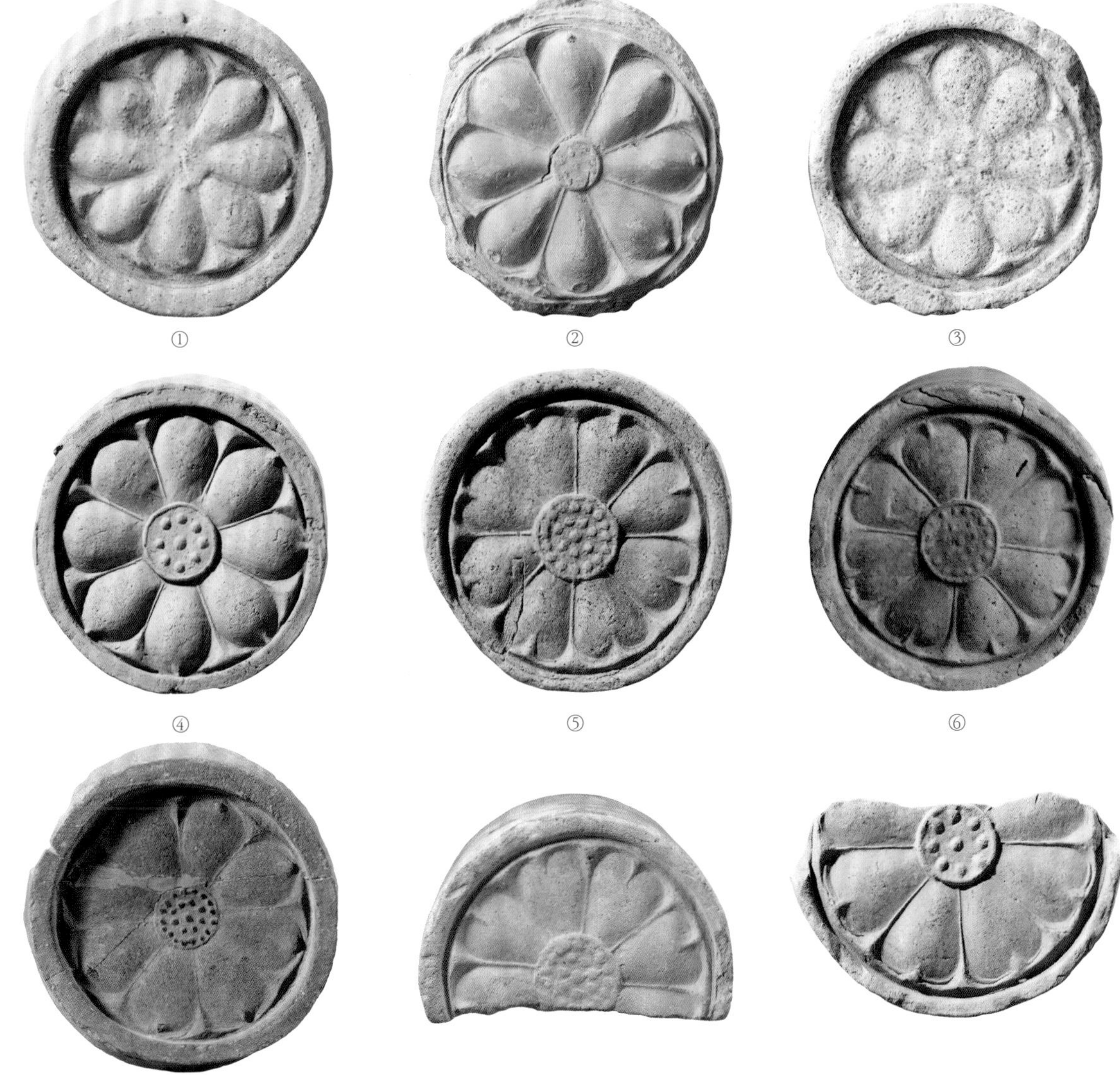

① 부여 가탑리 절터 출토,
국립부여박물관 소장

② 부여 가탑리 절터 출토,
국립부여박물관 소장

③ 부여 가탑리 절터 출토,
국립부여박물관 소장

④ 부여 능산리 절터 출토,
국립부여박물관 소장

⑤ 익산 왕궁리 출토,
국립익산박물관 소장

⑥ 익산 왕궁리 출토,
국립부여문화재연구소 소장

⑦ 익산 미륵사지 출토,
국립익산박물관 소장

⑧ 익산 미륵사지 출토,
국립익산박물관 소장

⑨ 익산 미륵사지 출토,
국립익산박물관 소장

연꽃무늬는 지붕의 수막새 위에서 가장 다이나믹하게 변화하지만, 같은 시기에 만들어진 불상의 광배나 대좌 장식에서도 변화의 흐름을 함께한다. 7세기 이전 백제의 불상으로 잘 알려진 서산 마애삼존불(그림6)의 두광과 대좌, 예산 화전리 사면석불(그림7)의 두광이나 태안 마애삼존불(그림8)의 대좌에서 홑잎의 백제 연화를 찾아볼 수 있다.

그리고 연화로 여래를 받치듯이, 석등을 받치는 기단부 하대석도 연꽃무늬로 장식한다. 그러나 우리나라의 수많은 석등 중 홑잎의 연꽃으로 장식된 예는 거의 없다. 오직 부여 가탑리 절터 출토 석등 하대석(도3), 공주 탄천 정치리 절터 출토 석등 하대석(도4), 그리고 여기 익산 미륵사지의 석등, 이렇게 세 곳에서만 백제의 홑잎 연꽃, 단판연화를 찾아볼 수 있다. 다시 말해, 백제의 연화로 장식된 백제의 석등은 이 3점이 유일하다.

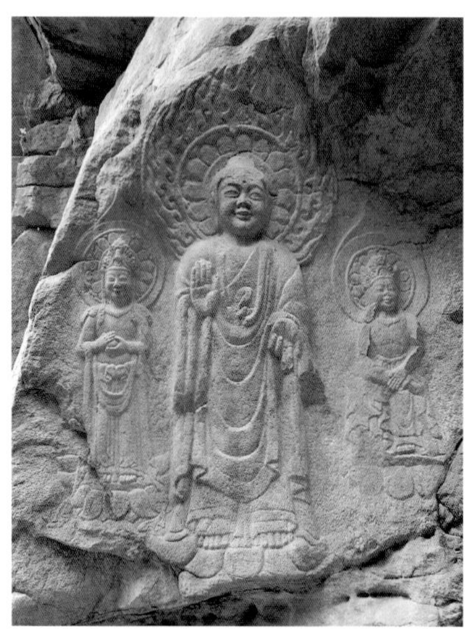

(그림6) 서산 용현리 마애여래삼존상,
백제 6세기 말~7세기 초, 충남 서산시 운산면

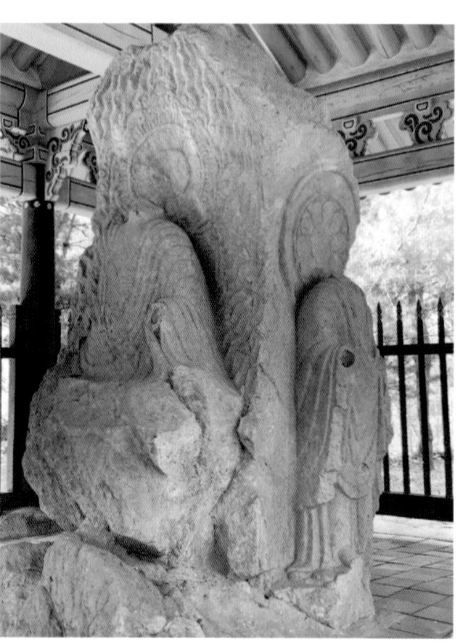

(그림7) 예산 화전리 석조사면불상,
백제 6세기 말~7세기 초, 충남 예산군 봉산면

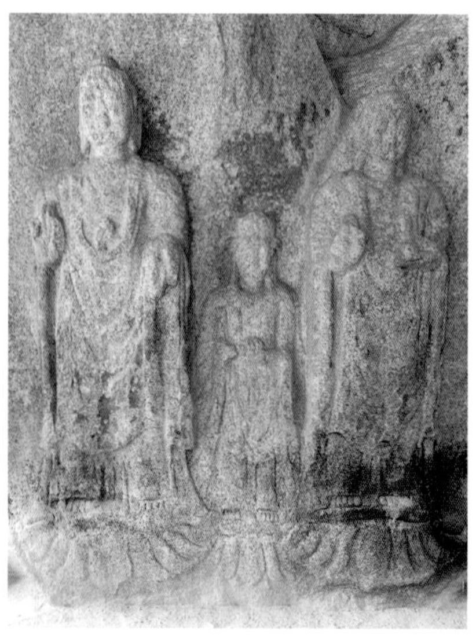

(그림8) 태안 동문리 마애삼존불입상,
백제 6세기 말~7세기 초, 충남 태안군 태안읍

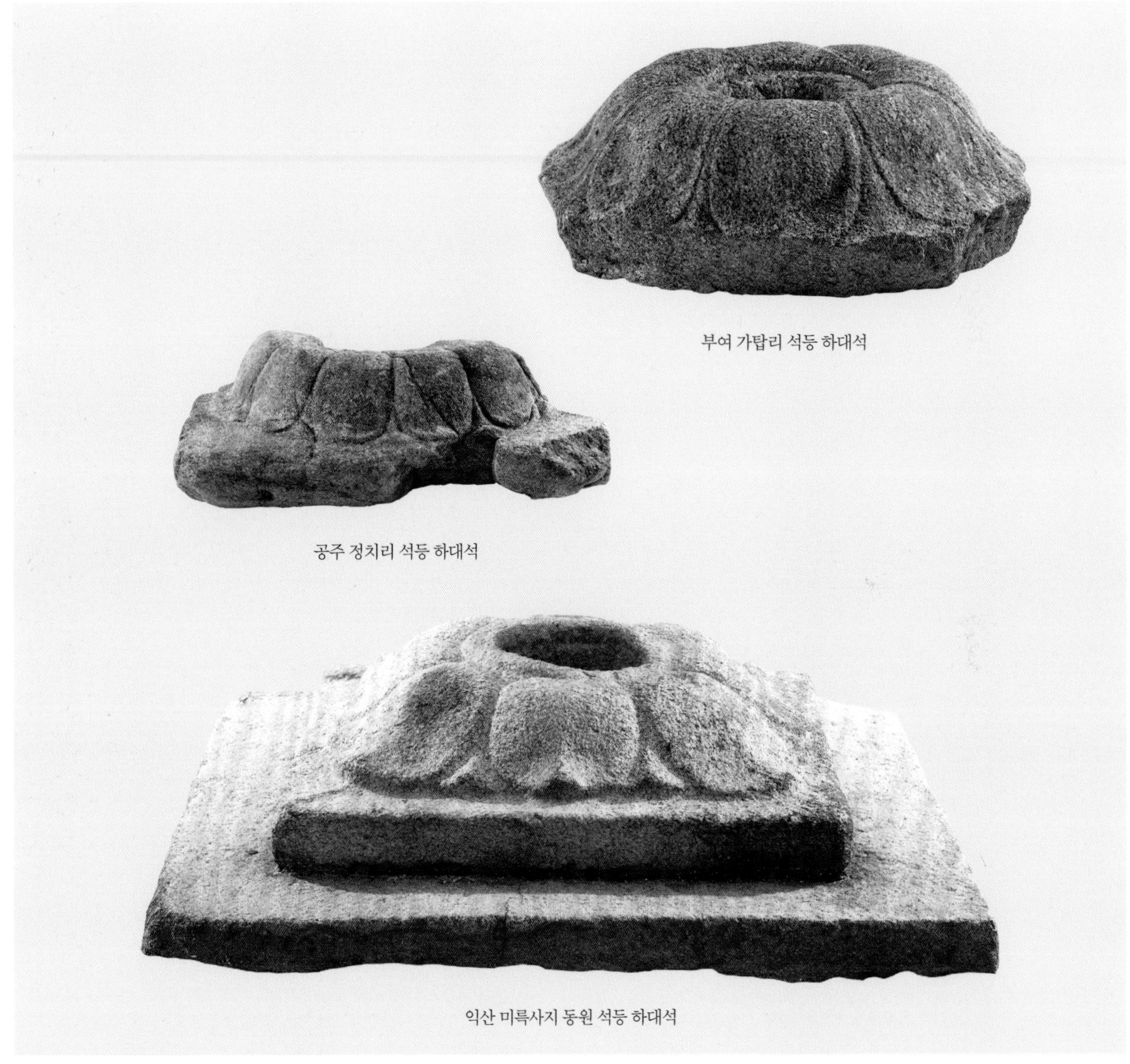

부여 가탑리 석등 하대석

공주 정치리 석등 하대석

익산 미륵사지 동원 석등 하대석

검고 반짝이는 광물이 섞인 돌을 깎아 얇은 홑잎의 연꽃 8장을 표현한 석등의 하대석(도3)은, 1933년 부여 가탑리 금성산 남쪽 기슭에서 우연히 발견되었다. 이곳은 예전부터 백제 기와편을 쉽게 수습할 수 있는 곳이었고 1938년 발굴 조사 결과 백제 시대 건물지가 확인되었기 때문에,[18] 굳이 연꽃무늬의 특징을 들지 않더라도 일찍부터 백제 석등의 유일한 자료로 꼽혀 왔다.[19]

연꽃 한 장 한 장의 입체감은 떨어지지만 연화의 어깨가 봉긋하게 솟은 모양이 아름답다. 연꽃 아래 둘레는 모두 깨졌지만, 측면의 높이와 모양으로 보아 미륵사지의 석등 하대석처럼 방형의 받침이 있었을 것으로 추정된다. 윗면에는 기둥을 끼울 수 있는 얕고 둥근 구멍이 있는데, 그 안에 다시 깊은 사각의 구멍이 있다.

18 石田茂作·斎藤忠, 「扶餘に於ける百済寺址の調査(概報)」, 『昭和十三年度古蹟調査報告』 (朝鮮古蹟研究会, 1940), pp. 43-46; 1938년 당시 가탑리에는 보리밭을 일구는 민가가 모여있었는데, 중견청년수련소中堅青年修練所 부지로 정해지면서 먼저 학술 발굴을 실시하였다고 한다. 아마 석등의 하대석과 백제의 기와가 계속 발견되었던 사실이 작용하였을 것이다. 하지만 이때 확인된 백제의 절터에서 석등과 관련된 자료는 발견되지 않았다. 이 석등 하대석은 애초에 원래의 위치를 벗어난 곳에서 발견된 것으로, 가탑리 절터와는 무관할 가능성도 있다.

19 황수영, 「百濟 彌勒寺址 出土 石燈資料」, 『역사학보』 30(1966), pp. 2-4.

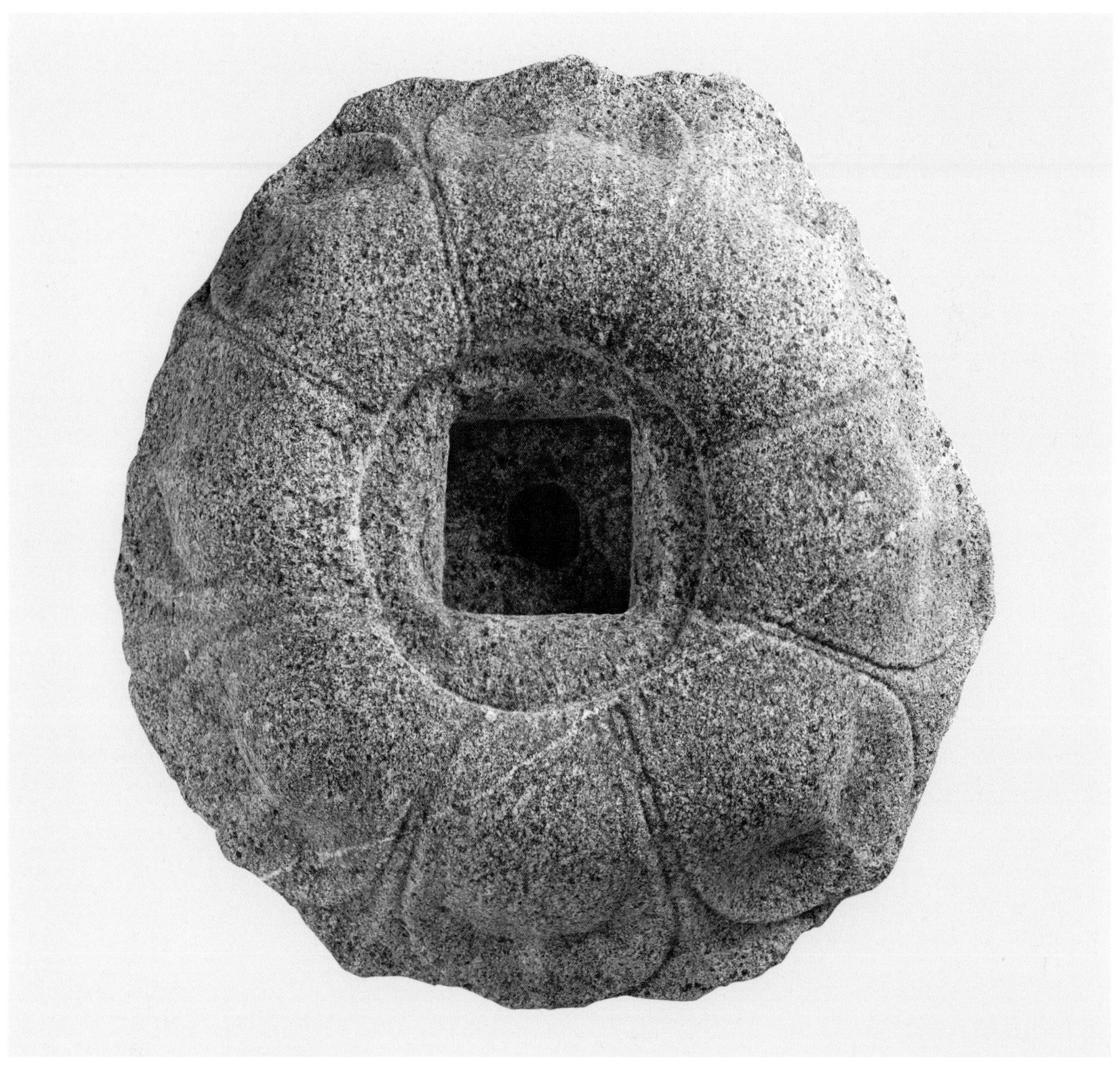

도3.
석등 하대석, 백제 7세기,
지름 99㎝, 높이 34.5㎝,
부여 가탑리 절터 출토,
국립부여박물관 소장

1970년대 초반, 충남 공주시 탄천 정치리鼎峙里 탑산塔山 정상에 위치한 절터에서 출토된 석등 하대석(도4)이다.[20] 매우 간결한 선으로 홑잎의 연꽃을 새겼는데, 불규칙하게 배열되어 원래 몇 장이었는지 추정하기 어렵다. 미륵사의 하대석처럼 방형의 받침이 있는데, 간주석을 꽂았던 구멍도 방형인 점이 특이하다. 또한 바닥까지 완전히 뚫려 있는 점도 독특한데, 워낙 절반 이상 파손된 상태이므로 원래부터 이런 모습이었는지 확실하지 않다.

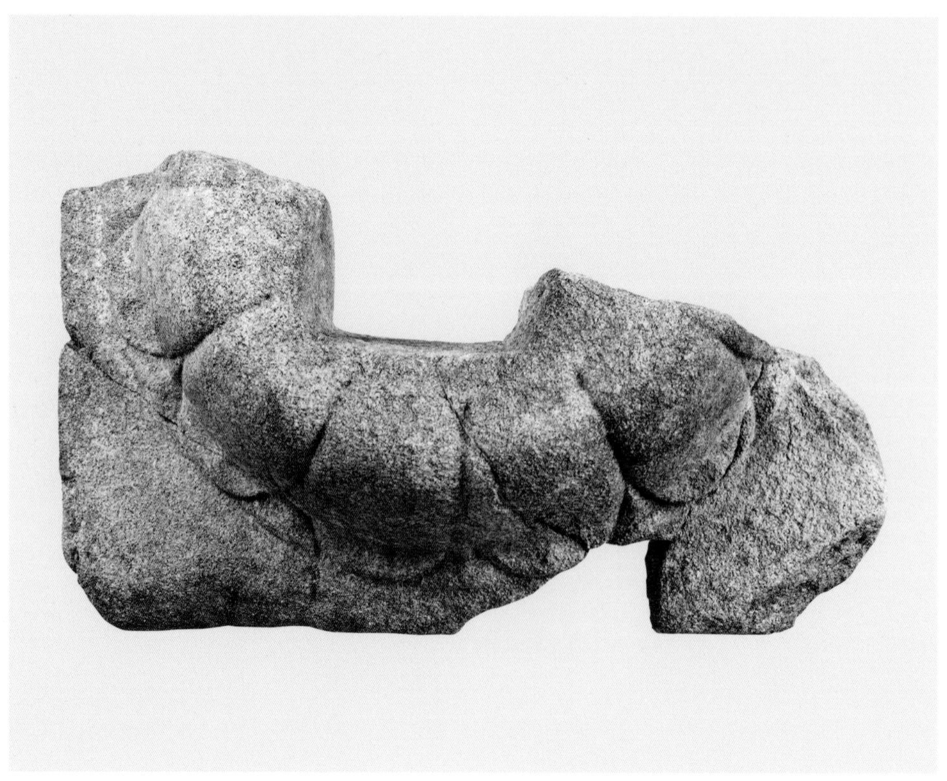

도4.
석등 하대석, 백제 7세기 이후,
지름 109cm, 높이 33cm,
공주 탄천 정치리 절터 출토,
국립공주박물관 소장

20 김영배, 「公州 灘川 鼎峙里寺址」, 『백제문화』6(1973), p.167; 과수원 등의 경작지가 자리하여 정식 발굴 조사는 이루어지지 못하였으나 여러 차례에 걸친 답사 결과, 삼국시대로 추정되는 소형 금동불과 대형 석불의 대좌, 석탑 부재, 그리고 고려청자 등이 다양하게 수습되어 백제부터 고려시대까지 사세를 유지한 절터임을 확인하였다.

탄천은 부여와 공주의 중간 지점에 위치하여, 백제 때 웅진과 사비, 그리고 익산만큼의 위상을 지닌 지역은 아니었다. 부여 가탑리 석등의 하대석이나 익산 미륵사의 하대석에 비해 거친 느낌의 돌이 사용되었다거나 불규칙하고 단순화된 연화로 장식된 점 등은 이러한 지역적 차이에서 비롯된 것으로 추정할 수 있을 것이다. 혹은 백제 연화, 백제 석등의 전통을 잇는 후대의 예일 가능성도 무시할 수 없다.

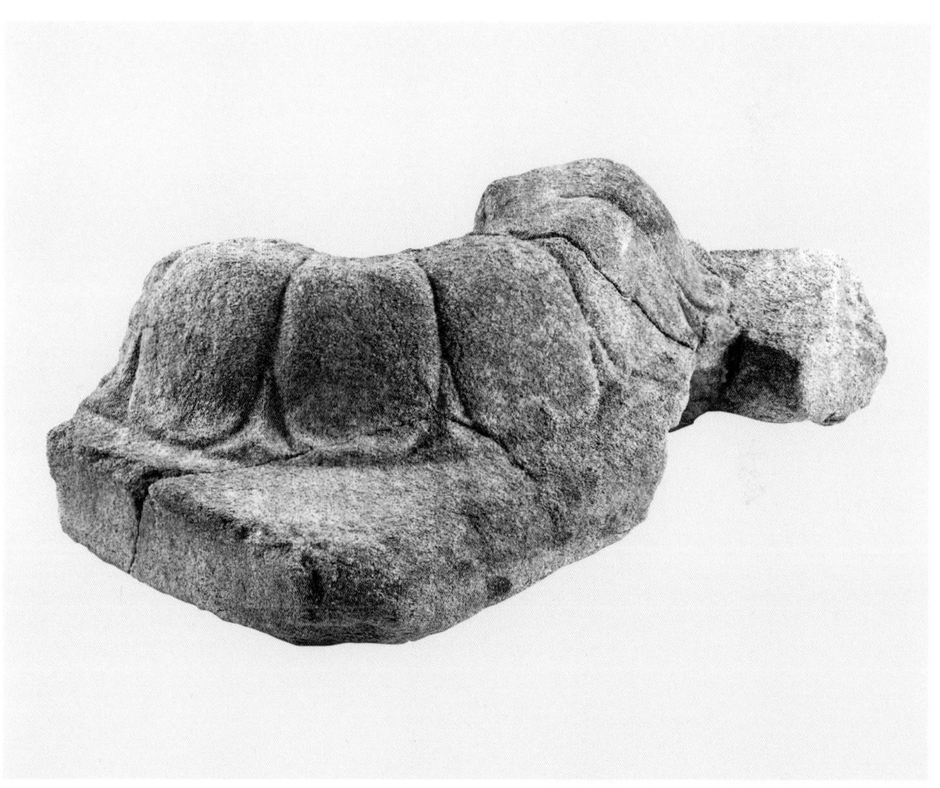

도4 측면

신라의 연화, 신라의 석등

익산 미륵사지 석등 하대석, 부여 가탑리 절터 출토 석등 하대석, 그리고 공주 탄천 정치리 절터 출토 석등 하대석의 예를 제외하면, 이후 우리나라에서 만들어진 석등은 모두 겹잎의 연꽃무늬로 장식되어 있다. 이는 이미 7세기 후반 수막새의 연화문이 홑잎의 연꽃무늬에서 겹잎의 연꽃무늬로 이행한 사실로 미루어 짐작할 수 있는 일이다. 겹잎의 연꽃무늬, 즉 복판연화複瓣蓮華는 넓은 꽃잎 위에 작은 꽃잎을 겹쳐놓은 것으로, 여러 장의 꽃잎이 겹쳐져 풍성한 장식 효과가 두드러진다. 경주 임천사지에서 수습된 수막새(도5-①)의 연꽃처럼 꽃잎 위에 세밀한 선으로 장식을 더하기도 하고, 황룡사지에서 발견된 통일신라 수막새(도5-②,③)처럼 도식화된 겹잎의 연꽃무늬가 등장하기도 한다.

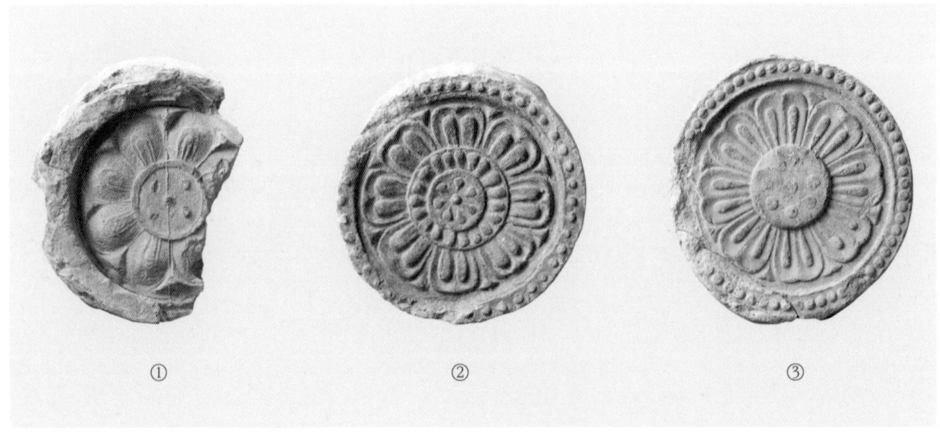

도5.
연꽃무늬 수막새,
신라 7세기 말~8세기,
지름 15.6~17cm

① 경주 임천사지 출토,
국립경주박물관 소장

② 경주 황룡사지 출토,
국립경주박물관 소장

③ 경주 황룡사지 출토,
국립경주박물관 소장

8세기 이후에 제작된 우리나라 석등은 모두 겹잎의 연꽃무늬, 즉 신라의 연화로 장식되어 있는데, 예를 들어 경주시 동천동 임천사지林泉寺址에서 옮겨온 석등의 하대석(도6)도 그러하다. 경주의 임천사는 『삼국사기三國史記』에 신라 성덕왕聖德王 14년(715) 가뭄 때, 왕의 명으로 기우제를 지낸 기록이 있어 통일 이후 8세기에 융성한 사실을 확인할 수 있다.[21]

21 『三國史記』 卷第8 新羅本紀, 聖德王十四年夏六月, "大旱 王召河西州龍鳴嶽居士理曉 祈雨於林泉寺池上 則雨浹旬"

임천사지 석등 하대석은 방형의 받침 위에 단정하게 다듬은 겹잎의 팔엽八葉 연화가 올려져 있다. 연화의 중앙에는 간주석을 꽂을 수 있는 둥근 구멍이 패어 있는데, 구멍 주변에 팔각의 테두리를 둘렀다. 정확한 팔각의 테두리는 연화보다 한 단 높이 올라온 간주석 괴임으로, 간주석을 지탱하는 기능과 장식 효과를 함께 가지고 있다.

넓은 꽃잎 위에 두 장의 좁은 꽃잎이 나란히 놓인 겹잎의 신라 연화로 장식된 경주 임천사지 석등 하대석은 앞서 살펴본 홑잎의 백제 연화로 장식된 석등 하대석과 확연한 차이를 보인다. 현재 경주 지역에 전하는 모든 석등은 이와 같은 겹잎의 신라 연화로 장식되어 있어, 익산 미륵사지 석등을 비롯하여 부여 가탑리 석등, 공주 탄천 정치리 석등이 이들보다 시기적으로 앞서는 매우 희소한 예임을 재차 확인할 수 있다.

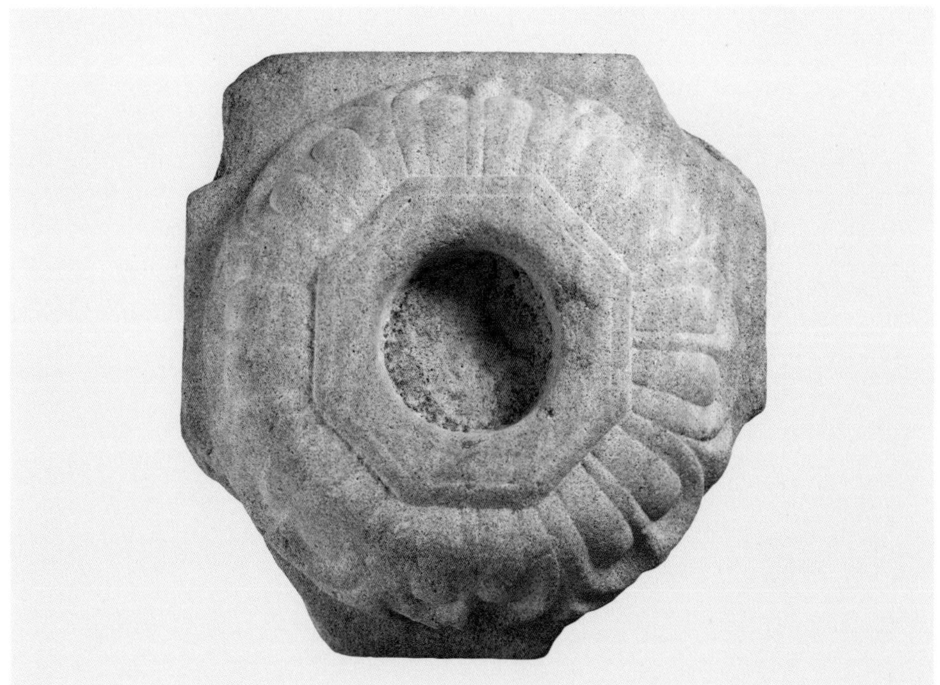

도6.
석등 하대석, 신라 8세기,
지름 100cm, 높이 40cm,
경주 임천사지 출토,
국립경주박물관 소장

백제 석등의 원형

부여 규암면 외리에서 발견된 산수봉황무늬 장식 벽돌이나, 옛 백제의 영역에서 발견된 홑잎의 연꽃 장식 석등 하대석으로 보아, 인류의 보편적인 조명기구를 불교의 영역으로 가져와 새로운 의미를 부여한 것은 백제인들이었음이 틀림없다. 그러나 백제인이 처음 만든 백제 석등이 원래 어떤 모습이었는지는 아직 희미할 뿐이다. 백제 석등의 원형을 추정하기 위해서는 더 많은 자료가 남아 있는 익산 미륵사지의 석등 부재들을 조금 더 자세히 검토해야 할 필요가 있다.

→특별전 〈백제의 빛, 미륵사의 석등〉 '미륵사지 석등 부재의 발견 순서 및 위치' 영상 중에서

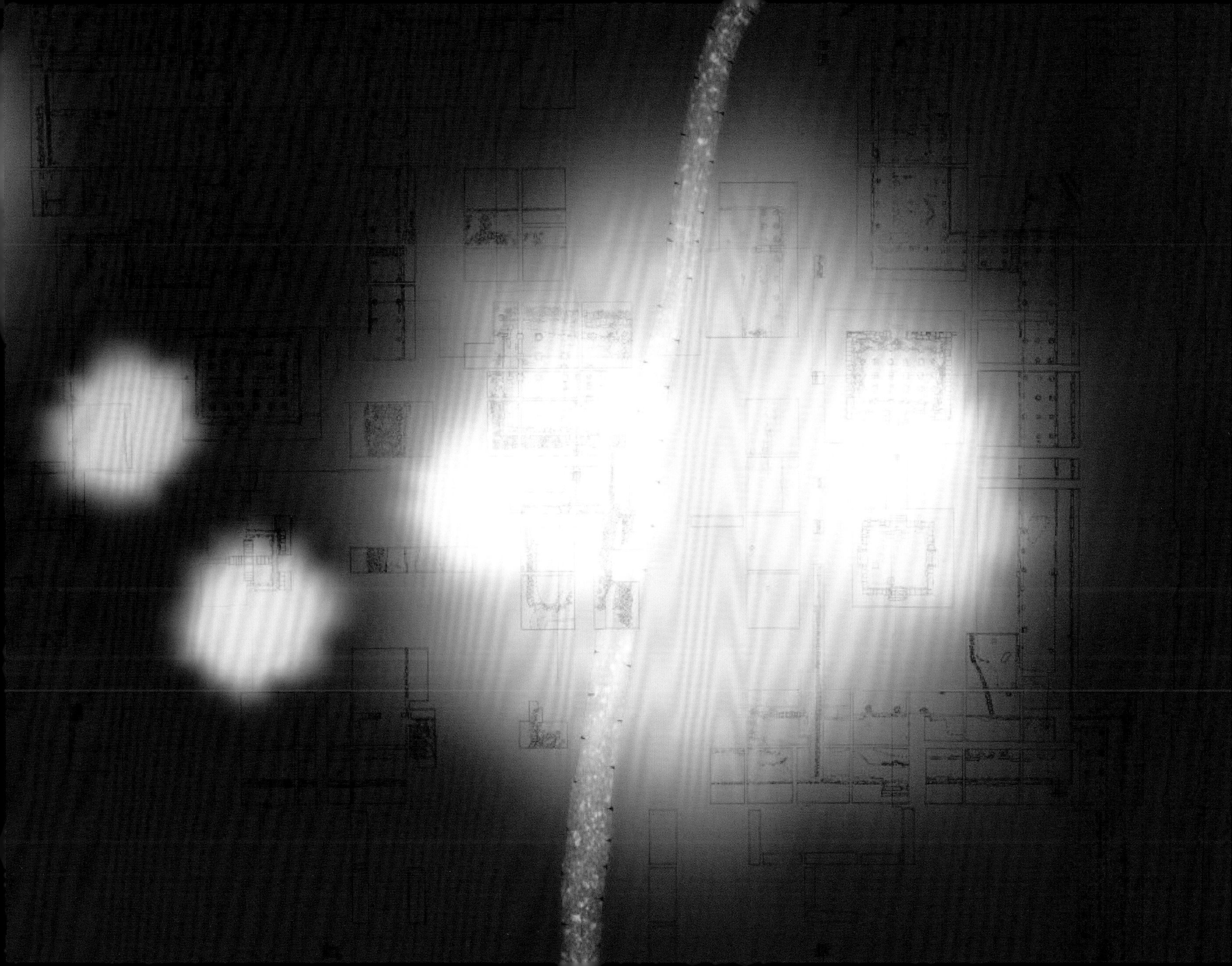

빛

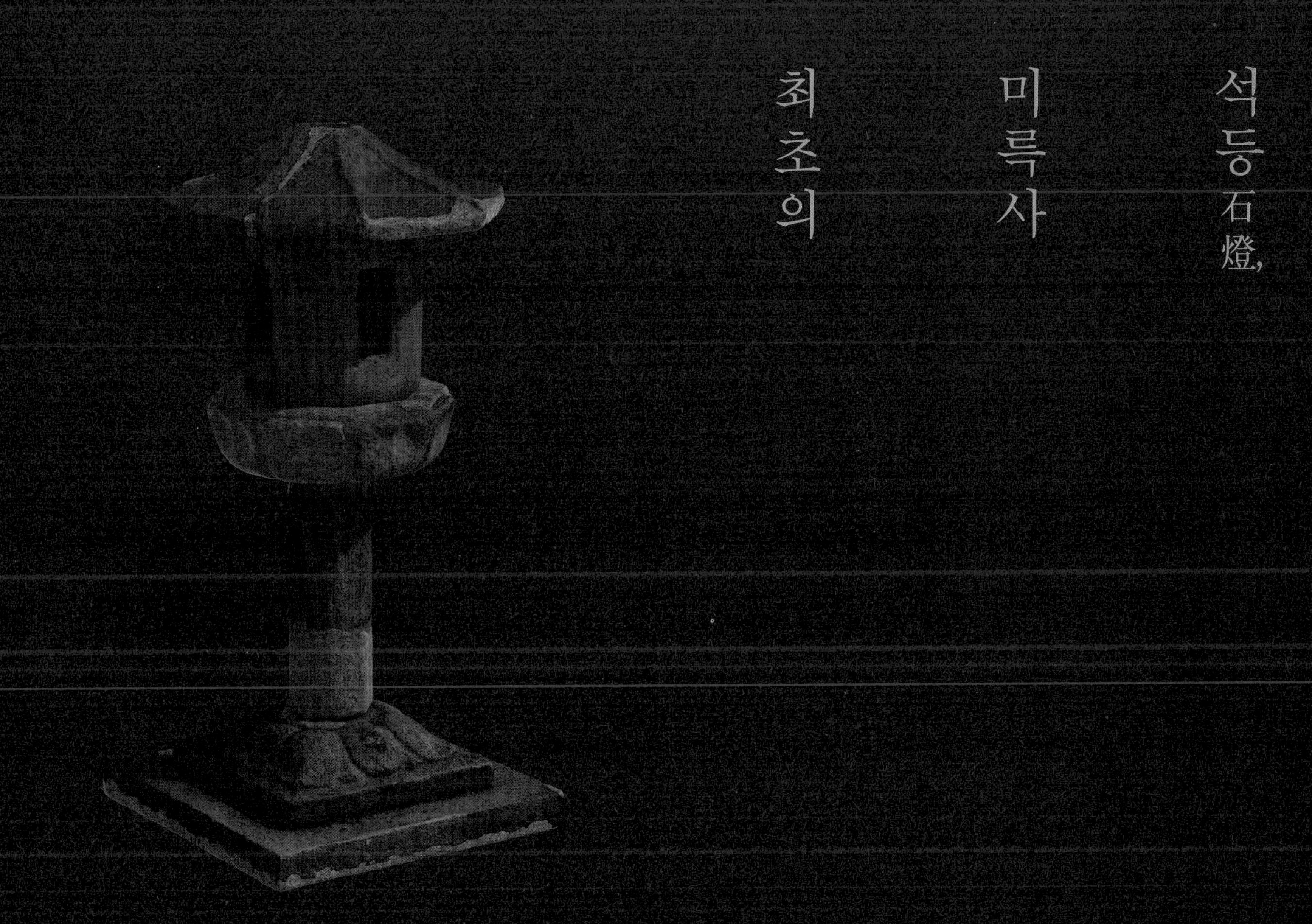

석등石燈,
미륵사
최초의

석등, 미륵사 최초의 빛

익산 미륵사의 옛 석등 조각들은 현재 사적지와 국립익산박물관에 나뉘어 전한다. 먼저 미륵사지 동원과 중원에, 간결하고 부드러운 7세기 전반 백제의 연꽃무늬로 장식한 석등 하대석이 1점씩 남아 있다. 이 가운데 중원의 하대석 옆에 본래 상하 2단 구조로 이루어진 옥개석의 아랫부분이 놓여 있다. 그리고 미륵사지에서 발견된 석재들을 모아 전시하는 곳에 중원 금당터에서 발견된 상대석과, 사역寺域의 서쪽에서 발견된 간주석의 일부가 함께 보관되어 있어, 사적지에서 총 5점의 옛 석등 부재를 확인할 수 있다. 한편, 국립익산박물관 입구에는 옛 화사석과 옥개석을 활용하여 새롭게 만든 석등이 서 있다. 상설전시실 안 뜨락정원에도 옛 화사석 1점을 활용한 석등이 1기 더 있다. 이 밖에도 국립익산박물관 수장고에 부여와 전주를 거쳐 이관된 옛 미륵사 석등 부재 5점(화사석 1점, 옥개석 2점, 상대석 2점)이 보관되어 있어, 총 8점의 부재를 확인할 수 있다. 안타깝게도 이상의 미륵사지 석등 부재 13점은 원래의 모습도, 원래의 위치도 알기 어려운 것이 대부분이지만, 이들이야말로 미륵사 최초의 빛을 발하던 창건기 석등의 일부이다.

→ 석등의 구조와 명칭

상륜부 | 석등의 장식

석탑의 상륜부와 마찬가지로 석등의 가장 높은 곳을 노반露盤과 보주寶珠로 장식함

본체부 | 석등의 중심

불빛을 담아두는 불의 집인 화사석火舍石과 야외에 놓인 석등의 불빛을 보호할 지붕, 옥개석으로 이루어짐

기단부 | 석등의 받침대

연꽃잎이 아래를 향한 복련覆蓮의 하대석과 위를 향한 앙련仰蓮의 상대석으로 이루어짐. 하대석과 상대석 사이에는 석등의 규모를 결정할 기둥, 즉 간주석이 있음

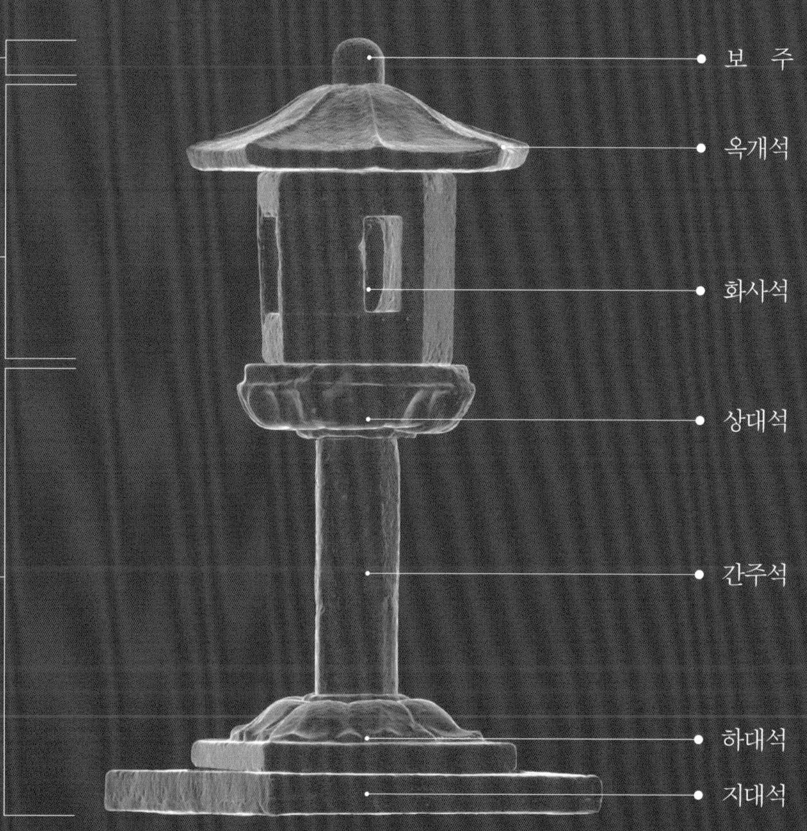

미륵사지 동원 석등 추정 복원안

미륵사 석등 부재의 발견과 조립의 역사

미륵사 석등 부재의 발견

불과 반 세기 전만 해도 익산 미륵사지에는 위태롭게 서 있는 석탑과 당간지주 사이로 논밭이 펼쳐지고, 무너진 건물지에서 나온 옛 석재들이 흩어져 있었다. 인근 주민들이 경작에 방해가 되거나, 혹은 잘 다듬어져 다시 사용하기 좋은 것을 골라 사적지 밖으로 반출하는 일은 다반사였다. 한국전쟁이 끝나고 나서야 비로소 문화재에 관심이 생기고 사적지 밖으로 이동한 석재에 대한 신고가 이루어지기 시작하였다.

첫 발견의 큰 의미

화사석①
화사석②
옥개석①

1955년 11월, 익산중학교 교장 소병돈 선생의 신고로 미륵초등학교 교문 앞에서 화사석 2점(화사석①, 화사석②)과 옥개석 1점(옥개석①) 등 미륵사의 석등 부재 3점이 처음으로 수습되었다.

> 彌勒寺址에서 石燈材가 出土되었다는 말은 一九五五年 十一月 金馬面의 益山中學校長 蘇秉敦氏를 찾았을 때 同氏로부터 처음 들었다. 그리하여 洪氏(홍사준)와 筆者(황수영)는 夕陽길을 달려가서 寺址 南方 약 一km 地點인 彌勒國民學校 校門 左右에 移置되어 있는 것을 確認할 수 있었다. 이때 조사된 것은 火舍 二個(모두 完全)와 屋蓋石 一個이었는데 이들은 寺址 部落에서 國旗揭揚臺石으로 使用된 일도 있었다는 事實을 알 수 있었다.[22]

화사석③
상대석①

처음 미륵사 석등 부재를 접한 황수영 선생은 이후 미륵사지에서 나오는 석재에 관심을 가지고 살펴보기 시작했고, 1957년 1월 미륵사지 내 경작지에서 화사석 1점(화사석③)과 상대석 1점(상대석①)을 추가로 발견하였다.

22 황수영, 「益山 彌勒寺址의 百濟 石燈」, 『고고미술』 3-12(1962), p. 328; 4년 뒤에 발표된 글에서는 익산 미륵사지 석등 부재의 첫 발견이 1956년 11월의 일로 기록되어 있다. 황수영, 「百濟 彌勒寺址 出土 石燈 資料」, 『역사학보』 30(1966), pp. 6-7.

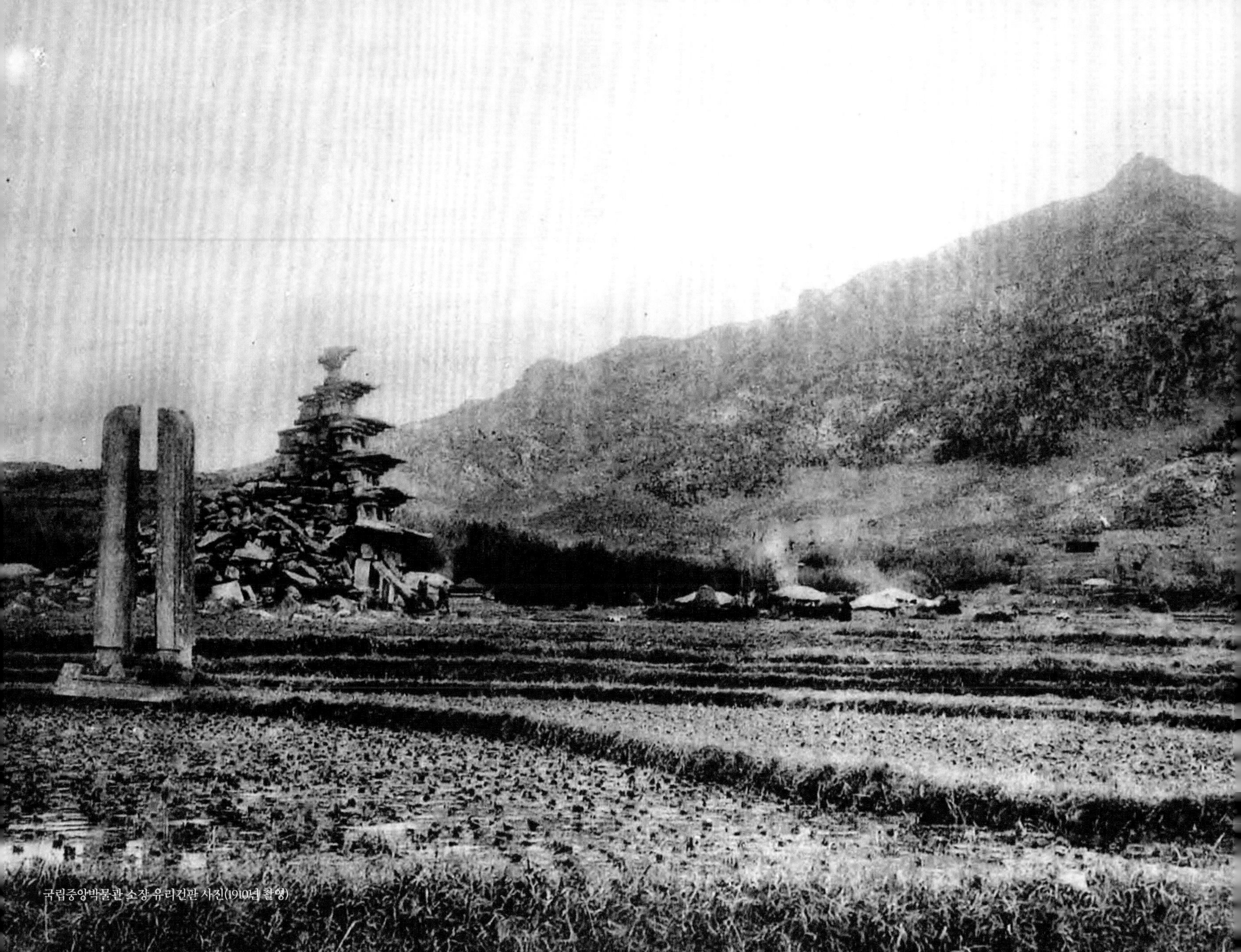

국립중앙박물관 소장 유리건판 사진(1910년 촬영)

> 다음 一九五七年 一月에는 部落民의 敎示에 따라… 石塔 南面 約 三m 地點에서 尖端을 地表에 露出시키고 있는 蓮花紋石小片을 發掘하였다.[23]

> 또 하나의 八角火舍石(화사석③)은 그 翌年인 1957년 1월에 部落民의 引導에 따라서 現存하는 西塔의 西北方 약 30米 떨어진 一段 낮은 논뚝가에 매몰되어 있었던 것을 발굴한 것으로서 그 후 上記한 國民學校의 것(화사석①, 화사석②)과 함께 同年에 모두 부여박물관으로 운반되었다.[24]

최초로 발견된 화사석 2점에 새로이 1점이 추가되면서 화사석은 모두 3점이 되었다. 같은 모양, 비슷한 크기의 화사석이 3점이나 존재하는 사실은 창건기 미륵사의 3원 가람 형식을 연상시켜 연구자들의 관심을 끌기에 충분하였다.

> 上記 二個石의 원위치에 대하여 그 발견 내지 운반者인 이곳 부락민에게 문의한 바 이들은 寺址 中央을 貫流하는 溪川邊 東西에서 수습된 것으로서 그 지점은 東西塔址를 연결하는 線에서 北으로 約 十 乃至 二十米인 堤坊 附近이었다고 하였다. 그리하여 … 이들 二個石이 東殿址西 내지 兩殿址間의 中央 地點 附近에서 각기 發見된 것으로 보아야 하겠으나 … 모두 原位置가 아니라 移動되었다는 事實만은 明白하다.[25]

하지만 3점의 화사석 모두 원래의 위치를 멀리 벗어난 곳에서 발견되었기 때문에 3원 중 어느 곳에 해당하는 부재인지 확인하는 것은 어려웠다. 다만 창건기 미륵사 3원 가람의 3탑과 3금당

23 황수영, 앞의 글(1962), p.328.

24 황수영, 앞의 글(1966), p.7; 익산 미륵사지의 석등 부재에 대한 최초 보고인 1962년의 글에는, 세 번째 화사석이 미륵사지 '석탑의 동쪽'에서 발굴된 것으로 기록되어 있는데, 1966년의 글에서는 '석탑의 서북방 30미터' 지점으로 수정되었다. 이는 앞서 최초 발견의 연도와 마찬가지로 기억의 오류를 수정하는 과정에서 발생한 차이로 추정되는데, 후자의 기록이 보다 정제되어 있어 이를 참조하였다. "다음 一九五七年 一月에는 部落民의 敎示에 따라 石塔 東方인 논가에 埋沒되어 있는 火舍石 一個를 發掘하였으며… " 황수영, 앞의 글(1962), p.328.

25 황수영, 앞의 글(1966), pp.7-8.

사이에 3석등이 존재하였을 가능성이 대두된 사실은 큰 의미를 가진다.

상대석②

옥개석②

그리고 같은 해 10월에는 미륵산에서 흘러내려 사적지를 관통하던 개울 주변에서 상대석 1점(상대석②)과 옥개석 1점(옥개석②)이 추가로 발견되었다.

> 끝으로 一九五七年 十月에는 寺址中央을 貫流하는 川邊에서 蓮花紋臺石 一個와 屋蓋石片(小品)一個를 收拾하였던 것이다.[26]

처음 발견된 상대석①은 홑잎의 연꽃잎 2장의 형태만 가까스로 확인할 수 있을 정도로 훼손이 심했는데, 두 번째로 발견된 상대석②는 절반 정도 남아 있어 홑잎의 연꽃잎 4장의 형태를 알아볼 수 있고, 위로는 화사석을 얹을 수 있는 편평한 면과 아래로는 간주석을 꽂을 수 있는 구멍까지 확인할 수 있다. 옥개석②는 앞서 발견된 옥개석①처럼 팔각 지붕으로 추정되었지만 중앙에 보주 등의 상륜부를 끼울 수 있는 구멍 주변만 남아 전체 형태를 확인할 수는 없었다.

이상 1950년대에 수습된 미륵사지의 석등 부재 7점은 더 이상 현장에 방치할 수 없었기 때문에 가장 가까운 국립부여박물관으로 옮겨지게 되었다. 당시 박물관 뜰에 미륵사지의 석등 부재들이 전시되어 있었던 모습을 기록한 사진이 남아 있다.

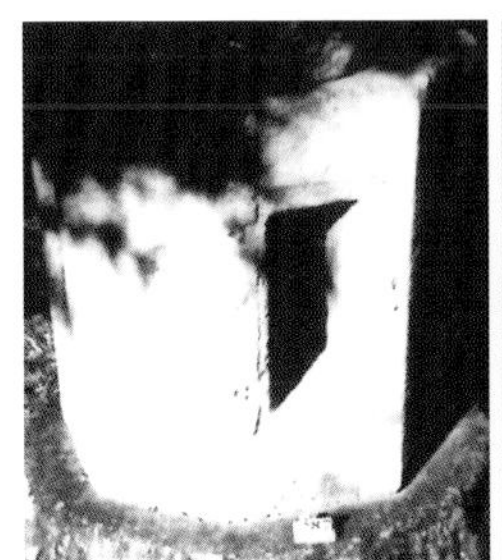

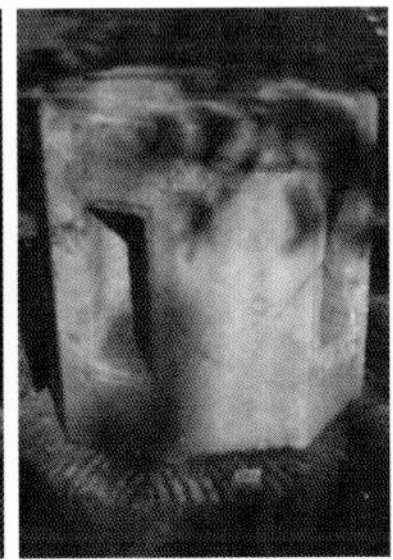

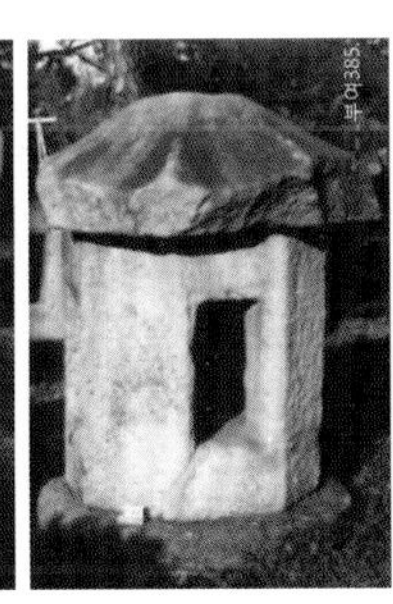

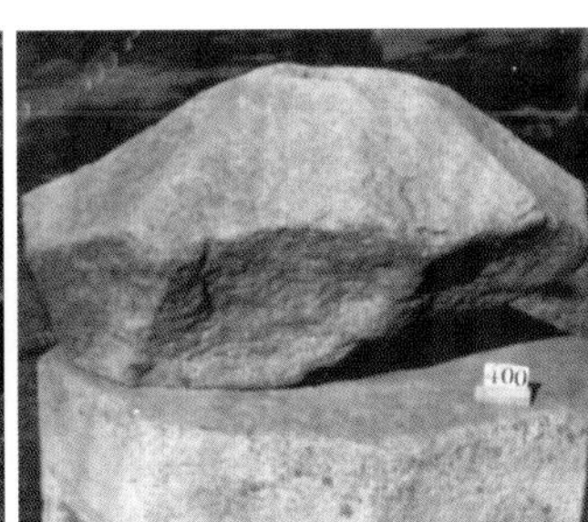

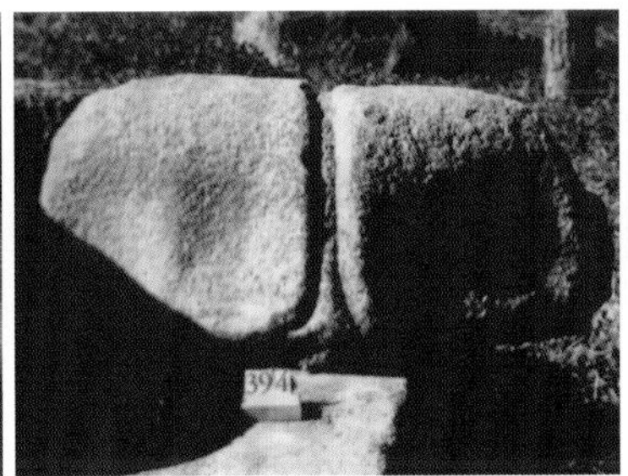

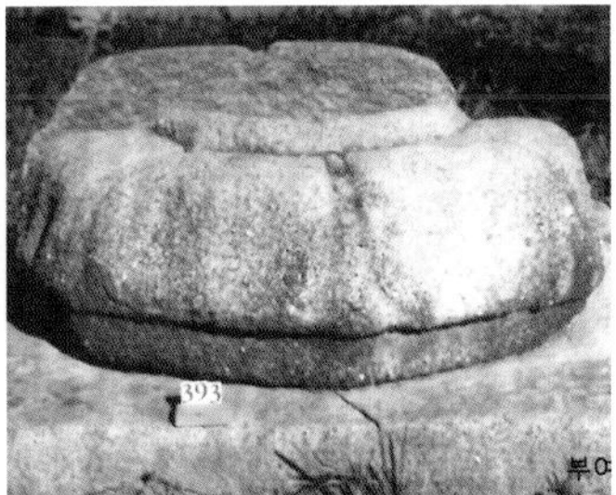

26 황수영, 앞의 글(1962), p.328.

최초에 국립부여박물관으로 옮겨진 7점의 석등 부재만으로도 미륵사에 7세기 창건기부터 3기의 석등이 존재하였을 가능성은 충분히 높았다. 같은 모양, 비슷한 크기의 화사석 3점이 존재하는 점을 보아도 그러하고, 7세기 이전까지만 보이는 '백제의 연화'로 장식된 상대석이 2점이나 발견된 점도 중요한 근거였다. 미륵사지 석등 부재를 발견, 수습하여 국립부여박물관으로 이관한 황수영 선생은 이것이 백제 석등, 더 나아가 우리나라 석등의 기원이라는 점을 지적하여 이미 첫 발견만으로도 큰 의미를 이끌어내었다.

하대석의 등장

동원 하대석

그러다가 1965년, 동원의 금당지金堂址와 탑지塔址 사이에서 석등 하대석(동원 하대석)이 원래 있었던 위치에서 그대로 발견되어, 창건기 미륵사 석등의 결정적인 증거가 확보되었다.

> 필자(황수영)는 1965년 7월 22일 이 석등을 조사코저 현장을 찾았을 때는 논 속에서 侵水되고 있어 뜻을 이루지 못하였고 同年 12월 3일 隣近의 王宮里五層石塔 보수공사로 현지에 체류하고 있었을 때 이 臺石을 발굴하여 그 전모를 밝힐 수가 있었다.[27]

발견 당시 하대석은 지반에서 약 60㎝(2尺) 정도 아래에 묻혀 있었는데, 그 자리는 남북으로 위

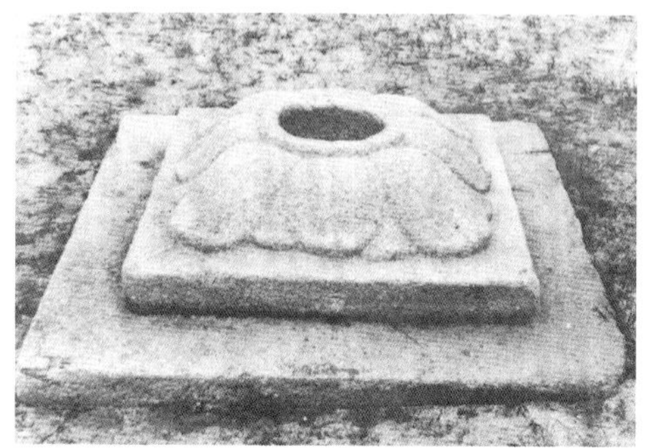

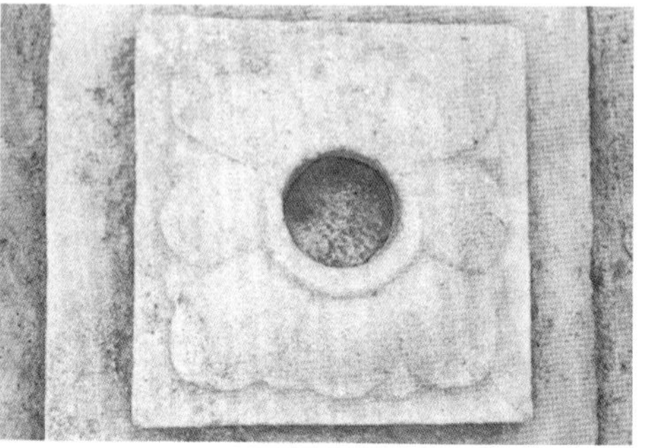

27 황수영, 앞의 글(1966), pp.11-12.

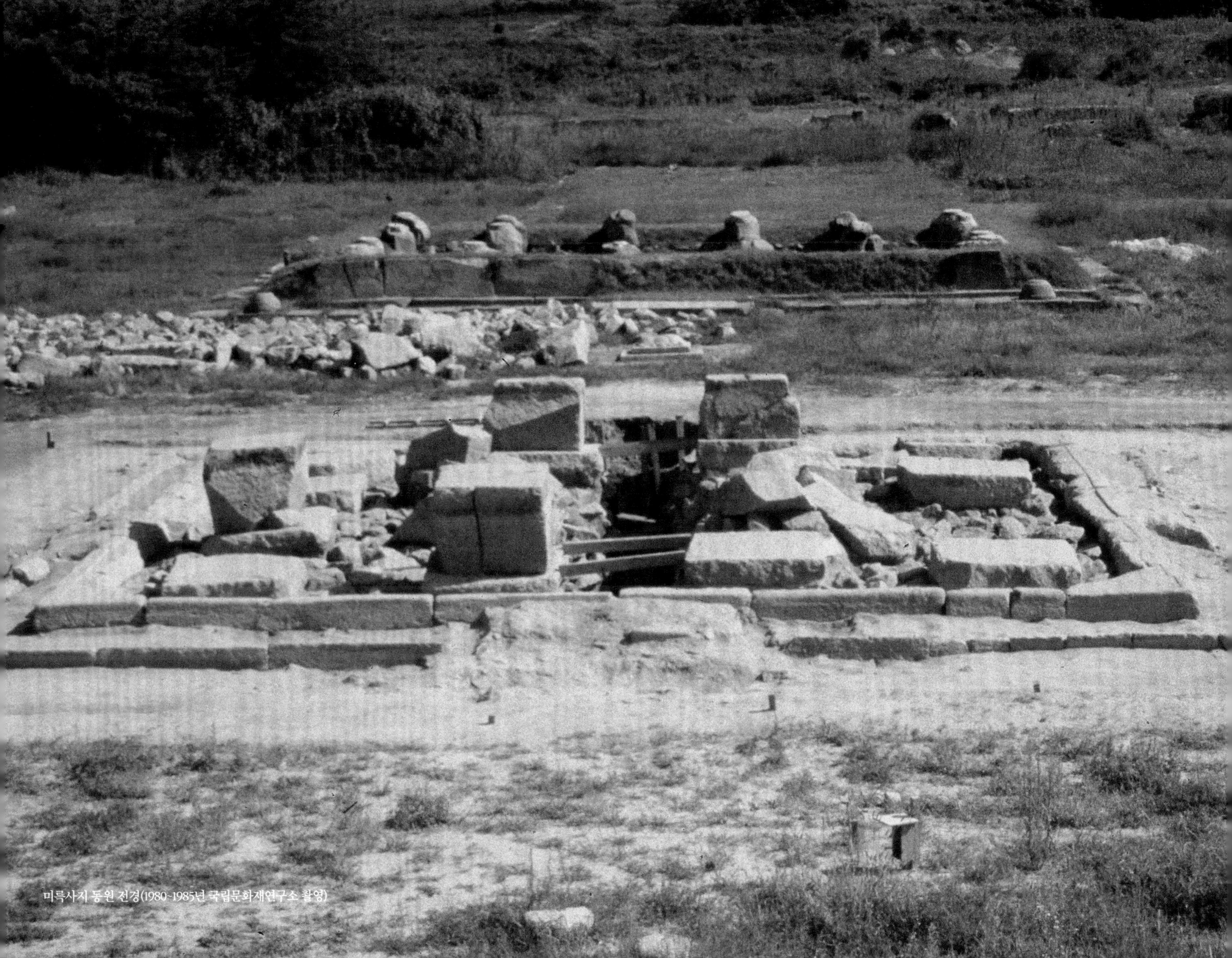

미륵사지 동원 전경(1980~1985년 국립문화재연구소 촬영)

치한 금당의 중심과 탑 중심을 잇는 선 위의 한가운데인데, 황수영 선생의 측량에 의하면, 금당지에서 남쪽으로 약 9.3m(31尺), 탑지에서 북쪽으로 약 12.8m(42尺) 정도 떨어져 금당에 조금 더 가깝다. 실제 1980년대 발굴조사 결과, 금당에 더 가까운 것은 사실이지만, 거리는 금당터 중심에서 남쪽으로 약 14m, 탑 터에서 북쪽으로 약 17.7m 지점으로 수정되었다.

옥개석③

게다가 동원 하대석은 완형에 가까운 옥개석(옥개석③) 1점과 함께 발견되었다. 발견 당시 정황에 대한 기록은 남아 있지 않고, 다만 하대석에 대하여 "上記한 完形의 옥개석 밑에서 그와 같이 발굴된 大形 1개와 그 地臺石을 가리킨다"라고 한 것으로 보아, 원위치에 놓여 있는 동원 하대석 위에 겹친 상태로 발견된 것으로 추정된다.[28] 이로써 비로소 미륵사에 화사석 3점, 옥개석 3점이 갖추어졌다.

이후 하대석만 현장에 남겨두고 옥개석은 국립부여박물관으로 이관하였다. 이제 모든 화사석이 지붕을 가지게 되었고, 창건기 미륵사에 팔각 화사석과 팔각 옥개석으로 이루어진 석등이 3기 존재하였으며, 그 중 하나는 동원의 금당과 석탑 사이에 위치한다는 사실만큼은 명백히 입증할 수 있게 되었다.

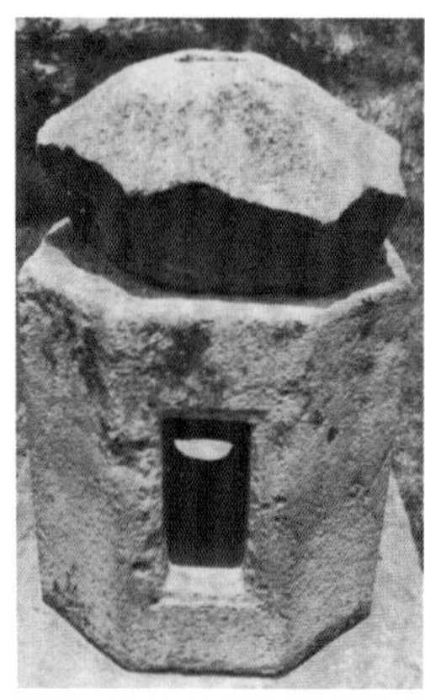

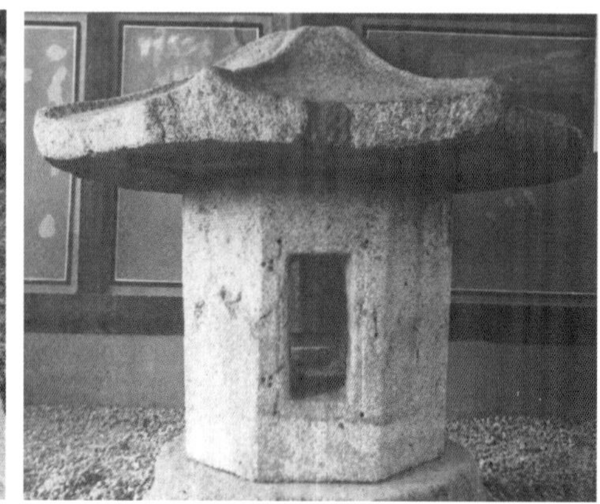

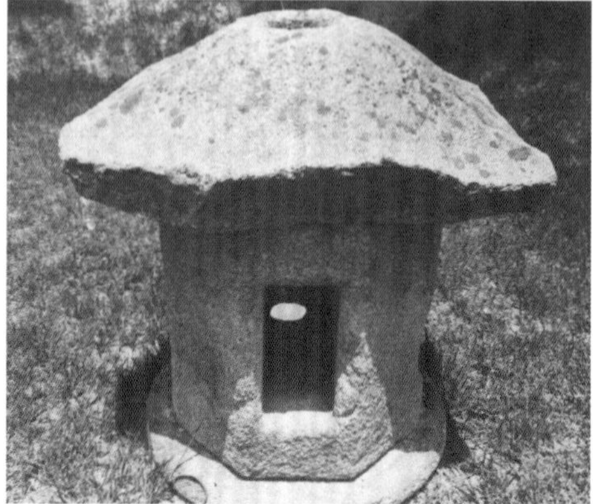

28 황수영, 앞의 글(1966), p.10.

본격적인 발굴

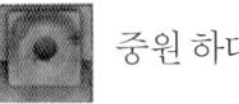
중원 하대석

1970년대의 약식 발굴을 거쳐, 1980년대에는 미륵사지에 대한 본격적인 발굴이 시작되었다. 동원, 중원, 서원의 3원 가람 형태가 완전히 모습을 드러내었고, 중원의 금당지와 목탑지 사이에서 또 하나의 하대석(중원 하대석)이 출토되어 3원 가람에 3금당, 3탑 그리고 3등燈이 있었을 가능성을 확고히 하였다. 이를 계기로 서원에서도 금당지와 석탑 사이 석등 위치를 추정하여 조사하였으나, 아쉽게도 하대석은 발견되지 않았다.

중원 석등 하대석에 대한 정밀 조사는 1982년 국립문화재연구소의 미륵사지 3차 발굴 때 이루어졌다. 하대석은 남향한 중금당中金堂의 중심 계단에서 남쪽으로 약 6.7m 떨어진 곳에 위치한다. 중금당터에서 석등이 위치한 지점까지 불규칙한 크기의 넓은 돌을 깔아 길을 만들었는데, 이는 남쪽의 목탑까지 이어진다. 즉 중금당과 목탑 사이를 잇는 돌길이 있고, 그 가운데에 석등이 서 있었던 사실이 확인되었다. 석등은 탑보다 금당에 가까운 위치에 있으며, 동원의 하대석보다 북쪽에 있다. 또한 물속에 잠겨 있었던 동원의 하대석보다 훨씬 좋은 상태로 발견되었다.

> 中金堂址 南側 階段址 앞에는 中院 南北軸線上을 따라 南쪽으로 幅 70㎝ 內外의 鋪石을 깔았고 이 鋪石은 中院 金堂址 下層基壇 南邊 面石에서 약 6.7m 南쪽에 놓인 石燈址로 연결되었고 여기서 다시 南쪽으로 계속되어 그 南쪽에 있는 또 하나의 建物址 北邊 階段址 中央에 연결된다. 이 鋪石은 建物址의 基壇石을 利用한 것 같았고 그 幅도 일정하지 않았다.[29]

중원 석등 하대석의 발견으로, 창건기 미륵사 석등의 원래 모습을 추정하여 복원할 수 있으리라는 희망이 생겼다. 하지만 중원 금당터 주변에서 발견된 석등 부재들의 성격이 밝혀지면서 석등의 복원은 점점 어려워지고 창건기 석등의 역사는 미궁에 빠졌다.

중원 금당의 건물터는 1980~81년의 발굴 조사 때 확인되었다. 금당의 남쪽 입구 계단에서 석

29 문화재관리국, 『미륵사 유적발굴조사보고서 I』 본문&도면, 1989, p.65.

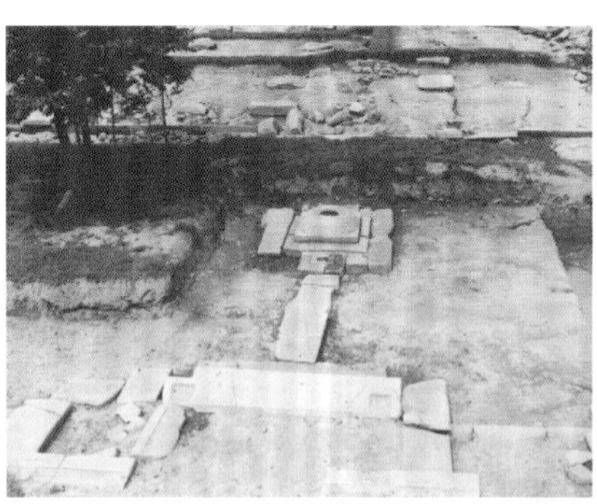

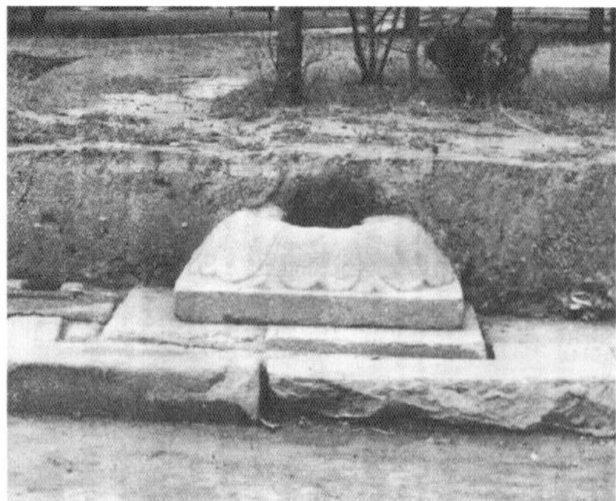

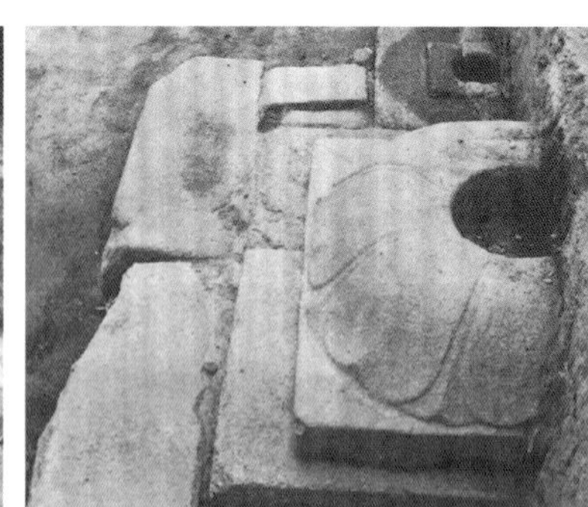

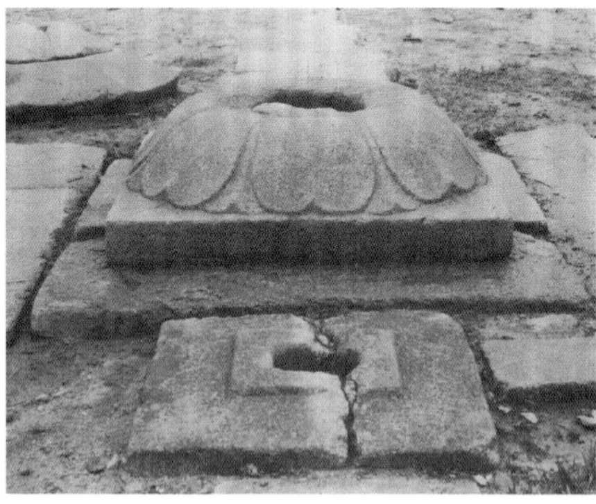

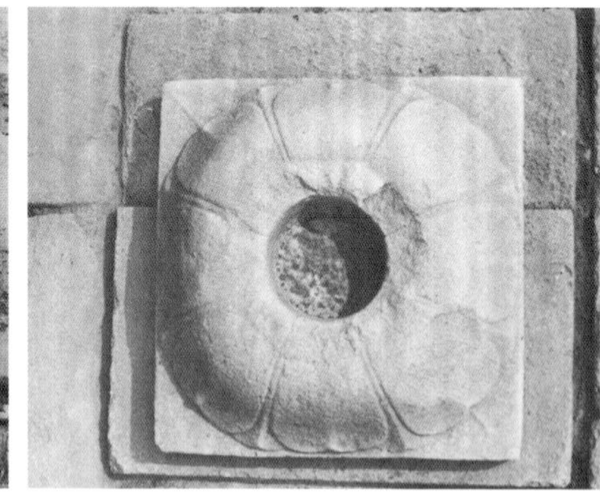

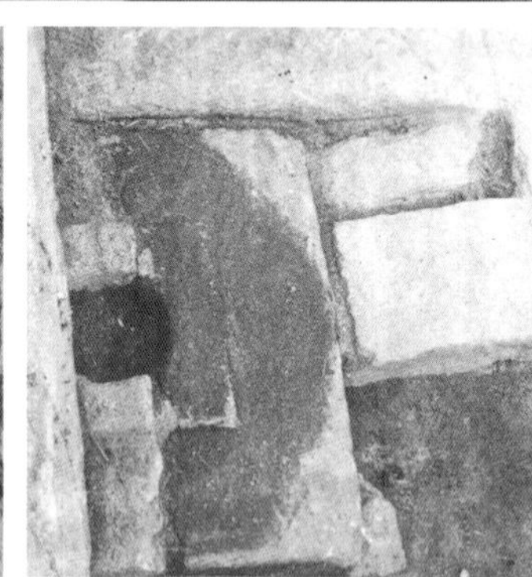

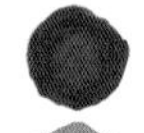
상대석③

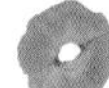
옥개석④-1

등 부재 2점이 발견되었는데, 하나는 상대석(상대석③)이고, 하나는 옥개석의 일부로 절반으로 쪼개져 있었다. 옥개석(옥개석④-1)이 지표에서 수십 센티미터 아래에 묻혀 있었던 것에 비하여 상대석은 거의 노출된 상태였다. 상대석 표면이 훼손되어 있는 상태를 보아도 화재 등의 피해를 입어 원래의 위치를 벗어난 부재인 것을 알 수 있다.

> 中院 金堂址 前面 中央 階段址 周邊에는 石燈 部材가 2點 露出되어 있다. … 다른 1點은 中臺石으로 中心에 直徑 23cm의 깊이 11cm의 구멍이 있고, 周邊에는 蓮花를 8葉 彫刻하였는데 破損이 甚하다. 中心에서 外緣까지 길이 44cm, 높이 30cm이다.[30]

30 문화재관리국, 『彌勒寺址 發掘調査中間略報告』 1983, p. 25.

상대석의 경우 지금까지 2점만 알려져 있었기 때문에, 세 번째 상대석의 등장은 창건기 석등 3기를 완성하는 데 큰 도움을 줄 것이라 생각하였지만 결과는 반대였다. 간주석을 꼽는 구멍 주변의 훼손이 심하여 알아보기 어렵긴 하였지만, 이전에 발견된 상대석과는 다른 연화무늬를 확인할 수 있었기 때문이다. 즉 꽃잎 위에 두 줄의 장식이 들어간 연화로, 단판연화가 아니어서 창건기 석등의 부재라고 볼 수 없다.

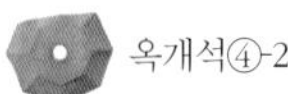
옥개석④-2

상대석③에서 그리 멀지 않은 곳에서 출토된 옥개석(옥개석④-1)은 혼란을 더욱 가중시켰다. 이미 창건기 석등의 것으로 보이는 팔각의 옥개석 3점이 알려져 있기 때문이다. 게다가 발굴이 진행되면서 금당의 동남쪽 부근에 일부 노출되어 있던 팔각의 받침돌(옥개석④-2)이 발견되었는데,

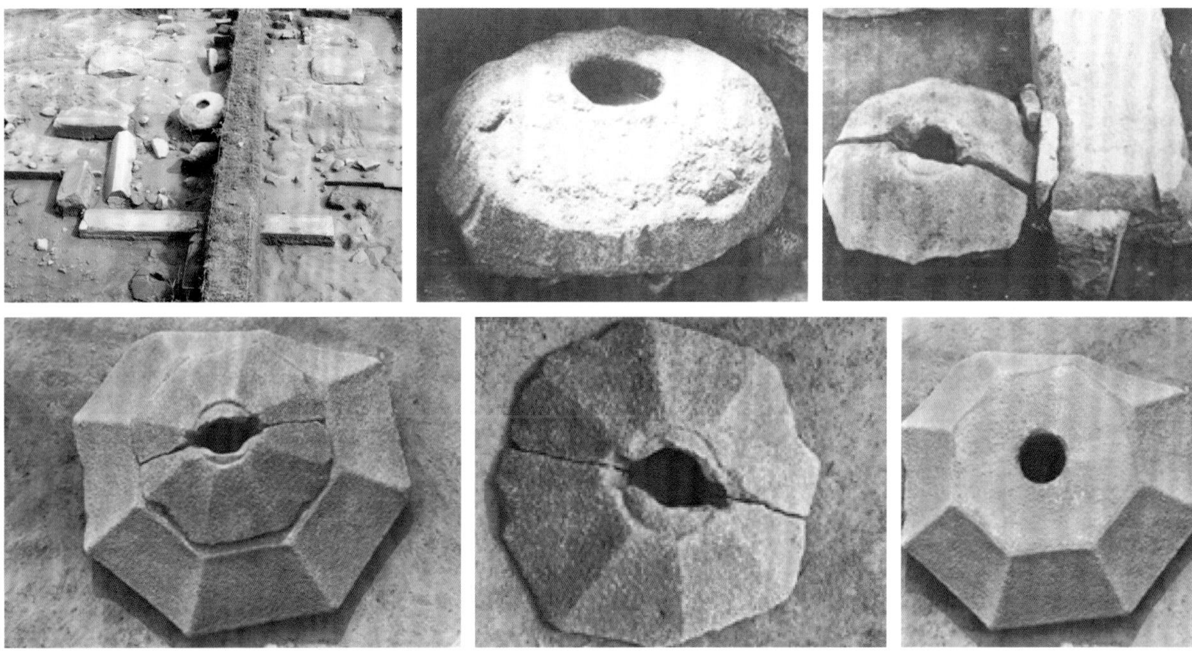

이것이 중금당 계단 부근에서 출토된 옥개석(옥개석④-1)과 짝을 이루었다. 절반으로 쪼개진 옥개석 조각을 출토된 받침돌 위에 올리니, 팔각의 테두리는 물론 상륜을 꽂아 장식할 구멍도 잘 맞았다. 받침돌의 윗면은 매끄럽게 다듬어져 있으니 훼손된 것이 아니라 의도한 것이 분명하였다. 즉 옥개석④는 상하 2단으로 이루어진, 전혀 새로운 양식의 팔각 옥개석이었던 것이다.

미륵사의 석등 부재 중 가장 늦게 알려진 상대석③과 옥개석④의 존재는 창건기 미륵사의 모습을 추정하는 데 오히려 방해가 되었다. 앞서 발견된 옥개석들은 모두 곡선미를 갖춘 1단의 팔각 지붕이었던 것에 비해 새롭게 발견된 옥개석은 2단으로 변형되었고, 상대석은 연화무늬가 단판에서 복판으로 변화하였다. 두 점 모두 이미 발견된 석등 부재들과 형태나 장식에 있어 시기적 차이가 명백하게 드러났다.

간주석

그러나 무엇보다 석등 부재들을 조립하여 원래의 모습을 복원해 보는 데 있어 가장 큰 문제점은 간주석의 부재不在이다. 하대석과 상대석을 이어주는 간주석은 석등의 규모를 결정하는 가장 결정적인 요인이다. 특히 통일신라 이후 간주석은 다각 기둥에서 발전하여 2개의 북을 엎어놓은 모양으로 장식하거나, 사자 두 마리가 마주 보고 서 있는 모습 등으로 다양하게 변화한다. 이는 석주형石柱形, 고복형鼓腹形, 쌍사자형雙獅子形 등 석등의 형식 분류 명칭을 결정하는 키워드가 될 정도이니, 간주석은 석등에서 가장 중요한 부재라 할 수 있다. 이러한 간주석의 부재不在는 창건기 미륵사 석등을 파악하는 데 가장 큰 걸림돌이다. 물론 사역의 서편에서 팔각 기둥의 간주석이 하나 발견되었으나 한쪽 끝이 깨져 원래 높이를 알 수 없어 복원에 활용하기 어렵다.

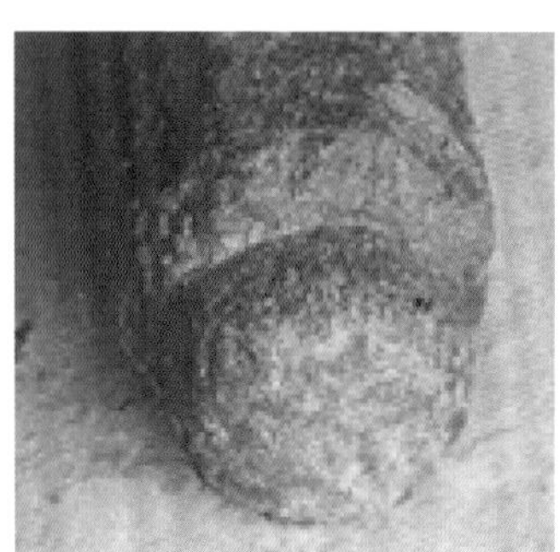

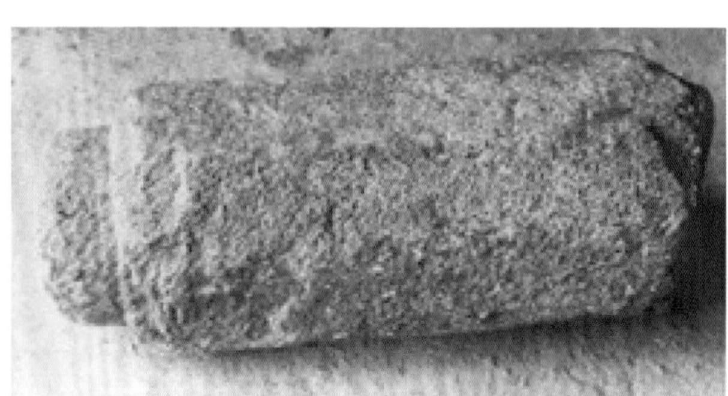

첫 번째 복원 시도

1980년대 국립문화재연구소의 본격적인 발굴 조사가 시작된 이후 출토된 석등 부재들, 즉 동원과 중원의 하대석, 그리고 중원에서 출토된 상대석③과 옥개석④, 간주석은 모두 지금도 현장에 남아 있다. 한편, 1970년대 이전에 이미 국립부여박물관으로 옮겨져 있었던 나머지 부재들은 1980년 국립전주박물관의 개관과 함께 전주로 옮겨졌다. 전라북도에 첫 국립박물관이 생기면서, 미륵사지의 석등 부재도 원래의 위치에 조금 더 가까워질 수 있었다. 국립전주박물관에서는 국립부여박물관에서 전시하던 대로 가장 큰 화사석②와 옥개석③을 함께 전시하기 위하여 새 돌을 깎아 하대석과 간주석, 상대석, 그리고 보주까지 만들어 세웠다. 당시의 복원은 다만 미륵사에서 발견된 석등 부재 중 가장 큰 화사석과 가장 큰 옥개석의 조합이었을 뿐이며, 상대석의 형태는 복련의 하대석을 앙련으로 변화시켜 사용한 것이었다. 또한 존재하지 않는 간주석과 보주의 형태에 대한 검토가 이루어지지 않은 채 사용된 문제점이 있었다. 하지만 우리나라 석등의 시원인 백제 석등의 원형을 전해주는 유일한 단서로의 의미는 여전하였다.

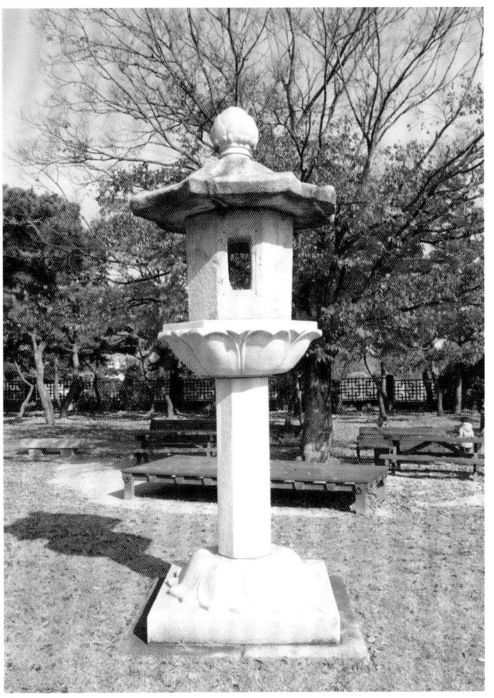

국립전주박물관 야외 정원 전시 모습
(2018년 촬영)

두 번째 복원 시도

1980년대 미륵사지의 발굴 조사에 이어, 1990년대부터는 석탑의 보수 정비가 시작되었다. 본격적으로 석탑을 해체하여 수리하던 중, 2009년 석탑 심주석에서 사리장엄舍利莊嚴이 발견되어 미륵사 창건의 역사는 물론 백제사까지 재검토가 이루어지고 있다. 639년 무왕과 그의 부인 사택沙乇씨가 함께 발원하여 세운 미륵사의 가치는 한층 올라가, 미륵사지에 우리나라 13번째 국립박물관인 국립익산박물관이 문을 열었다. 개관과 함께 부여와 전주박물관에 이관되어 있었던 익산 관련 유물들이 모두 미륵사지로 돌아왔고 그중에 석등 부재들도 포함되어 있었다. 그리고 석등 부재들을 전시하기 위하여 동원과 중원의 하대석을 모델로 하여 새로 깎아 만들고, 중원에서 발견된 2단 옥개석을 새롭게 반영하여 동원과 중원의 석등을 복원하였다. 그러나 여전히 옥개석과 화사석 조합의 당위성, 상대석의 모양과 간주석의 길이, 그리고 보주의 존재에 대한 문제점은 해결되지 않은 채였다.

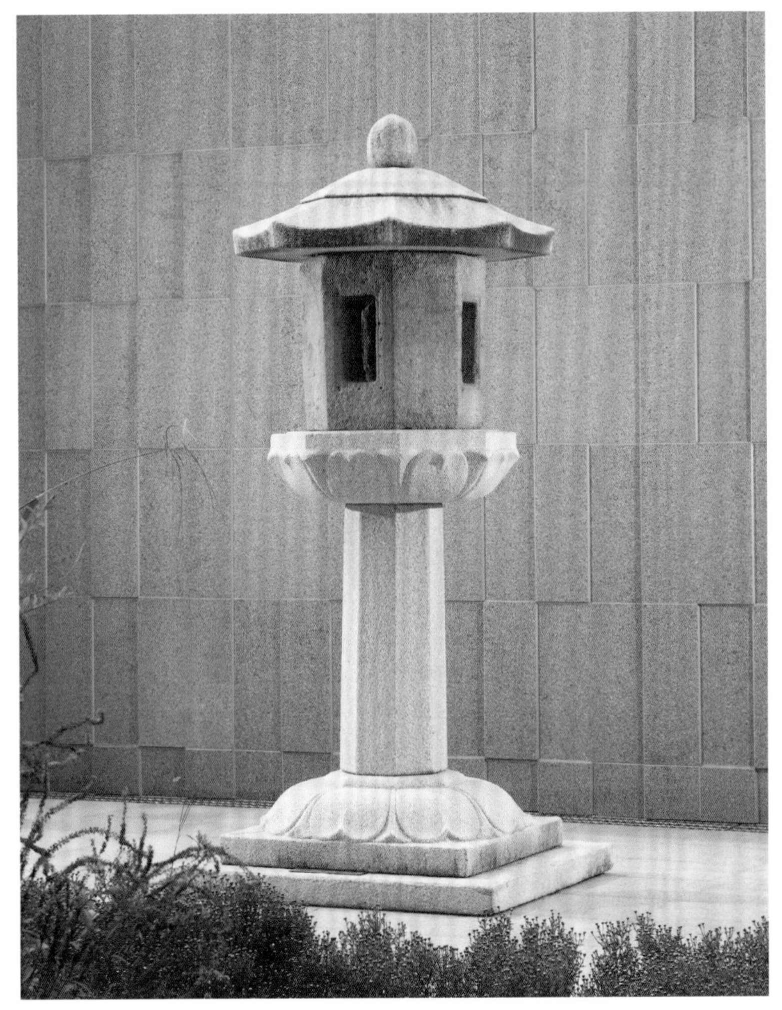

중원 석등 추정 복원
(국립익산박물관 뜨락정원)

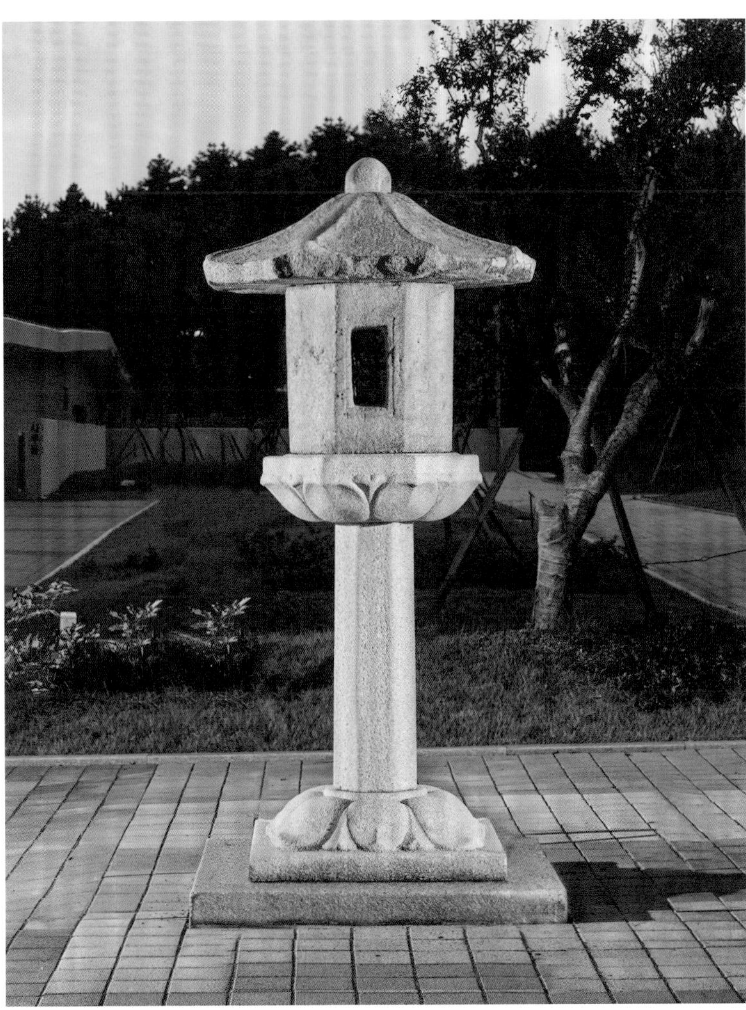

동원 석등 추정 복원
(국립익산박물관 전시관 입구)

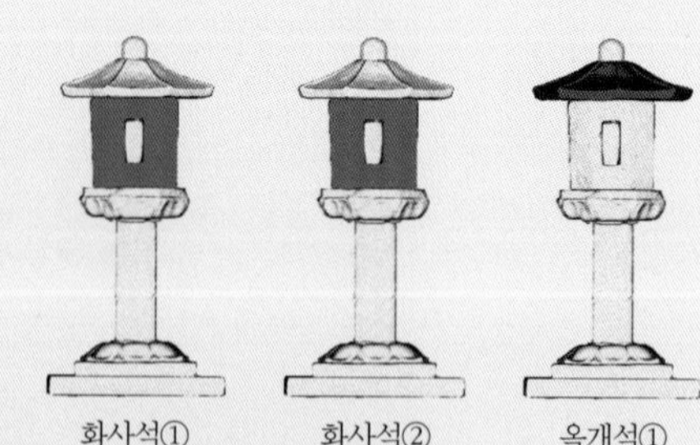

1955(56)년 11월

화사석①

팔각의 화사석, 4개의 화창火窓
윗면과 아랫면에 모두 둥글고 작은 구멍이 있음
미륵초등학교 교문 앞에서 수습

화사석②

팔각의 화사석, 4개의 화창火窓
아랫면은 막혀 있고, 윗면 구멍에는 고리 모양 괴임이 있음
미륵초등학교 교문 앞에서 수습

옥개석①

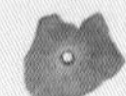

팔각 지붕
미륵초등학교 교문 앞에서 수습

화사석③
상대석①

1957년 1월

화사석③

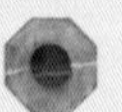

팔각의 화사석, 4개의 화창火窓
(서원) 석탑에서 북서쪽으로 30m 떨어진 지점에서 발견
같은 모양, 비슷한 크기의 화사석 3점이 모두 갖춰짐

상대석①

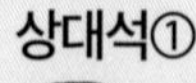

홑잎의 연꽃 2장이 새겨진 파편
화사석을 얹기 위한 윗면이 확인 가능하여 상대석으로 추정
(서원) 석탑 남쪽 3m 지점에서 발견

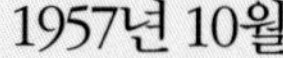

1957년 10월

상대석②

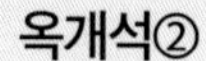

홑잎의 연꽃 8장으로 이루어진 상대석 조각
현재는 연꽃 4장만 남아 있고, 아래에 간주석을 끼웠던 구멍이 있음
미륵사지 옛 물길에서 발견

옥개석②

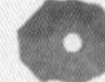

팔각 지붕
미륵사지 옛 물길에서 발견

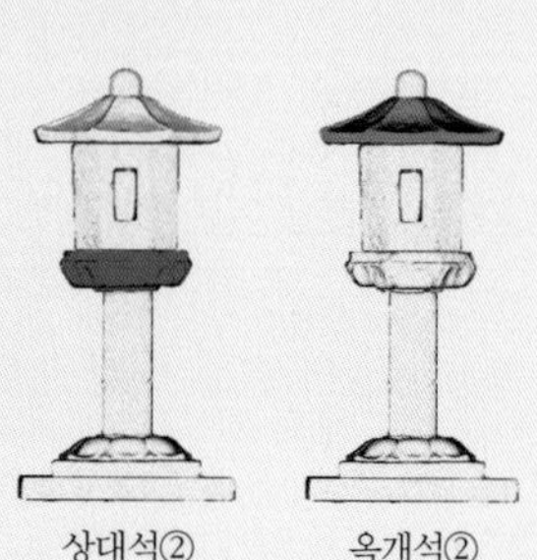

1965년 2월

동원 하대석
방형의 지대석, 홑잎의 연꽃 8장으로 이루어진 하대석
동원 금당터 남쪽 원래 위치에서 발견

옥개석③
팔각 지붕
동원 하대석과 함께 발견
귀마루 외에 장식이 없는 팔각 옥개석 3점이 모두 갖춰짐

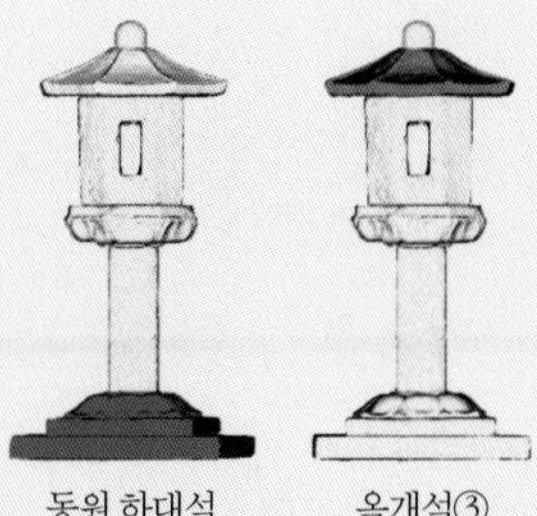

동원 하대석　옥개석③

1980년~1981년

상대석③
꽃잎 위에 두 줄 장식이 들어간 연화문의 상대석
중원의 금당터 남쪽 계단 부분에서 출토

옥개석④-1
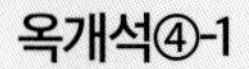
팔각 지붕의 파편, 정확히 절반으로 쪼개진 상태
한가운데 보주를 끼울 수 있는 구멍이 있음
중원 금당터 남쪽 계단 부분에서 출토

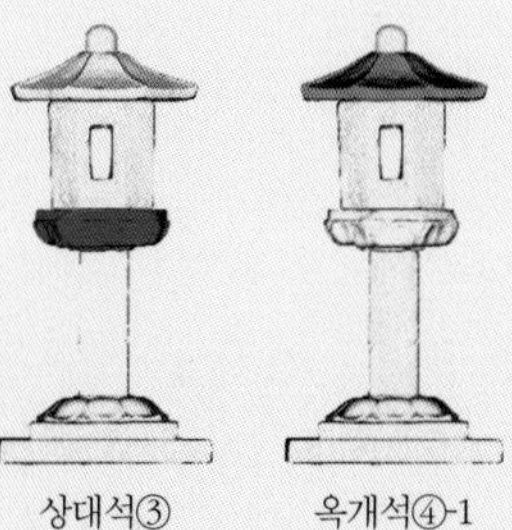
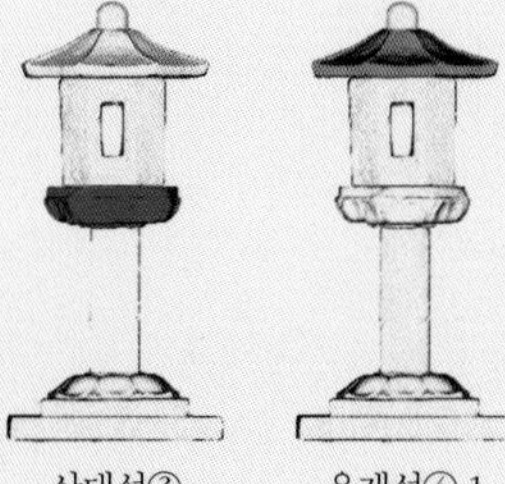

상대석③　옥개석④-1

1982년~1985년

중원 하대석
방형의 지대석, 홑잎의 연꽃 8장으로 이루어진 하대석
중원 금당터와 목탑터 사이에서 출토

옥개석④-2
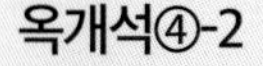
팔각 지붕, 이전 해에 중원 금당터에서 출토된
옥개석(옥개석④-1)과 상하 2단을 이룸
중원 금당터 동남쪽에서 발견

간주석
팔각 기둥, 반으로 잘려 상대석이나 하대석과
연결하기 위한 꼭지가 한쪽만 남아 있음
1980년대 초반 발굴 조사 때 미륵사지 서편에서 발견

중원 하대석　옥개석④-2　간주석

석등 부재별 디지털복원

창건기 미륵사 석등의 모습을 상상해 보는 데 가장 큰 어려움은 발견된 부재의 현재 상태가 원래의 모습을 잃어버렸다는 점이다. 원래의 위치에 남아 있는 두 하대석은 바닥에 놓인 채 땅속에 묻혀 있었던 덕분에 표면 풍화는 있어도 비교적 옛 모습을 잘 간직하고 있다. 하지만 높은 곳에 얹혀 있었을 상대석과 옥개석은 떨어지면서 깨지기 쉬웠을 것이다. 실제로 상대석 2점(상대석①, ②)과 옥개석 2점(옥개석①, ②)의 경우 원래 형태의 절반 이상을 잃어버렸다. 또한 가늘고 긴 간주석도 넘어지면서 부러졌을 가능성이 높고, 게다가 잘 다듬어진 기둥이어서 여러모로 쓰임이 좋아 사적지 내 반출도 많았을 것이다. 그래서 현재 남아 있는 간주석은 길이를 가늠할 수 없는 상태이고, 수량도 적다. 쉽게 움직일 수 없는 중량물인 석등을 조사, 복원하는 일에는 명백한 물리적 한계가 존재한다. 이를 극복하고 미륵사 석등의 원래 모습을 추정하기 위한 기본 작업으로, 모든 부재들을 3D 스캔한 데이터를 이용하여 파손 부위를 디지털로 복원했다. 각 부재의 디지털복원 결과는 미륵사 석등뿐만 아니라 우리나라 석등의 기원 연구에도 의미있게 쓰일 수 있을 것이다.

→ 특별전 〈백제의 빛, 미륵사 석등〉 '나만의 석등 만들기' 인터랙티브 콘텐츠 중에서

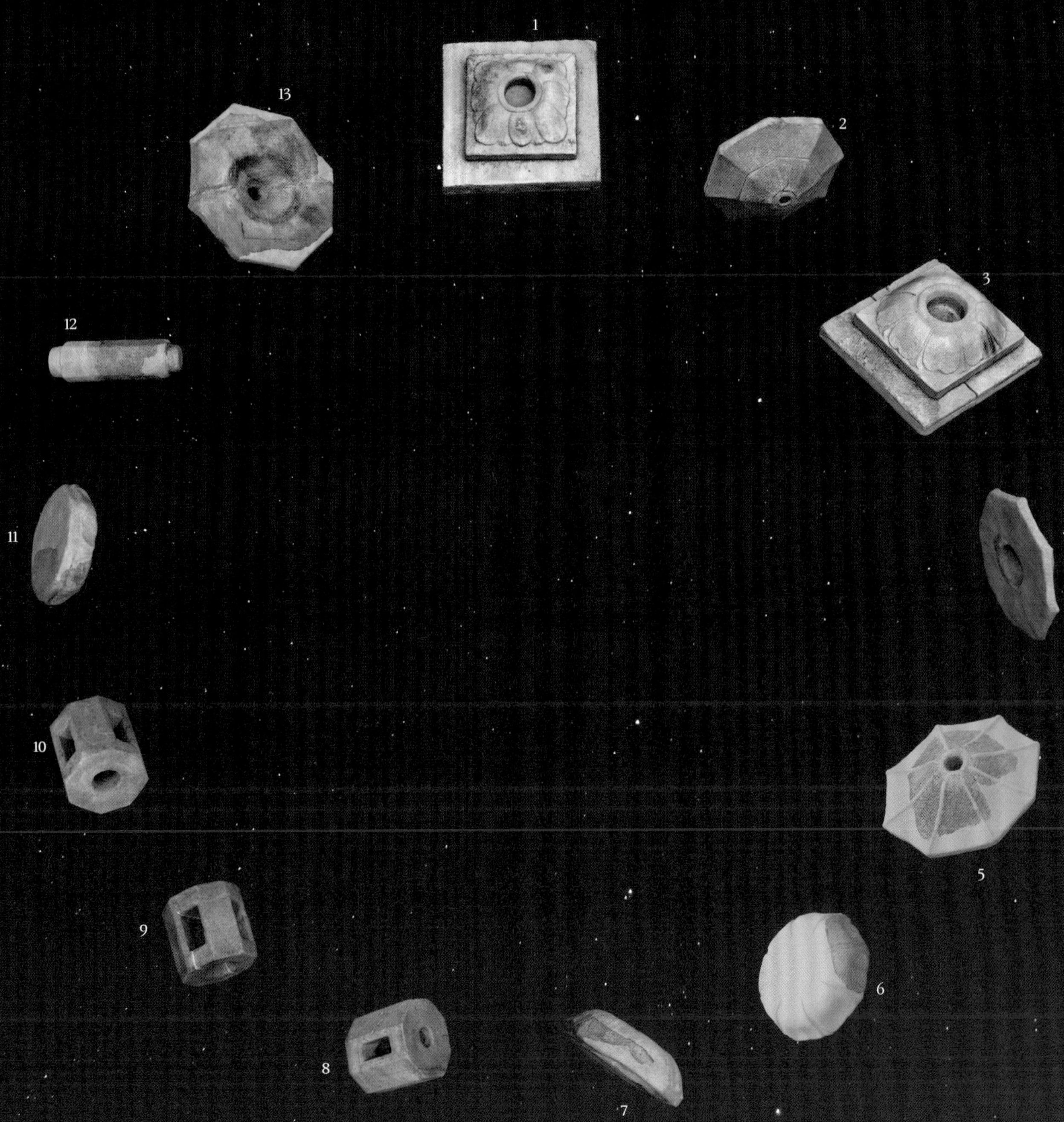

1. 동원 하대석
2. 옥개석④
3. 중원 하대석
4. 옥개석②
5. 옥개석①
6. 상대석①
7. 상대석③
8. 화사석①
9. 화사석③
10. 화사석②
11. 상대석②
12. 간주석
13. 옥개석③

동원 하대석

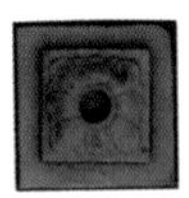

1965년 2월, 동원 금당의 남쪽, 동원 석탑의 북쪽 원위치에서 발견된 하대석이다. 위에 옥개석③이 엎어진 형태로 발견되었다고 한다. 네모난 지대석을 따로 마련하고, 그 위에 다시 방형의 받침 위에 홑잎의 연꽃 8장을 올린 형태이다. 연꽃은 위에서 보았을 때 원형을 이루지 않고, 네 모서리의 연꽃잎이 네모난 지대석의 모양을 따라 살짝 튀어나와 방형을 이루고 있다. 각 연꽃잎은 백제 연화의 우아한 형태를 잘 간직하고 있다. 한가운데 간주석을 꽂았던 둥근 구멍이 남아 있다.

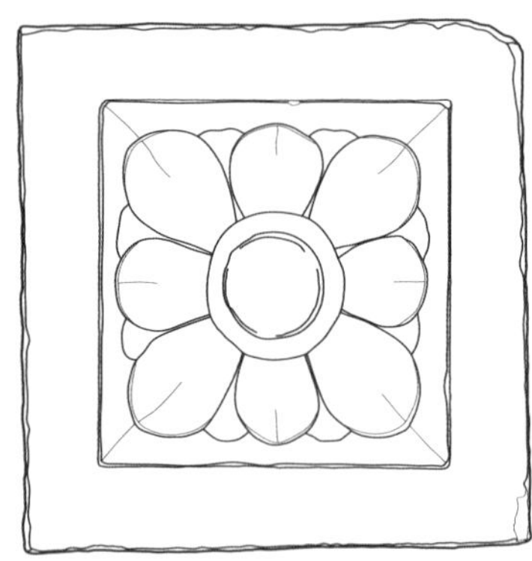

도7.
동원 하대석, 백제 7세기 전반,
137.8×140.3cm, 높이 42cm,
익산 미륵사지

→ 동원 석등 하대석 원위치

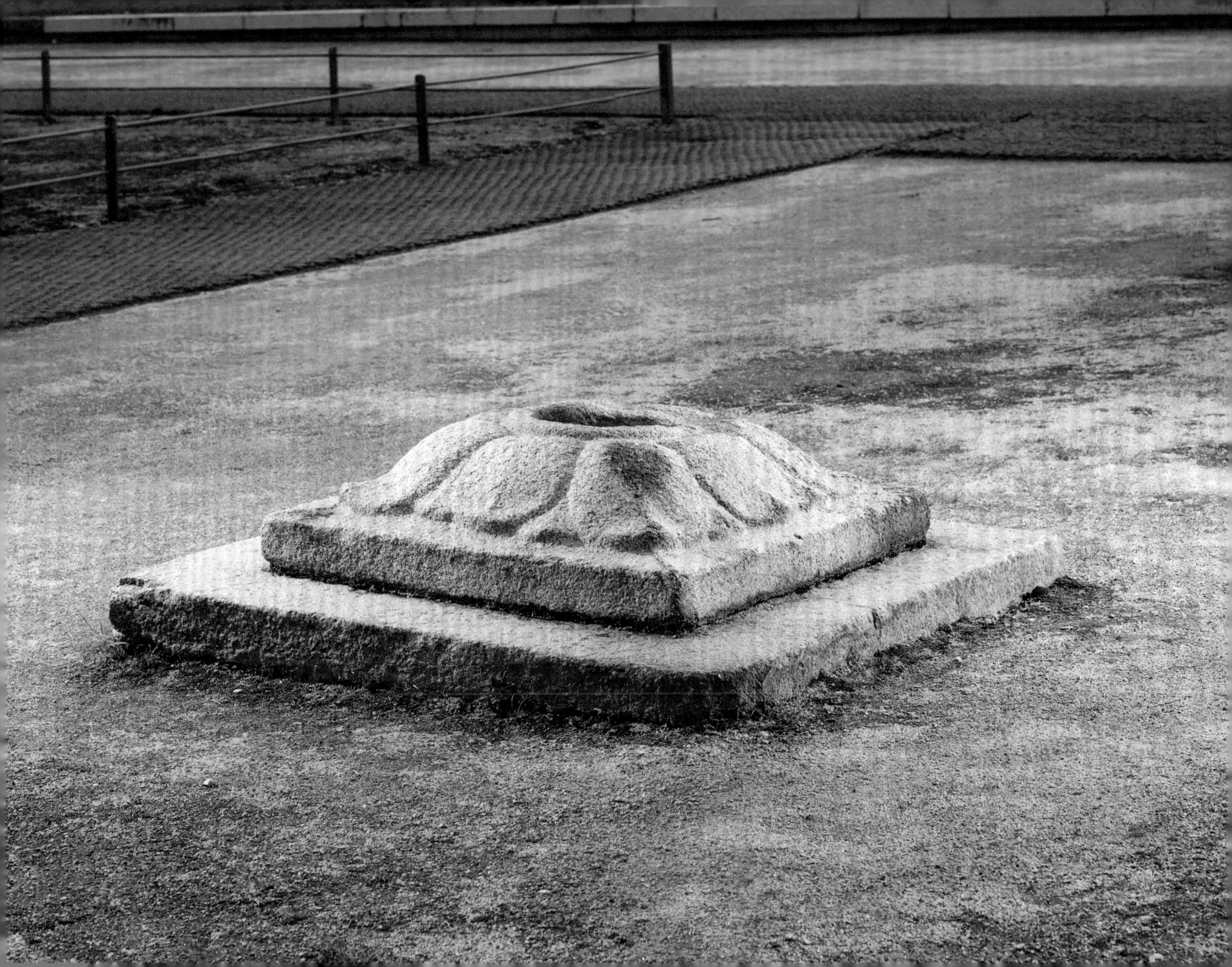

동원 하대석

복원 전

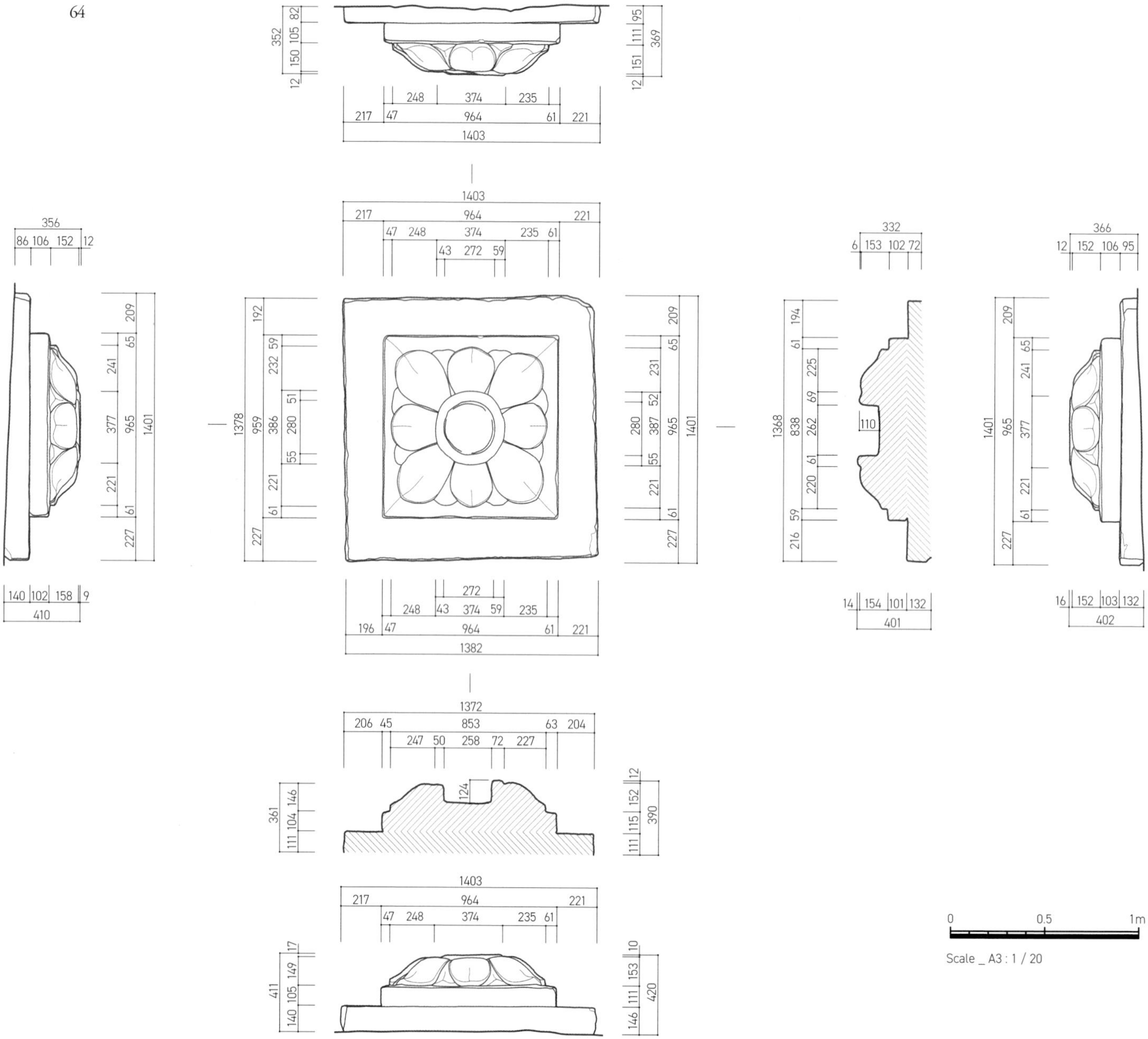

0 0.5 1m

Scale _ A3 : 1 / 20

복원 후

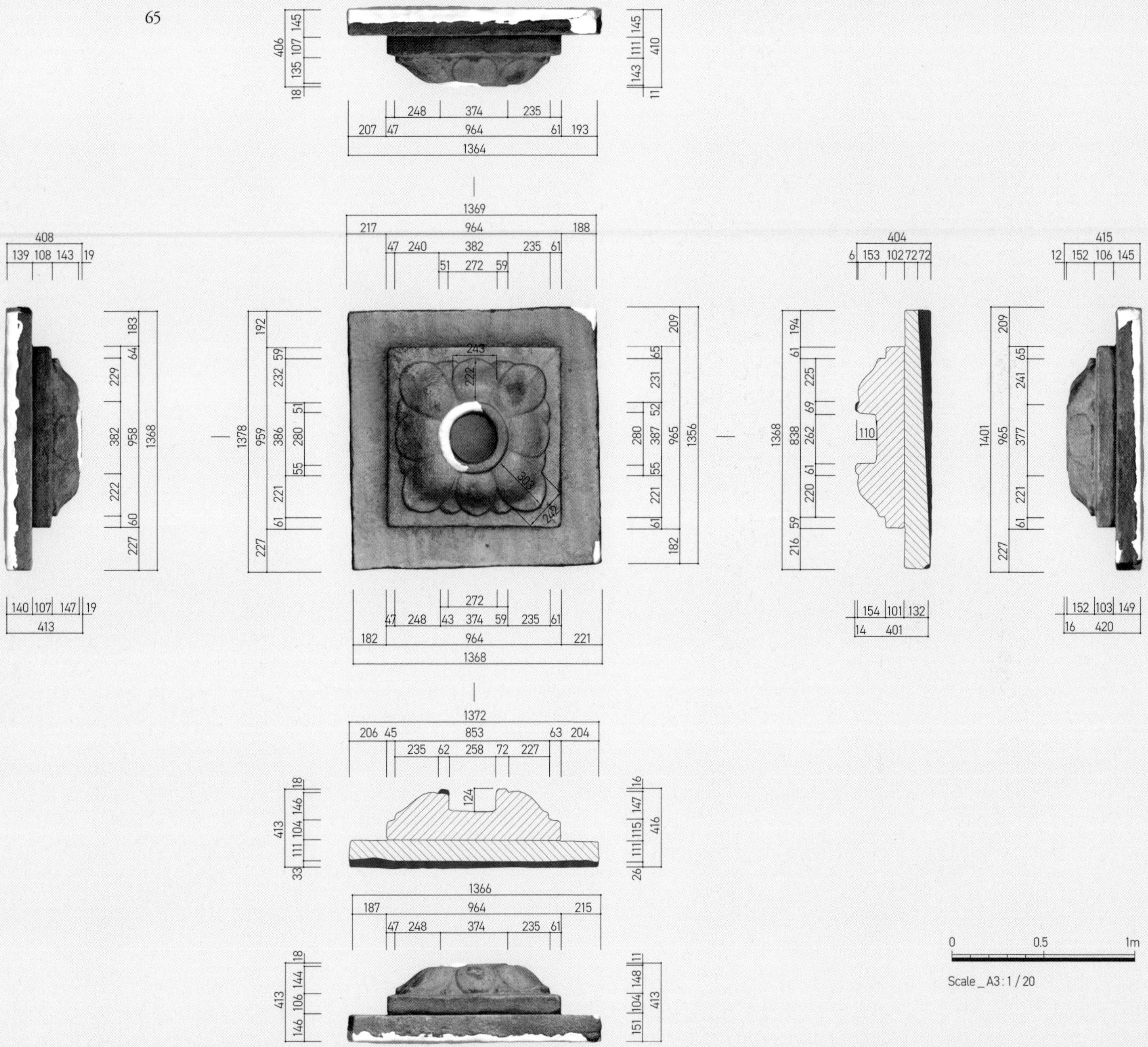

Scale _ A3 : 1 / 20

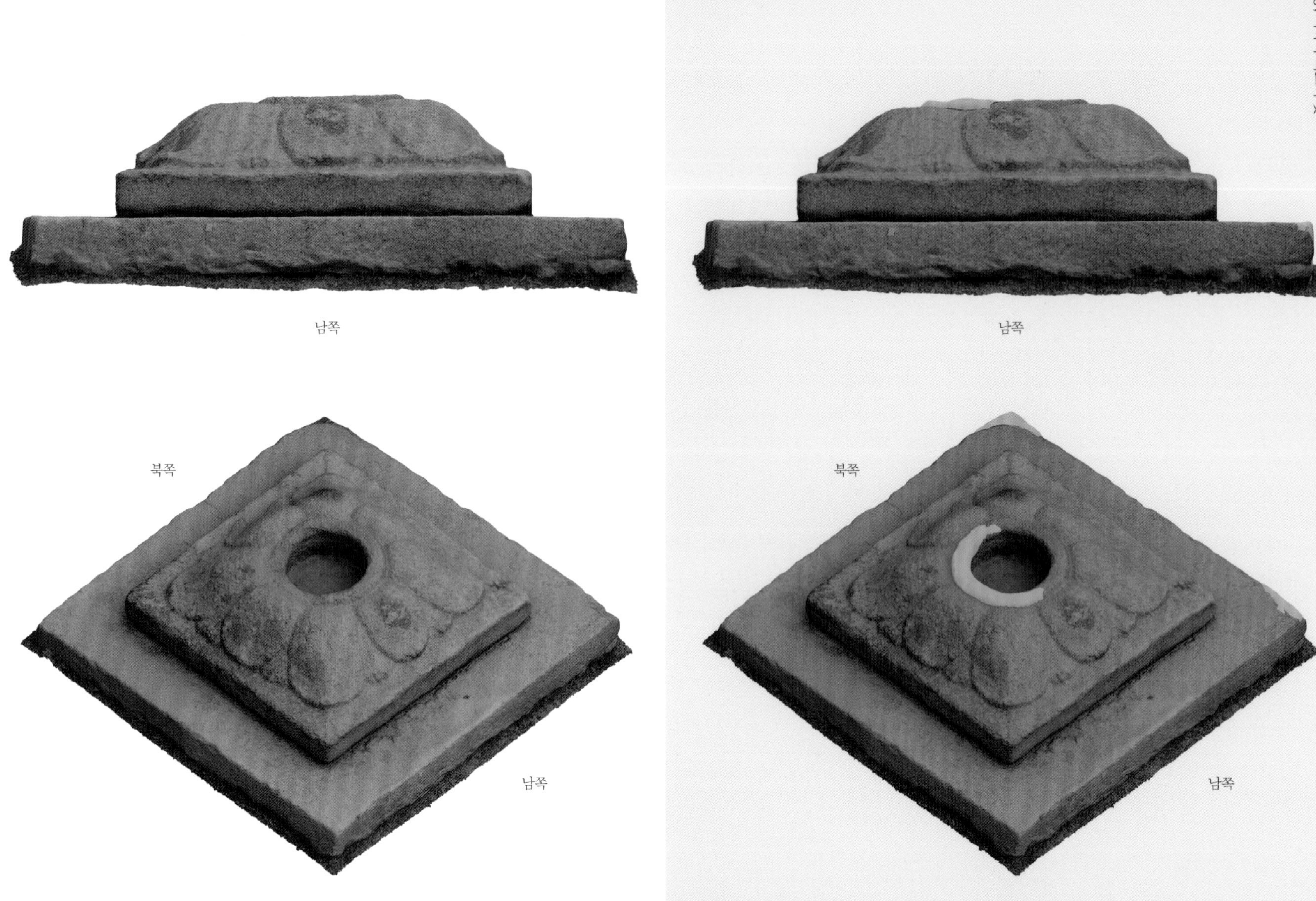

복원 전

복원 後

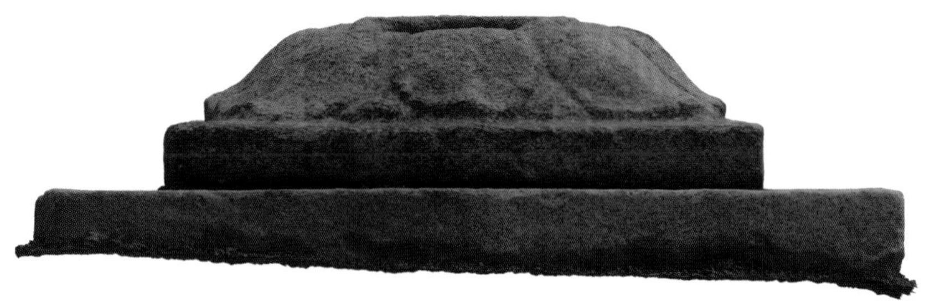

서쪽

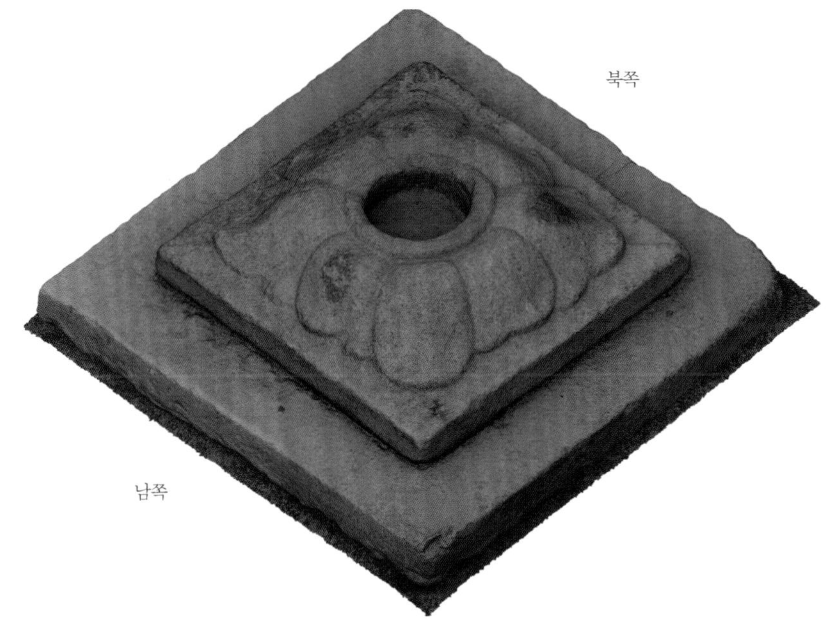

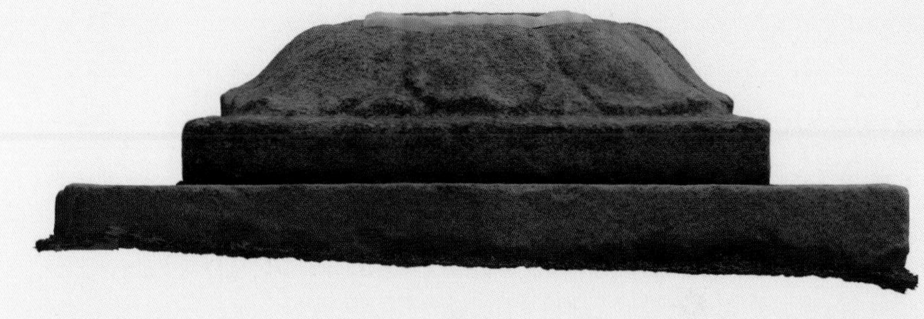

서쪽

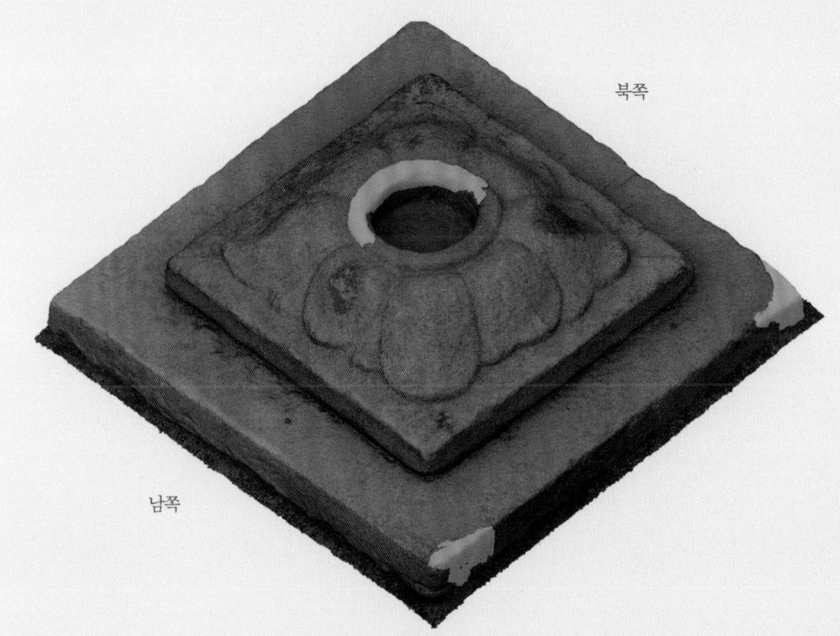

복원 전 복원 후

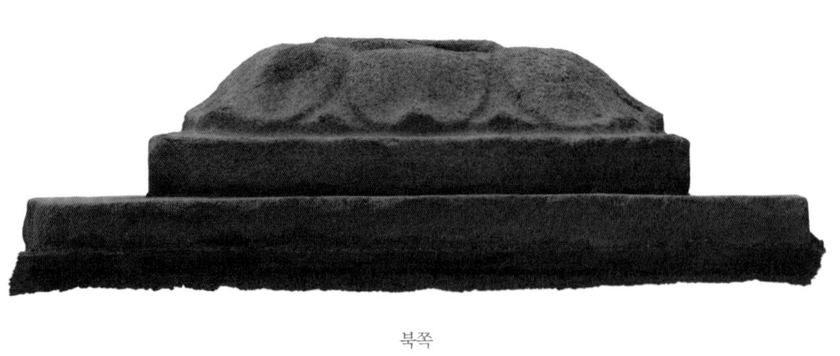

북쪽

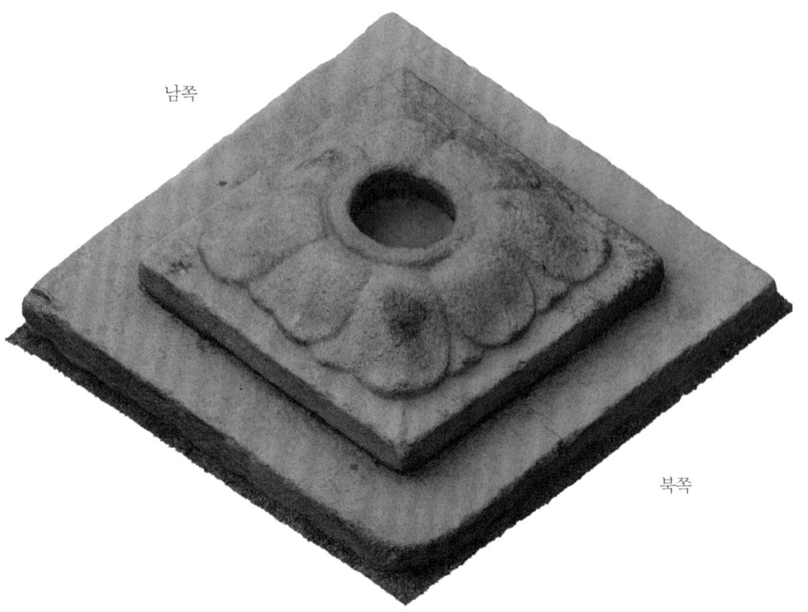

남쪽

북쪽

복원 전

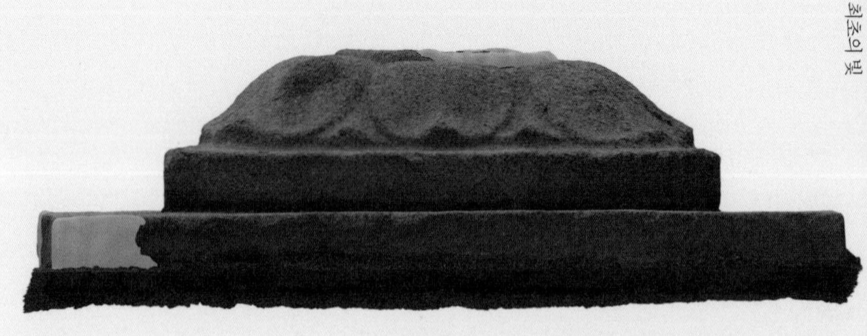

북쪽

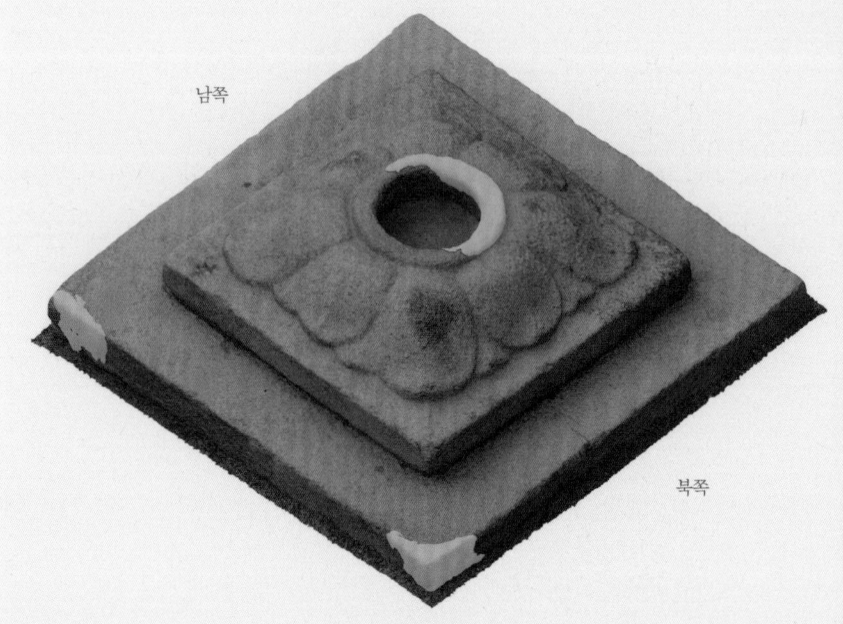

남쪽

북쪽

복원 후

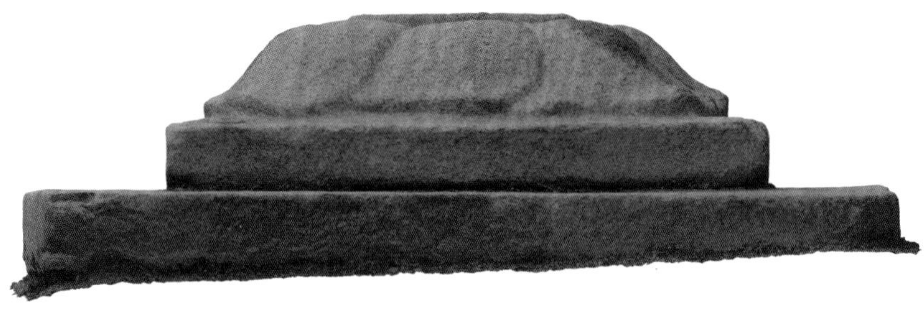

동쪽

북쪽

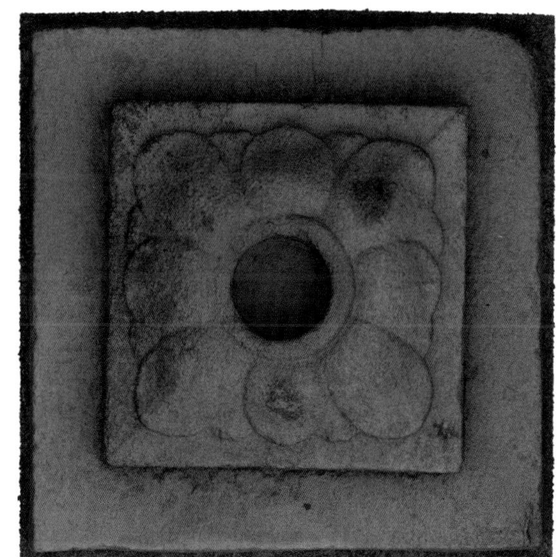

남쪽

복원 전

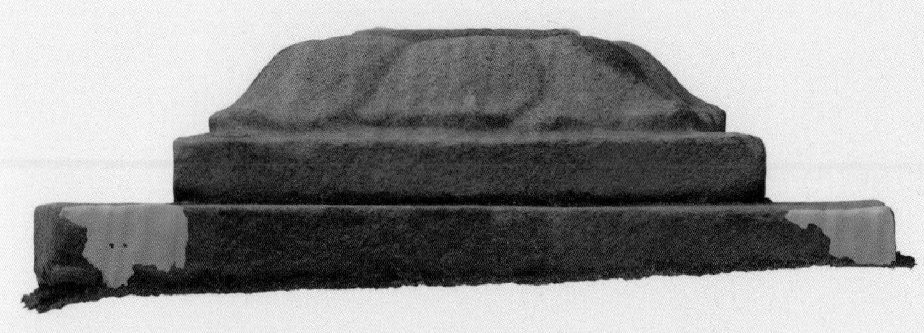

동쪽

북쪽

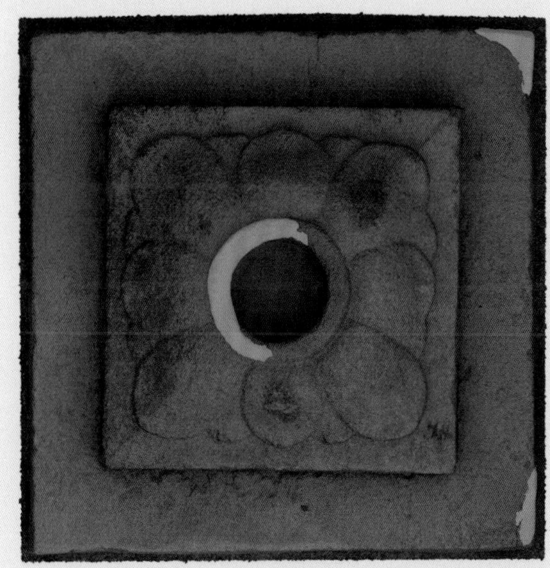

남쪽

복원 후

중원 하대석

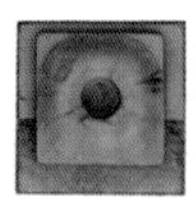

1982년 국립문화재연구소의 3차 발굴 때 중원 금당터와 목탑터 사이에서 출토되었다. 동원의 하대석과 같은 구조이지만 크기가 미세하게 다르다. 방형의 지대석은 동원 하대석보다 미세하게 작지만, 위에 얹어진 연꽃은 살짝 키가 커서 훨씬 둥글고 봉긋하게 보인다. 또한 위에서 보았을 때 둥글게 보이도록 8장의 연꽃잎이 모두 크기가 같다. 동원 하대석과 마찬가지로 홑잎의 연꽃인데 새김 기술이 서로 달라 꽃잎이 훨씬 얇아 보인다. 역시 한가운데 간주석을 꽂았던 구멍이 남아 있는데, 괴임 부분이 모두 파손되었다. 한편 맨 아래 지대석은 하나의 돌로 만든 것이 아니라 서로 다른 석재 2장을 연결한 것으로, 상황에 따라 적당한 석재를 연결하여 사용하는 유연한 제작 태도가 엿보인다. 그래서인지 둥근 연꽃이 지대석의 한가운데가 아니라 북쪽으로 치우쳐 있다.

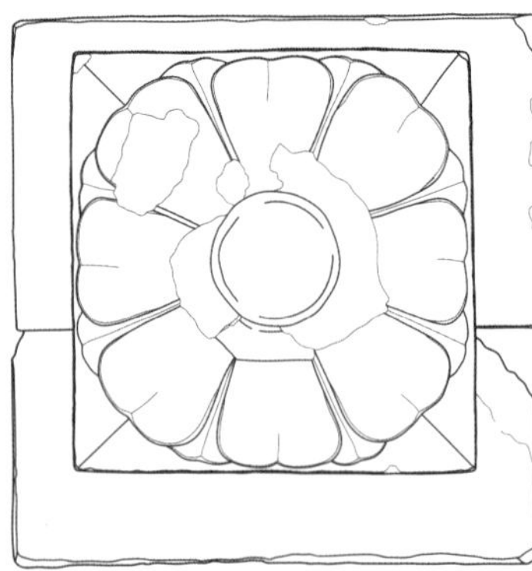

도8.
중원 하대석, 백제 7세기 전반,
136.9×138.3cm, 높이 44.5cm,
익산 미륵사지

→중원 석등 하대석 원위치

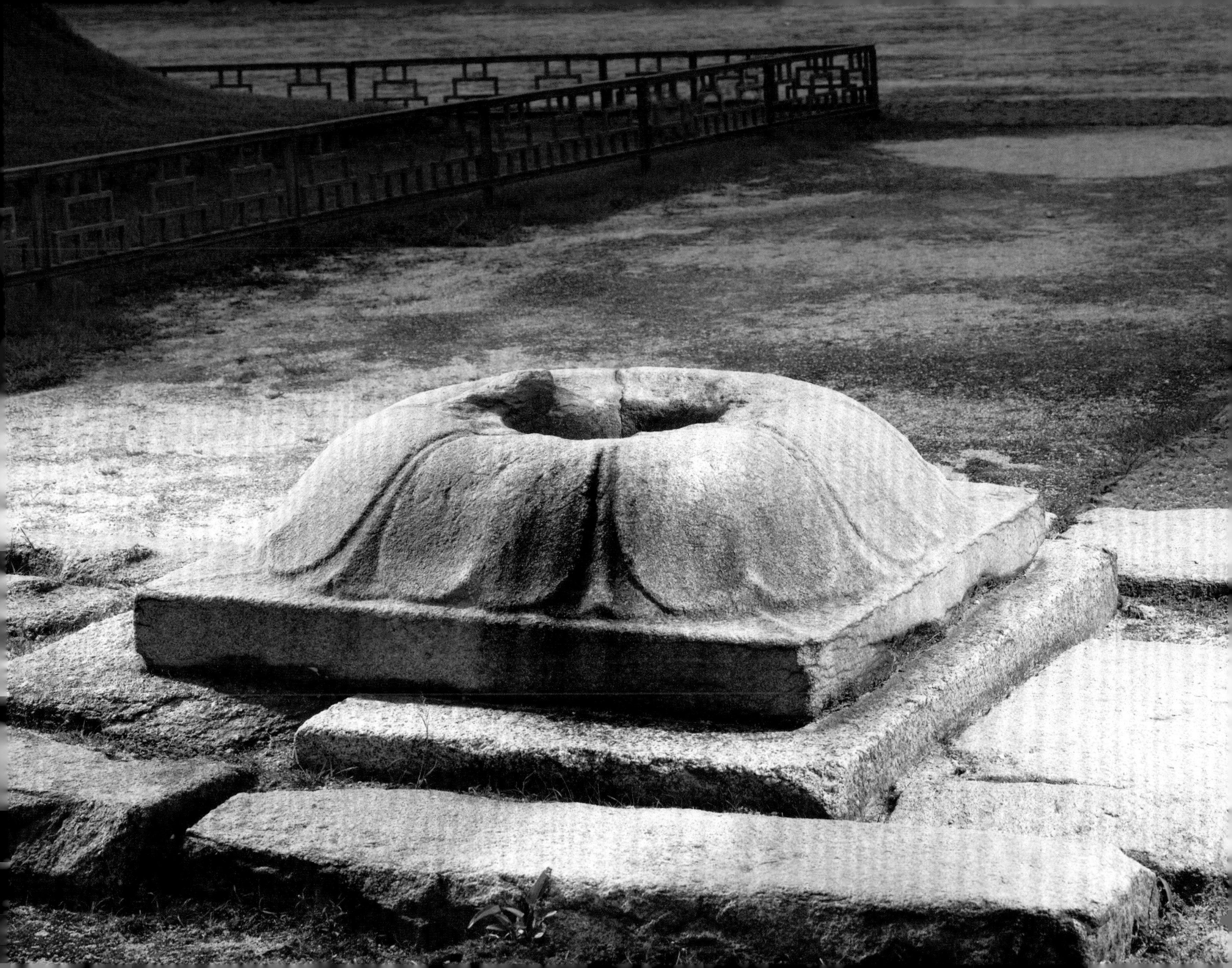

중원 하대석

복원 전

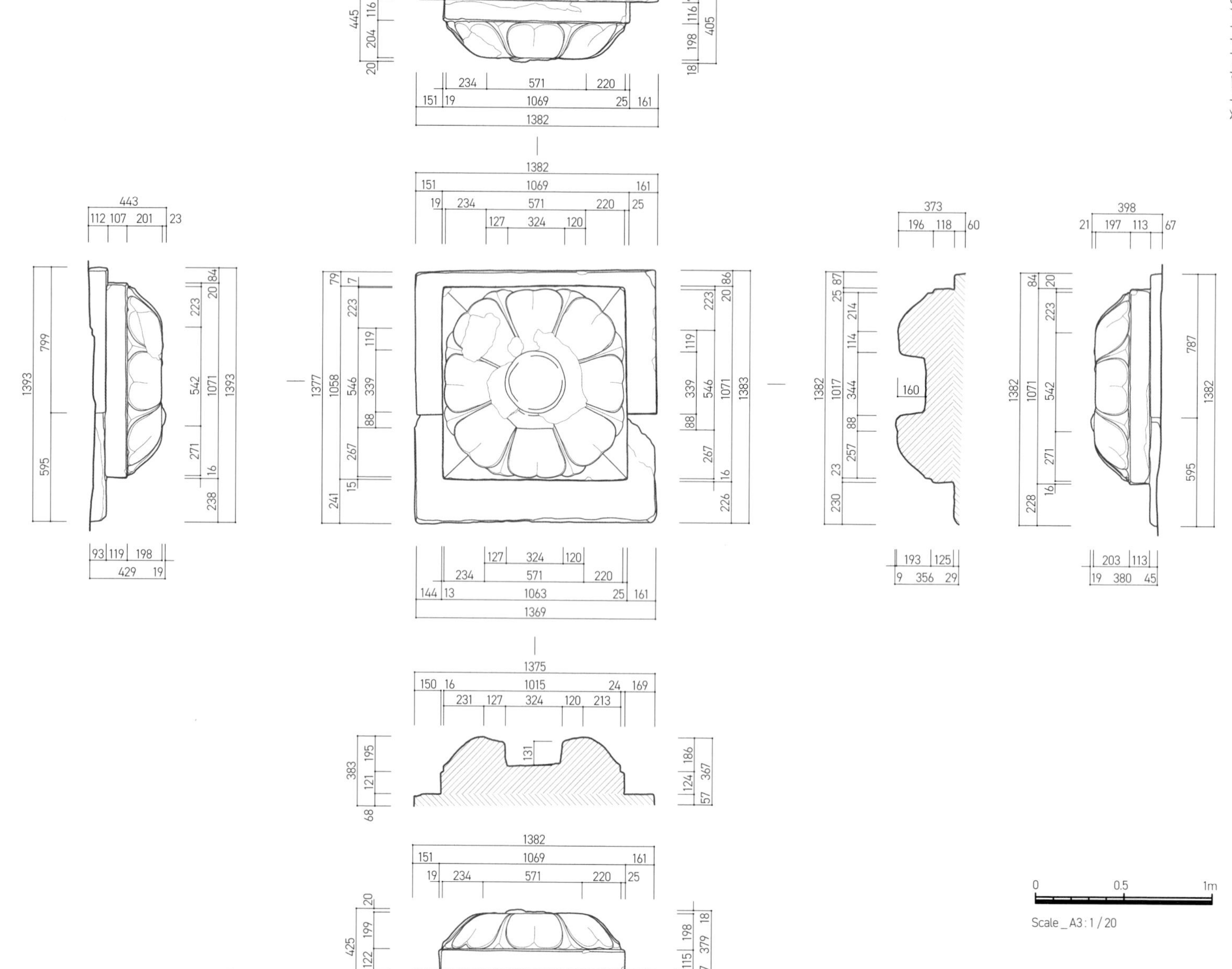

73

복원 후

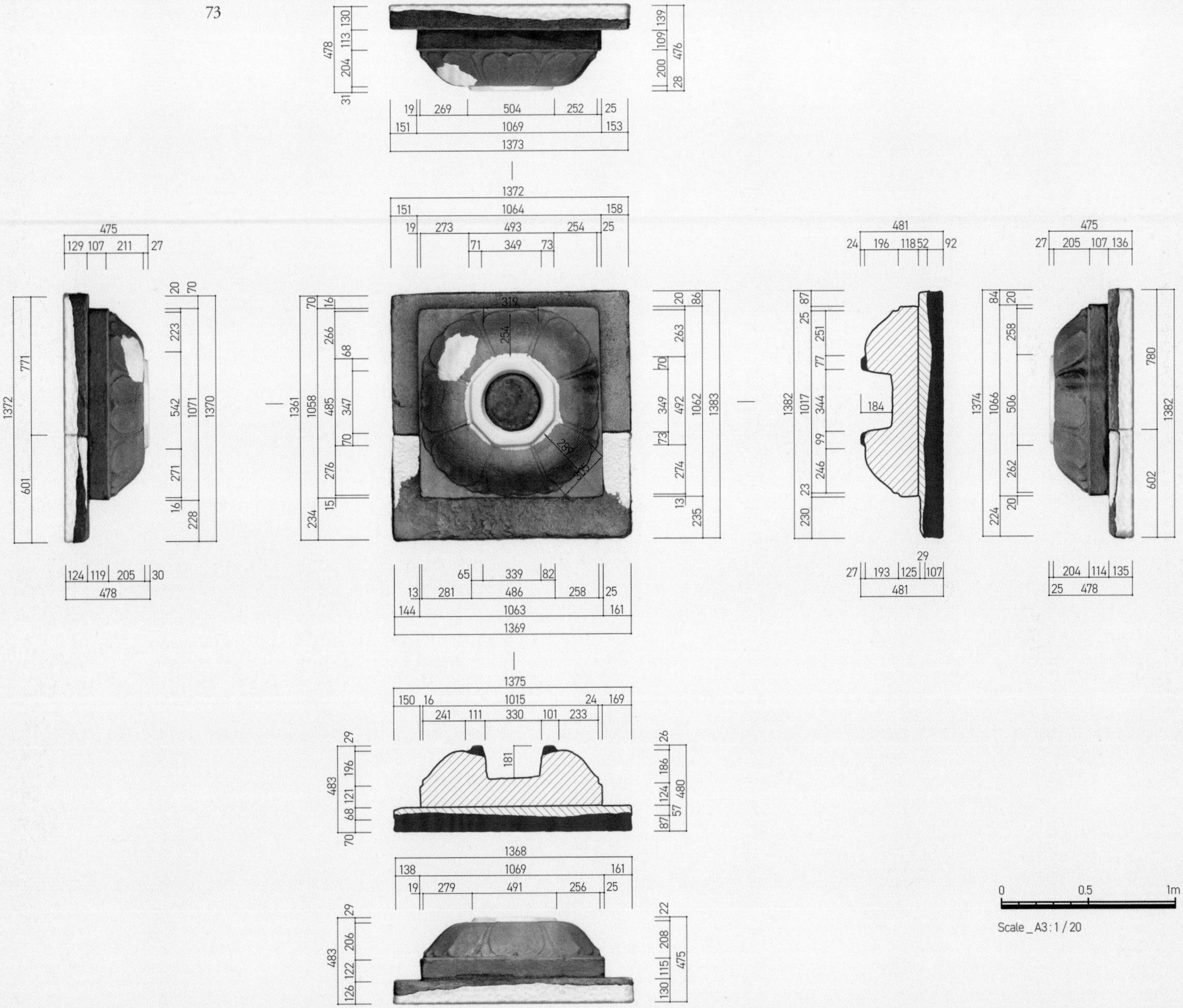

Scale _ A3 : 1 / 20

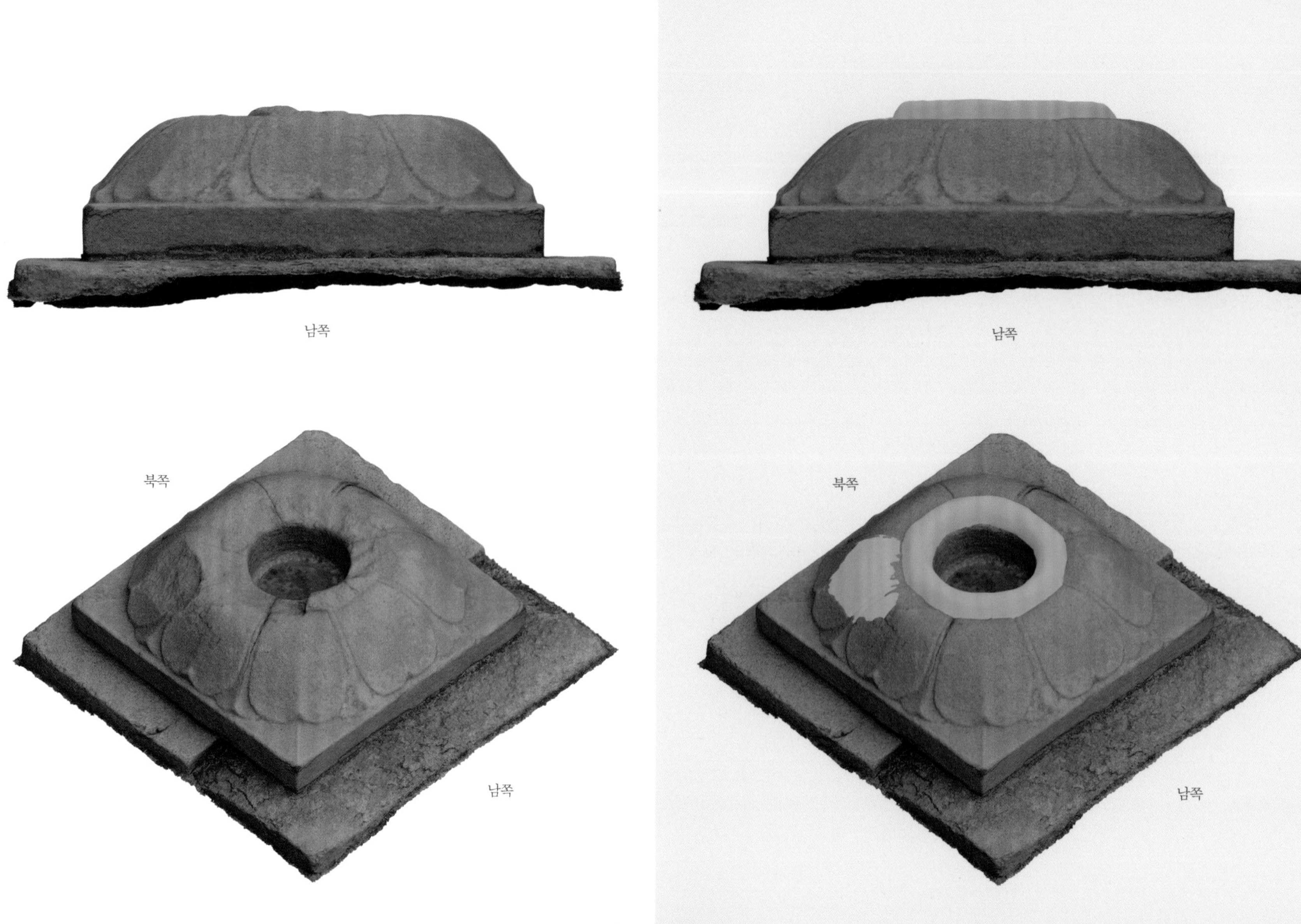

복원 전　　　복원 후

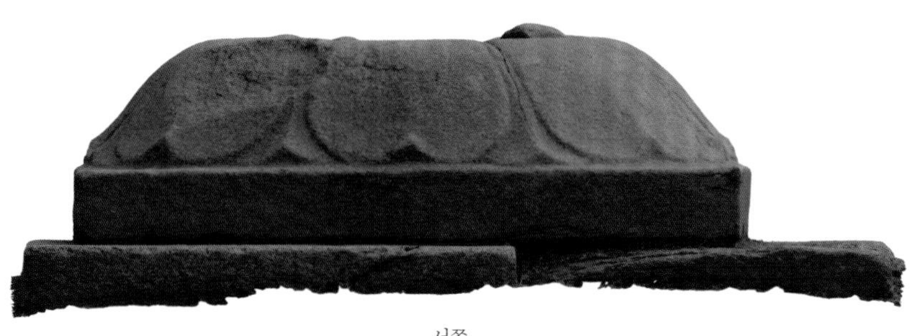

서쪽

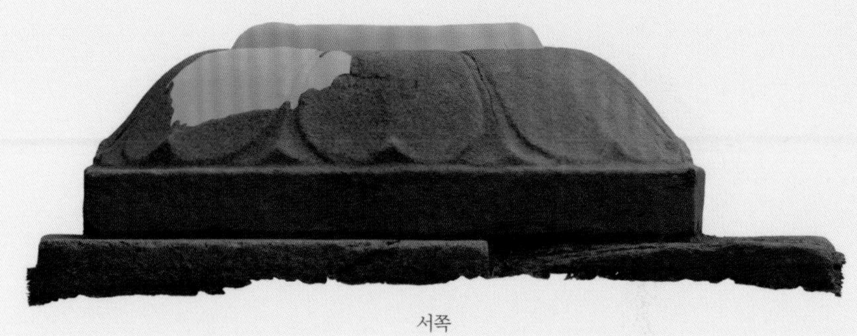

서쪽

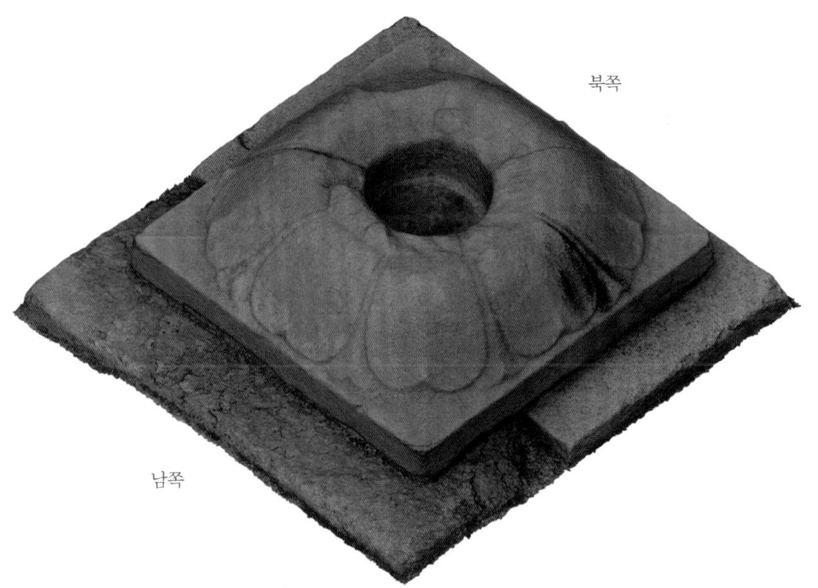

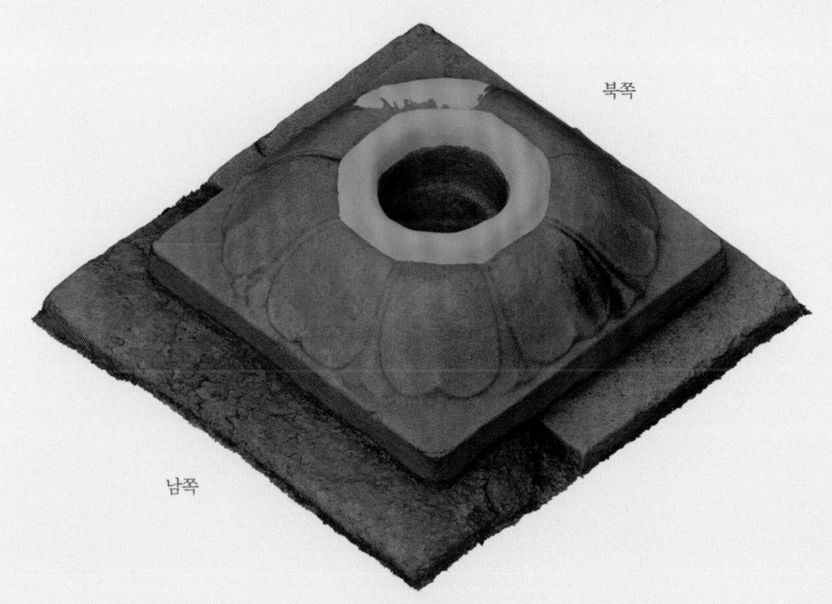

복원 전 복원 후

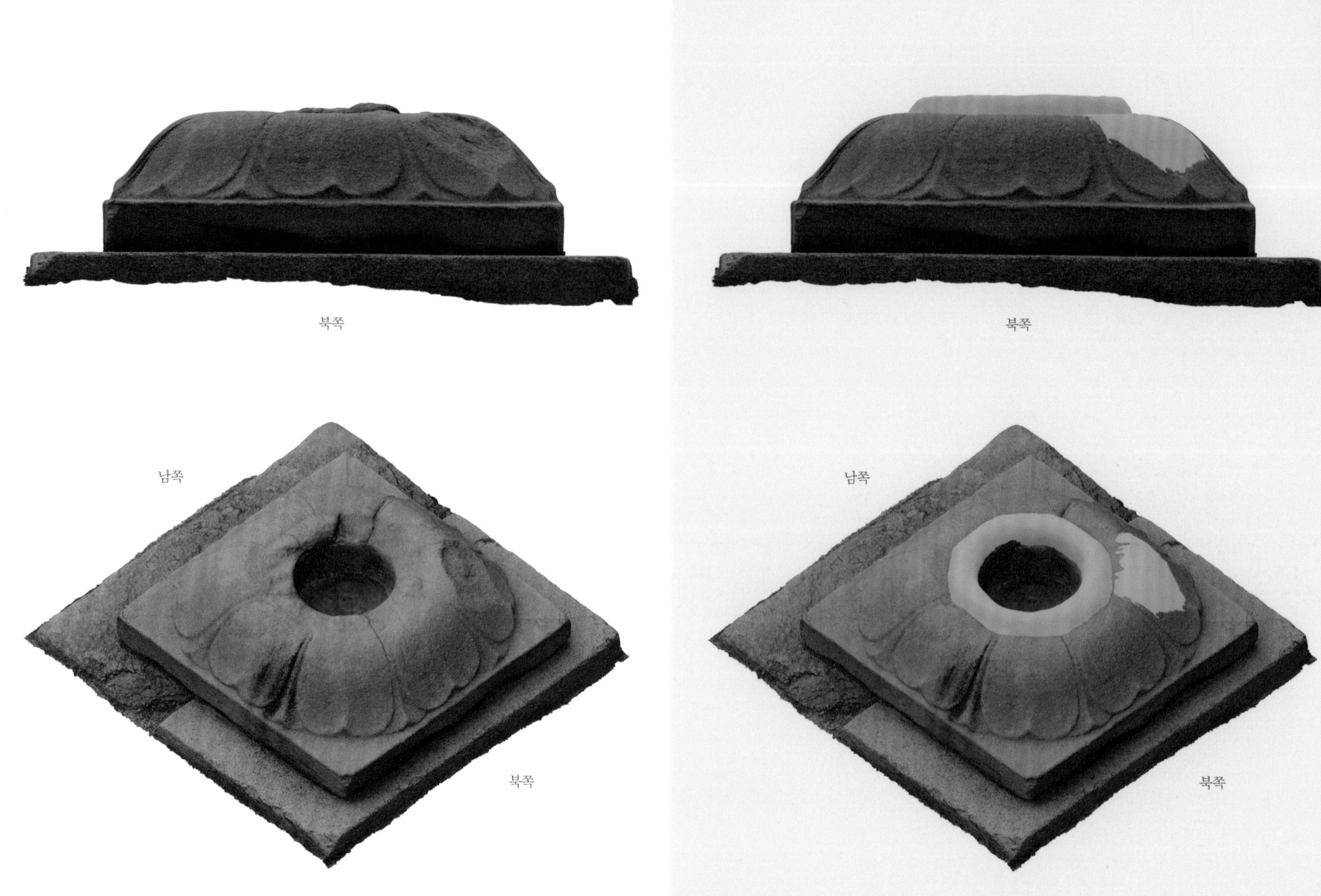

복원 전 복원 후

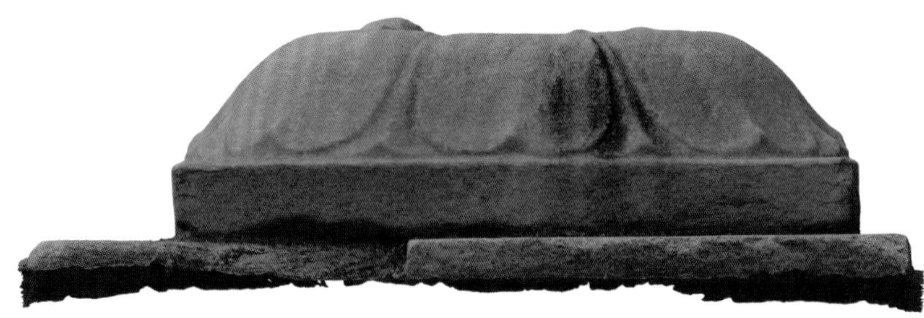

동쪽

북쪽

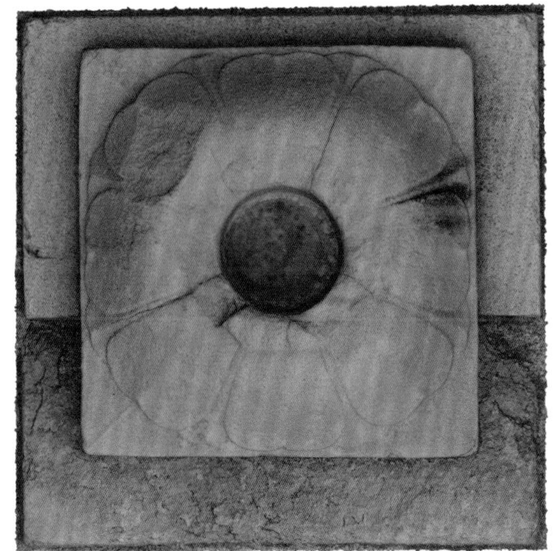

남쪽

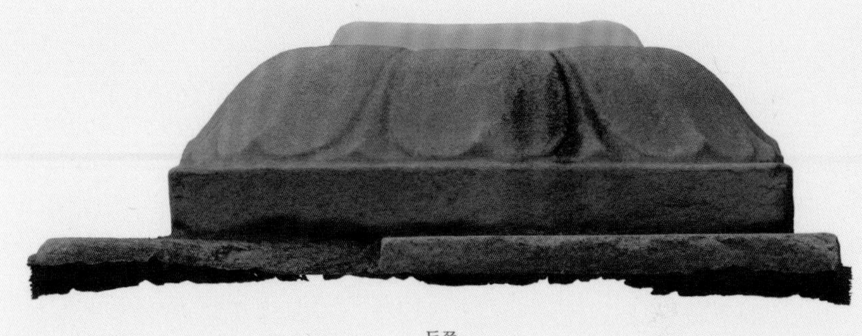

동쪽

북쪽

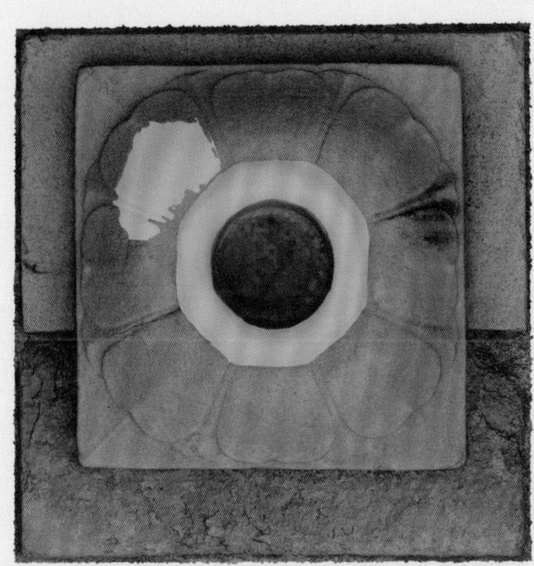

남쪽

복원 전 복원 후

화사석①

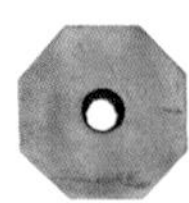

1955년 11월, 미륵초등학교 교문 앞에서 수습한 2점의 화사석 중 작은 것이다. 높이와 폭이 거의 비슷한 팔각의 화사석으로 4면에 화창火窓을 내었다. 창마다 문을 달았던 흔적이 남아 있다. 윗면과 아랫면에 둥글고 작은 구멍을 내었다. 대부분의 화사석은 불을 붙인 등잔이나 심지를 올려놓는 바닥에는 구멍을 내지 않는데, 이 화사석은 특이하게 위아래 모두 구멍이 있어 상하 구분이 어렵다. 다만 나머지 화사석의 경우, 구멍이 없는 바닥면이 구멍이 있는 윗면보다 좁기 때문에 이를 근거로 위아래를 결정할 수 있다.

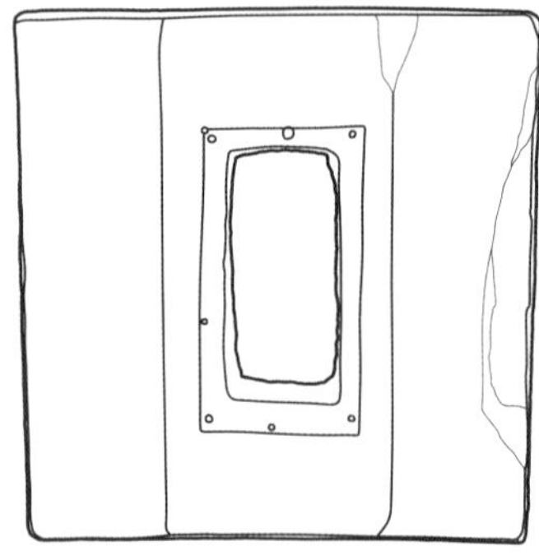

도9.
화사석, 백제 7세기 전반,
지름 65.2~61.6cm, 높이 63.6cm,
익산 미륵사지 출토, 국립부여박물관 소장

→국립익산박물관 전시관 입구

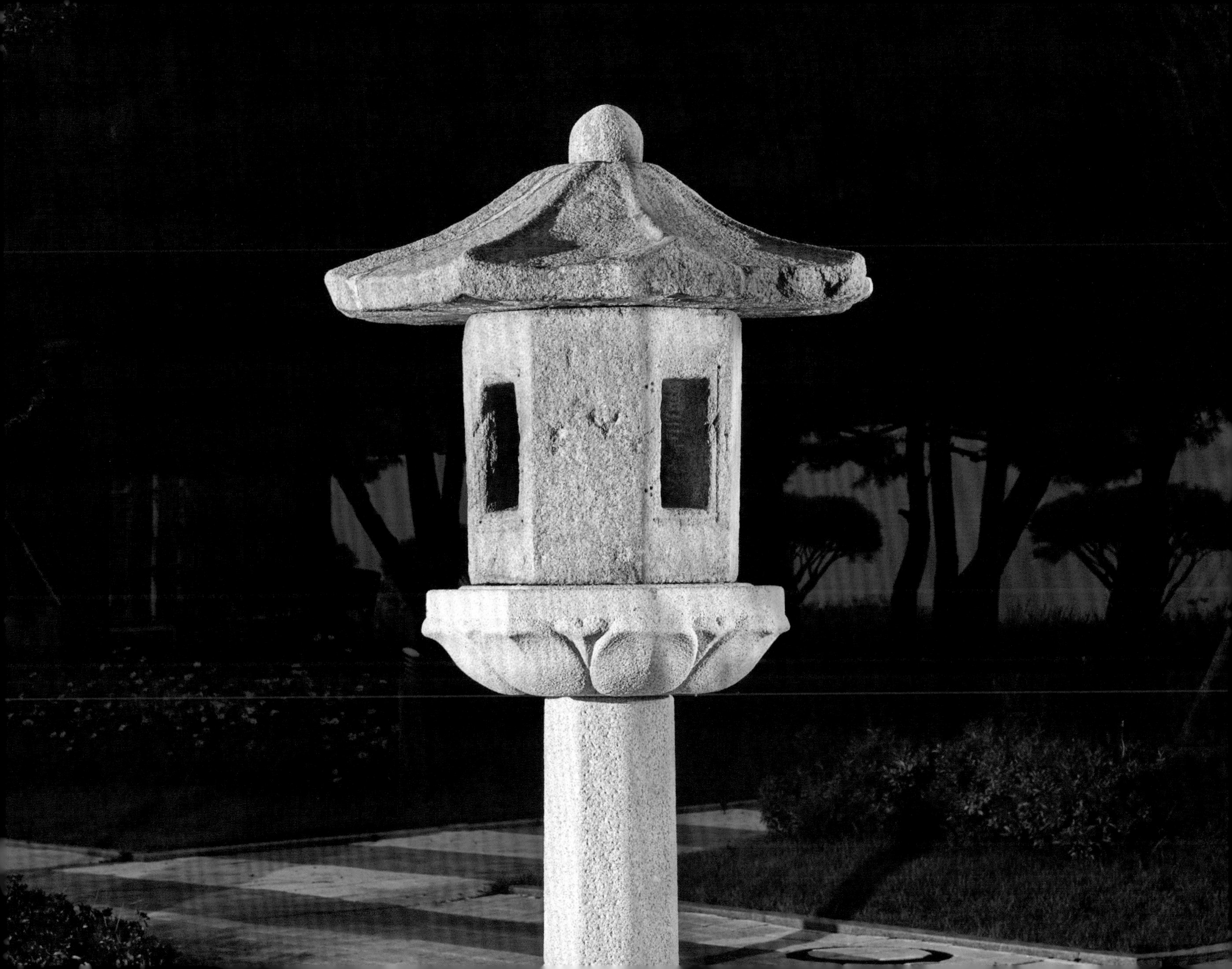

화사석①

복원 전

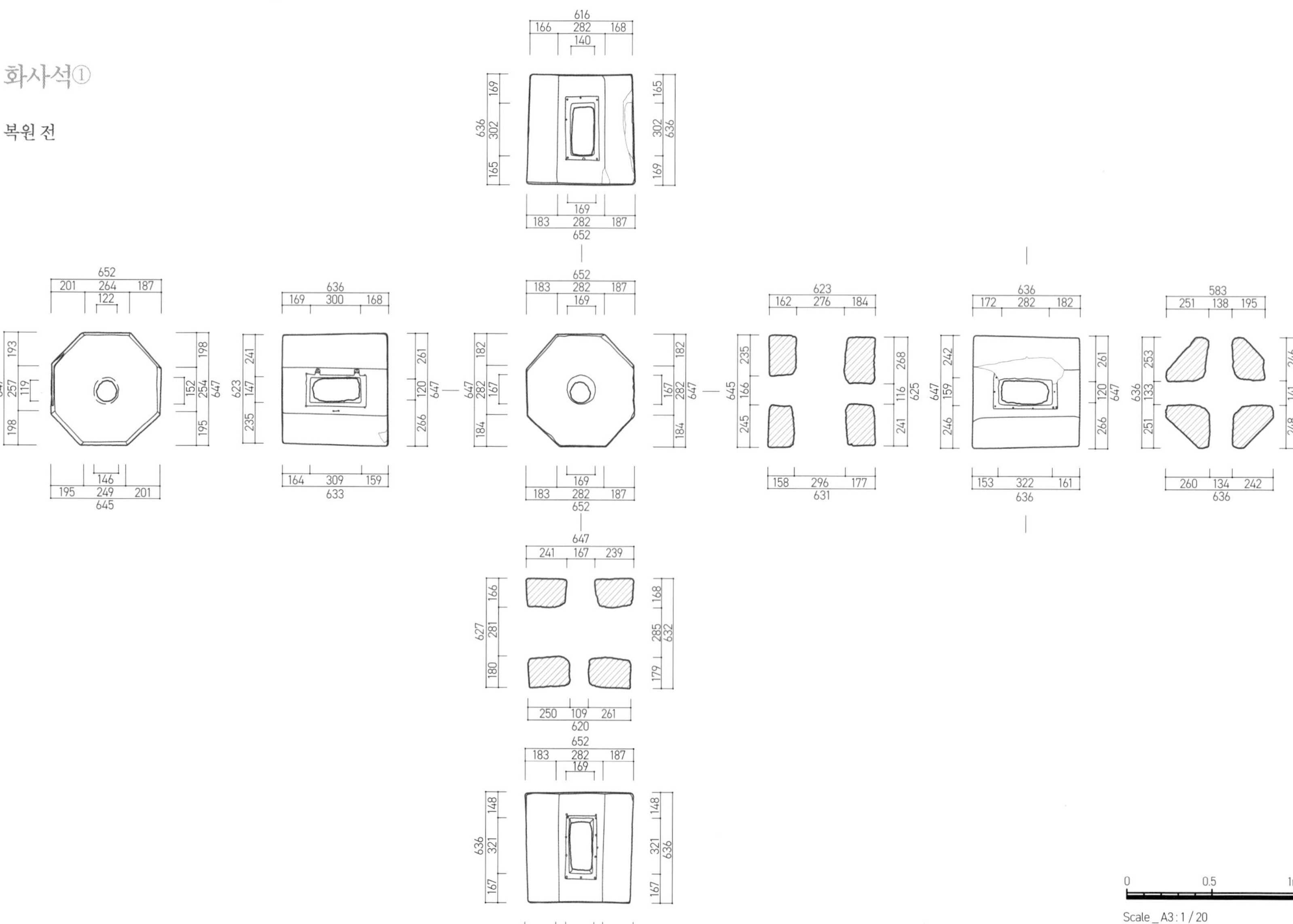
616
166 282 168
140
169 302 165 636
165 302 169 636
169
183 282 187
652
652
201 264 187
122
193 257 198 647
119
198 254 195 647
152
146
195 249 201
645
636
169 300 168
241 147 235 623
261 120 266 647
164 309 159
633
652
183 282 187
169
182 282 184 647
167
182 282 184 647
167
169
183 282 187
652
623
162 276 184
235 166 245 645
268 116 241 625
158 296 177
631
636
172 282 182
242 159 246 647
261 120 266 647
153 322 161
636
583
251 138 195
253 133 251 636
246 141 248 635
260 134 242
636
647
241 167 239
166 281 180 627
168 285 179 632
250 109 261
620
652
183 282 187
169
148 321 167 636
148 321 167 636
169
183 282 187
652
0 0.5 1m
Scale _ A3 : 1 / 20

복원 후

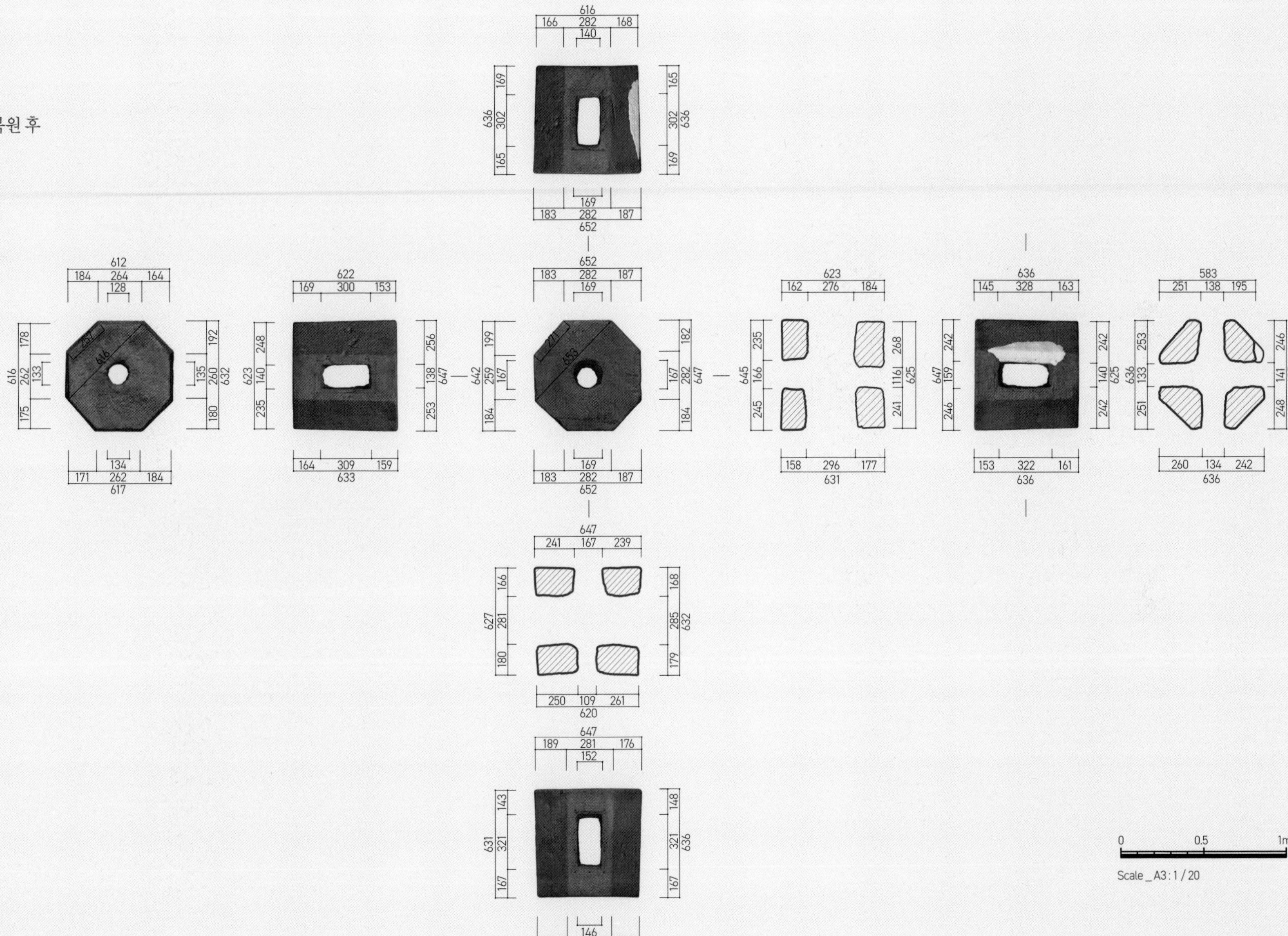
616
166 282 168
140
636 169 302 165
165 302 636
169
169
183 282 187
652
612
184 264 164
128
257
616
616 178 262 133 175
192 135 260 632 180
134
171 262 184
617
622
169 300 153
623 248 140 235
256 138 647 253
164 309 159
633
652
183 282 187
169
271
653
642 199 259 167 184
182 167 282 647 184
169
183 282 187
652
623
162 276 184
645 235 166 245
268 116 625 241
158 296 177
631
636
145 328 163
647 242 159 246
242 140 625 242
153 322 161
636
583
251 138 195
636 253 133 251
246 141 635 248
260 134 242
636
647
241 167 239
627 166 281 180
168 285 632 179
250 109 261
620
647
189 281 176
152
631 143 321 167
148 321 636 167
146
183 266 171
620
0 0.5 1m
Scale _ A3 : 1 / 20

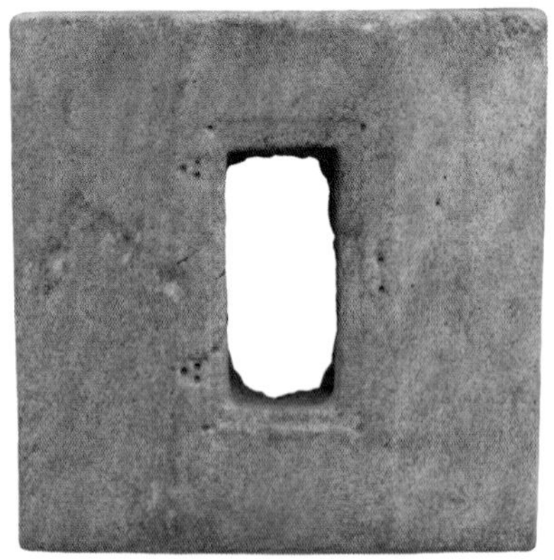

측면1

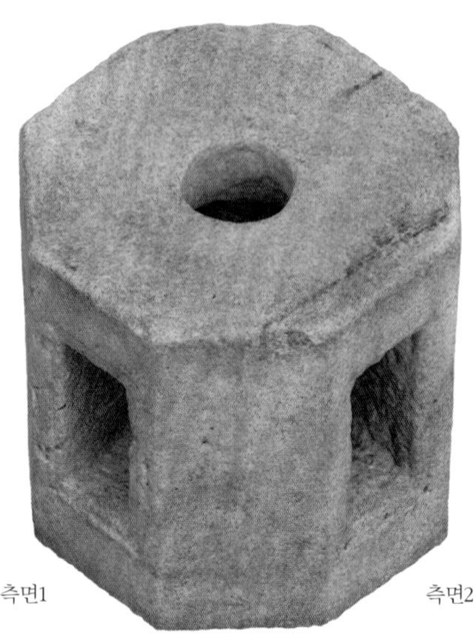

측면1 측면2

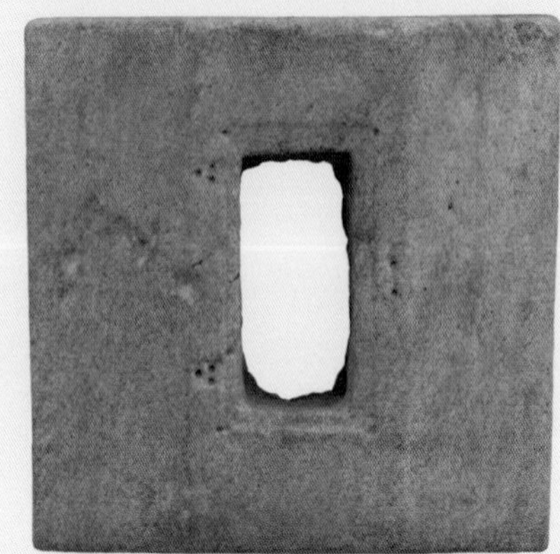

측면1

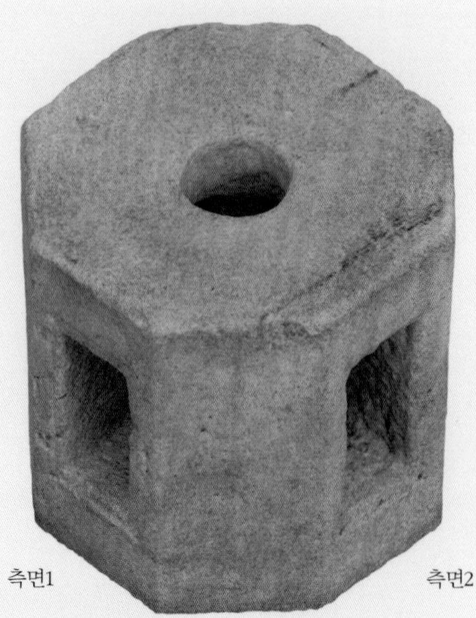

측면1 측면2

복원 전 복원 후

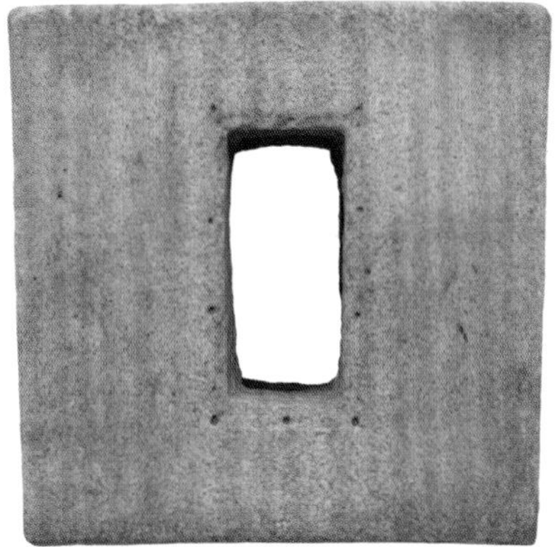

측면2

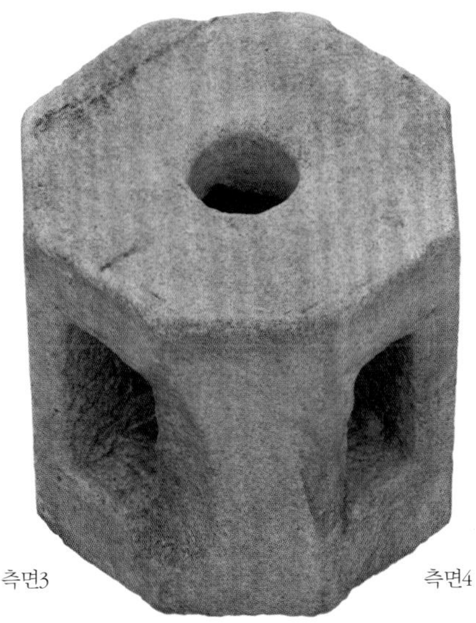

측면3 측면4

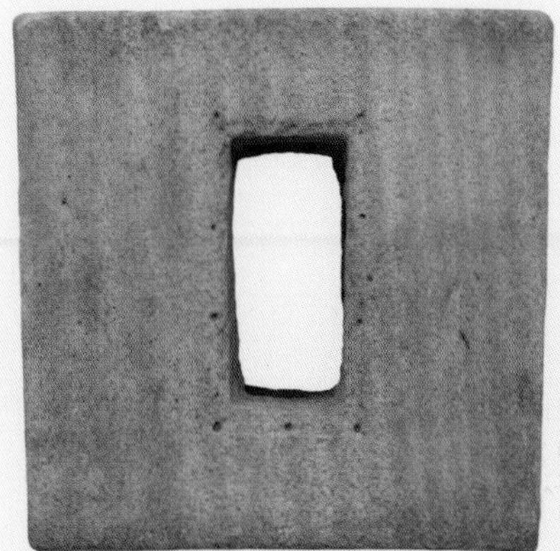

측면2

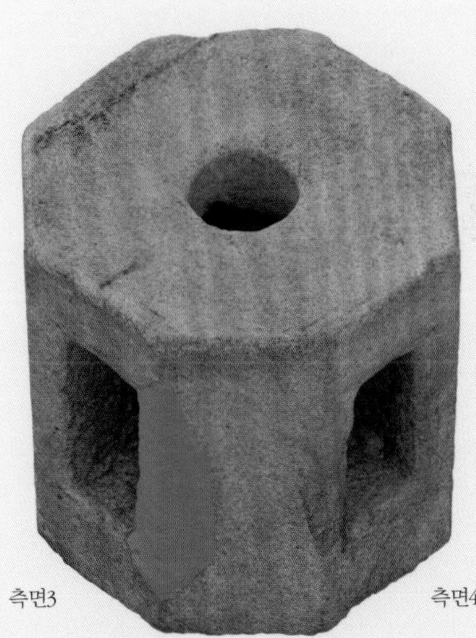

측면3 측면4

복원 전 복원 후

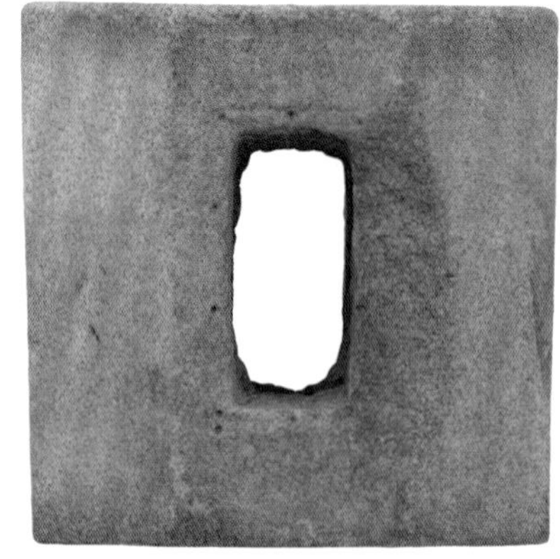

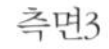
측면3

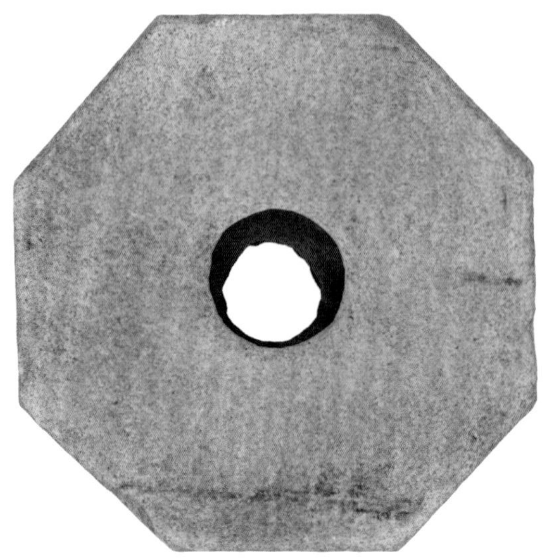

윗면

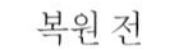
복원 전

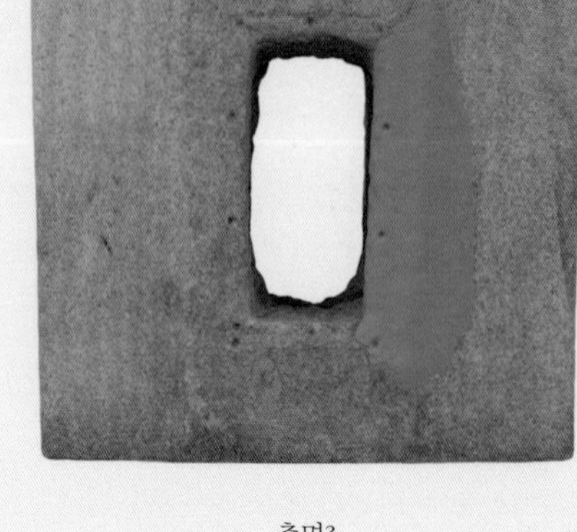

측면3

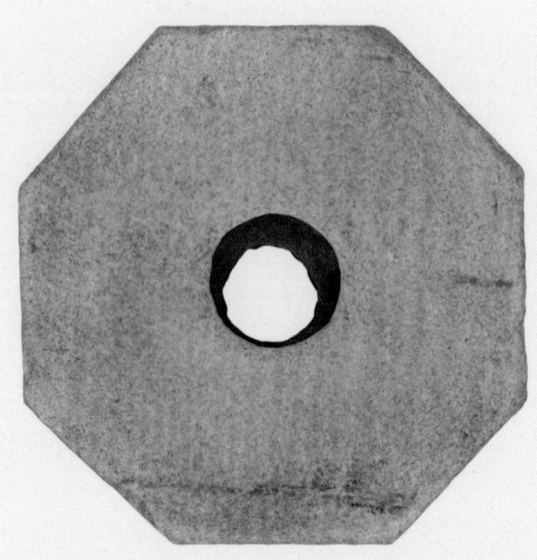

윗면

복원 후

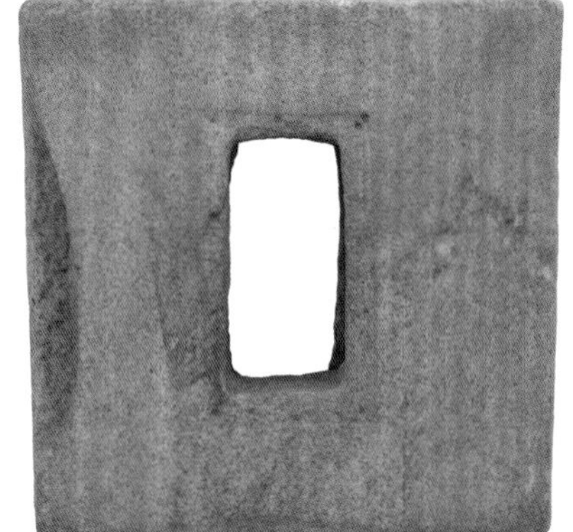

측면4

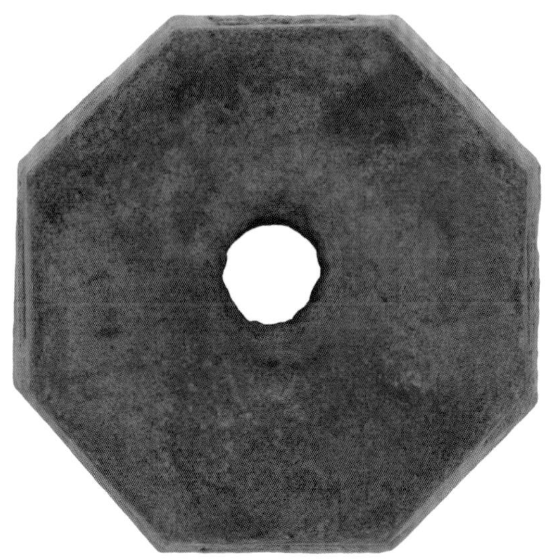

아랫면

복원 전

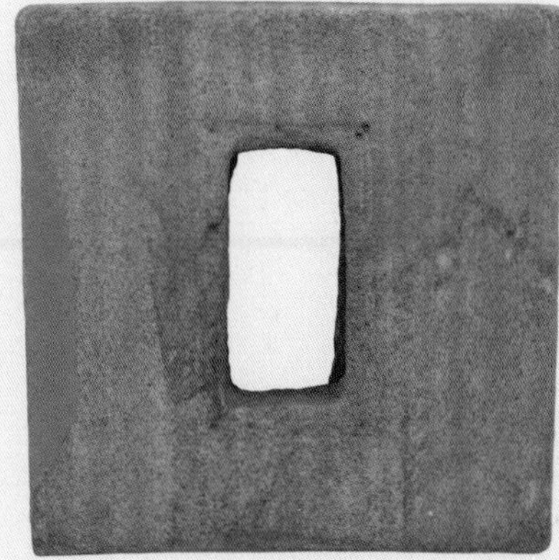

측면4

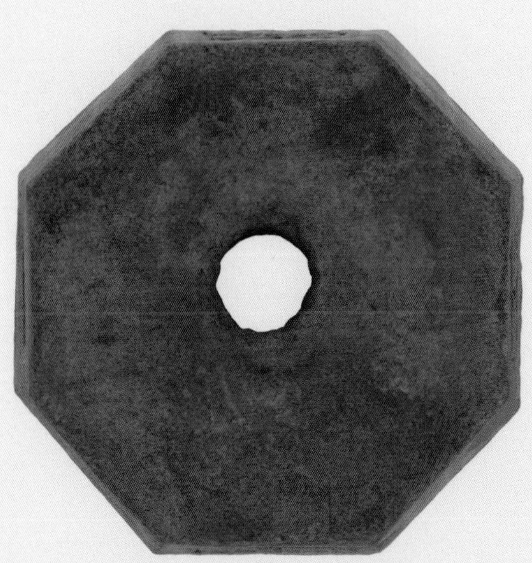

아랫면

복원 후

화사석②

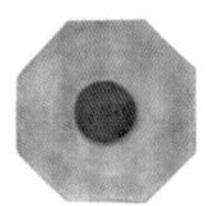

1955년 11월, 화사석①과 함께 수습되었다. 거의 동일한 형태이나 미세하게 크다. 가장 큰 차이는 바닥면에 구멍이 없고, 윗면 구멍 둘레에 높이 1㎝가 넘지 않는 고리 형태의 단을 설치한 점이다. 이러한 단은 연기가 쉽게 빠지도록 설치한 것이라 설명해 왔지만, 화사석에는 커다란 화창이 4면에 뚫려 있기 때문에 연기를 빼기 위한 장치를 따로 설치할 필요가 없다. 기능적인 면이 아니라면 장식일 텐데, 옥개석을 덮으면 보이지 않을 부분까지 정성을 들여 장식한 이유도 설명하기 어렵다. 다만 이러한 단으로 인해 아랫면이 편평한 옥개석을 올렸을 때 추락의 위험성만 증가할 뿐이어서, 이에 대한 의문은 앞으로 해결할 과제로 남겨두어야 할 것이다. 화사석①, ② 모두 미륵사지를 관통하는 개울가를 따라 (서원) 석탑보다 약 10~20m 정도 북쪽으로 올라간 지점에서 운반해 왔으며, 작은 것이 개울가의 동쪽, 큰 것이 개울가의 서쪽에 있었다고 하여, 작은 쪽인 화사석①이 동원 화사석, 큰 쪽인 화사석②가 중원 화사석으로 비정되었다. 그러나 이는 불확실한 기억에 의존한 정보이기 때문에 부재의 원래 위치를 비정할 수 있는 근거로 삼기는 어렵다.

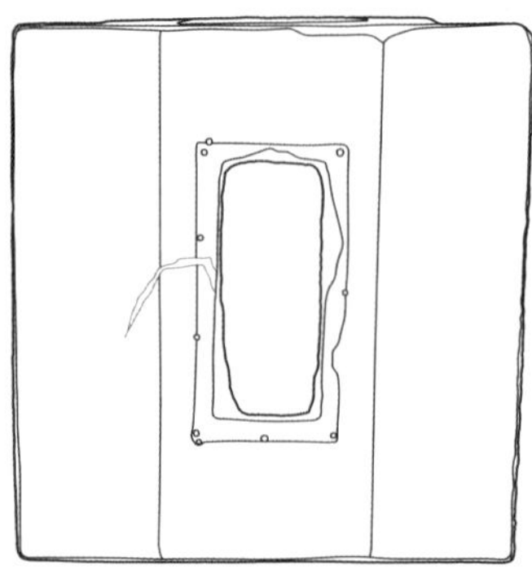

도10.
화사석, 백제 7세기 전반,
지름 68.7~65.5㎝, 높이 69.0㎝,
익산 미륵사지 출토, 국립부여박물관 소장

→ 국립익산박물관 뜨락정원

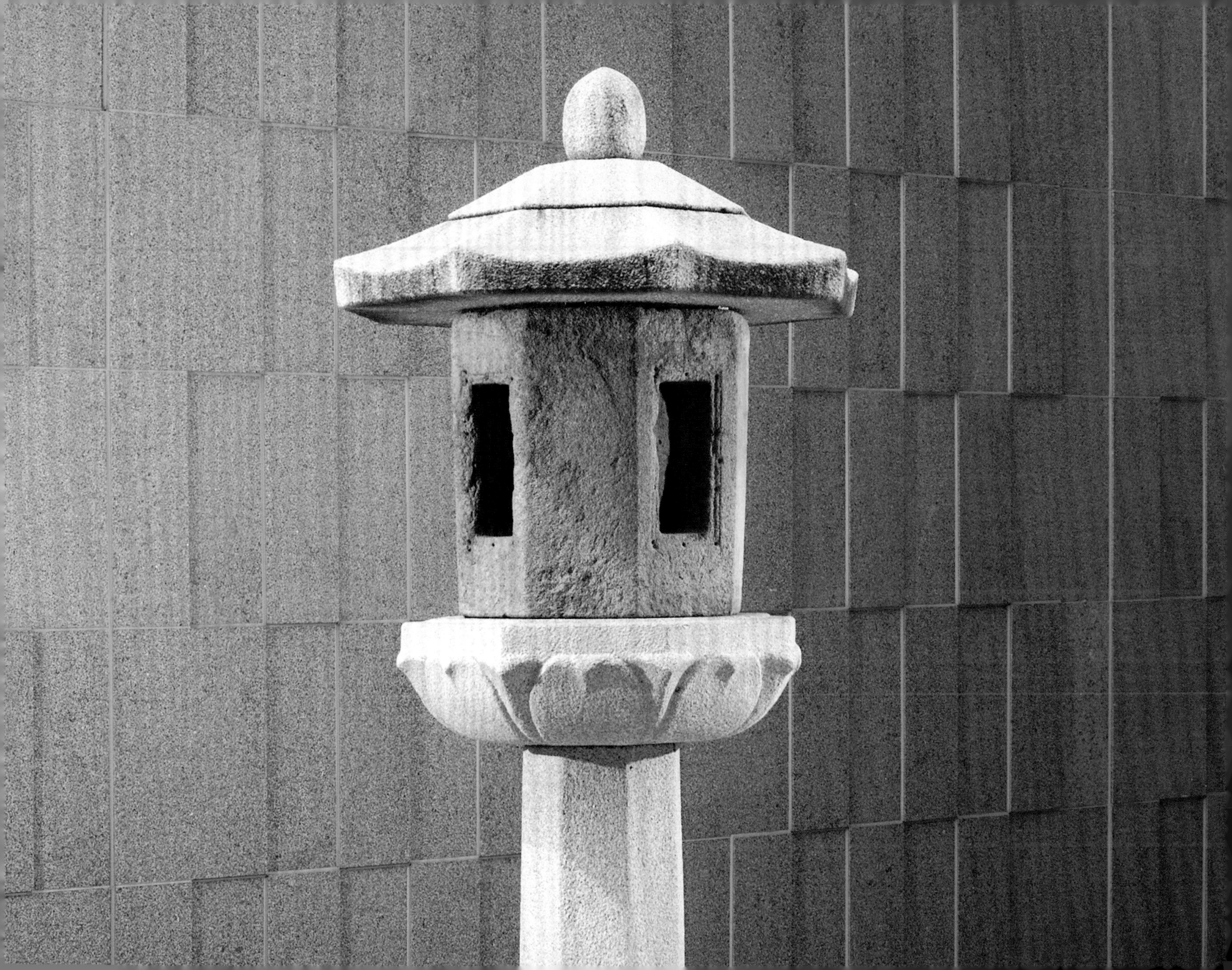

화사석②

복원 전

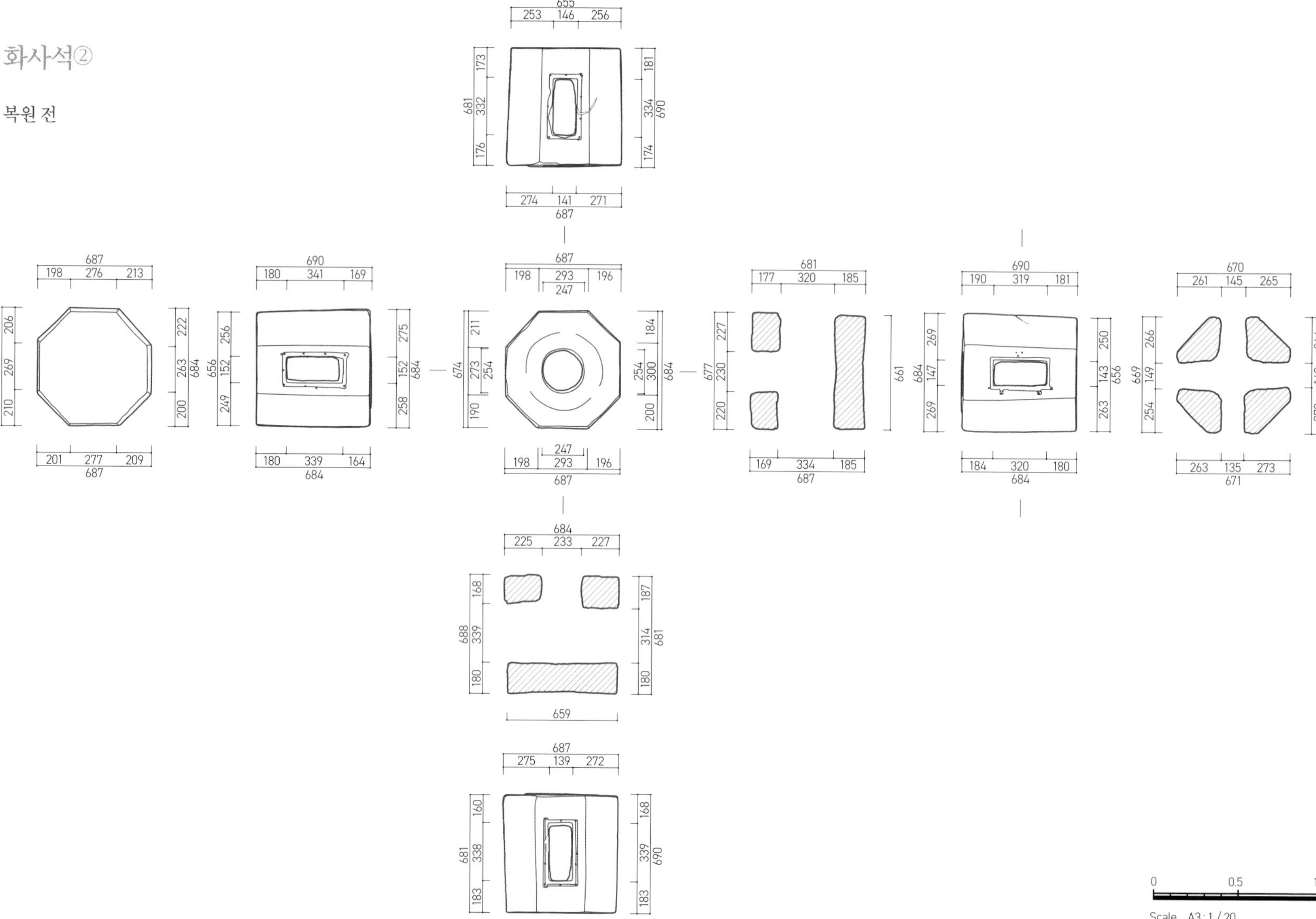

복원 후

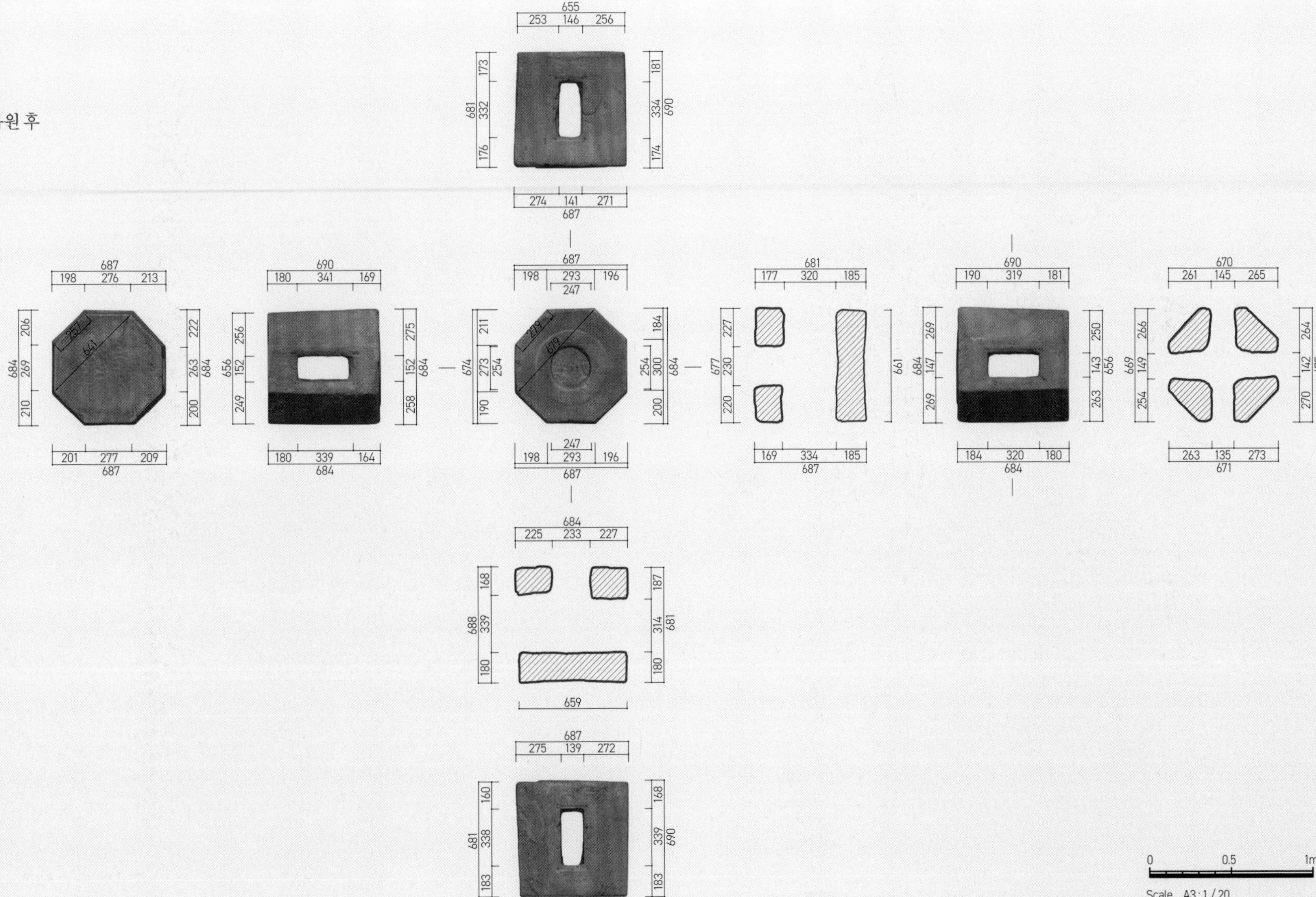

655
253 146 256
681 173 332 176
690 181 334 174
274 141 271
687
687
198 276 213
684 206 269 210
684 222 263 200
201 277 209
687
690
180 341 169
656 256 152 249
684 275 152 258
180 339 164
684
687
198 293 196
247
674 211 273 190
254
684 184 300 200
254
247
198 293 196
687
681
177 320 185
677 227 230 220
661
169 334 185
687
690
190 319 181
684 269 147 269
656 250 143 263
184 320 180
684
670
261 145 265
669 266 149 254
675 264 142 270
263 135 273
671
684
225 233 227
688 168 339 180
681 187 314 180
659
687
275 139 272
681 160 338 183
690 168 339 183
254 139 263
655
0 0.5 1m
Scale _ A3 : 1 / 20

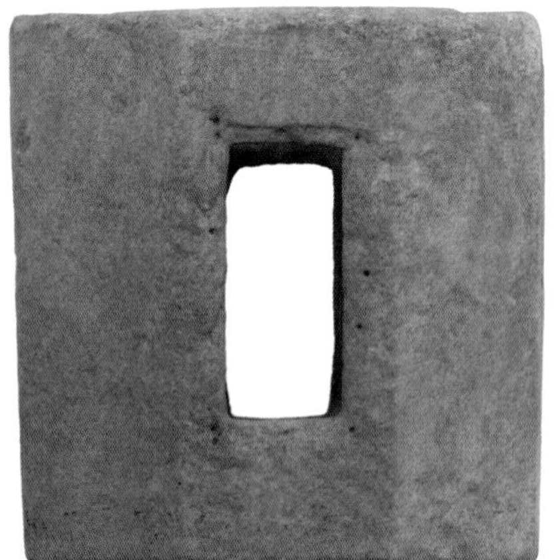

측면1

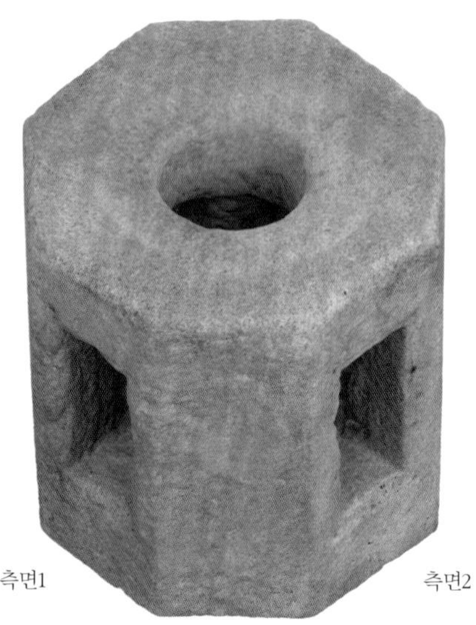

측면1 측면2

복원 전

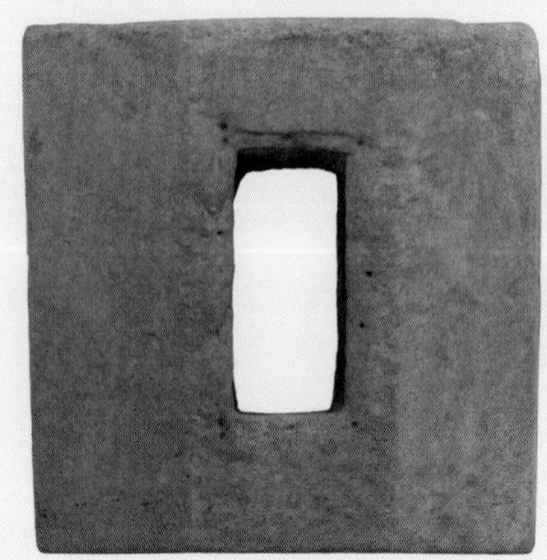

측면1

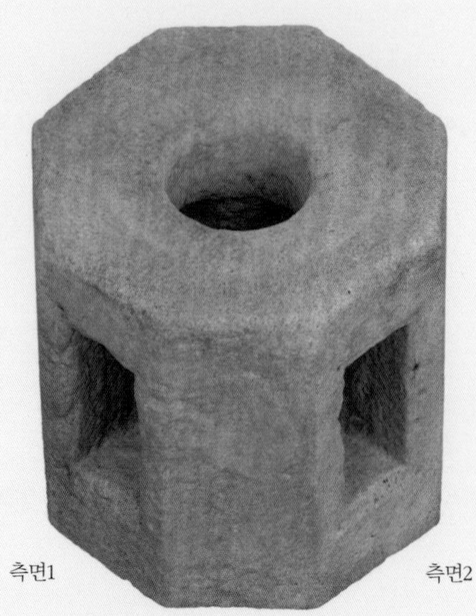

측면1 측면2

복원 후

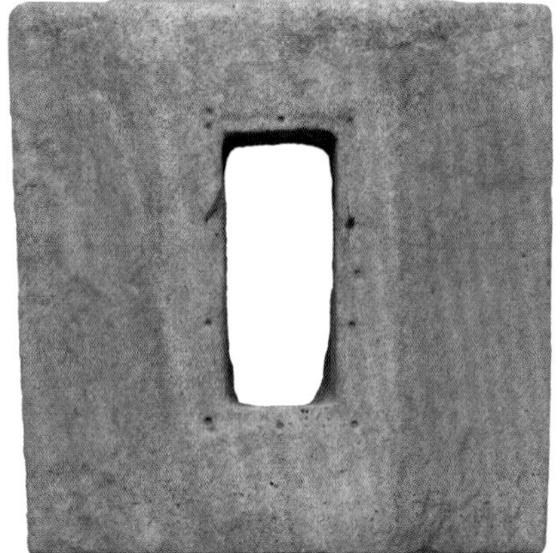

측면2

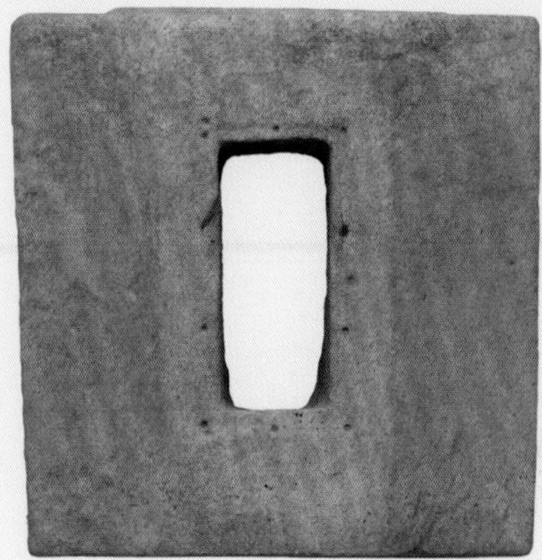

측면2

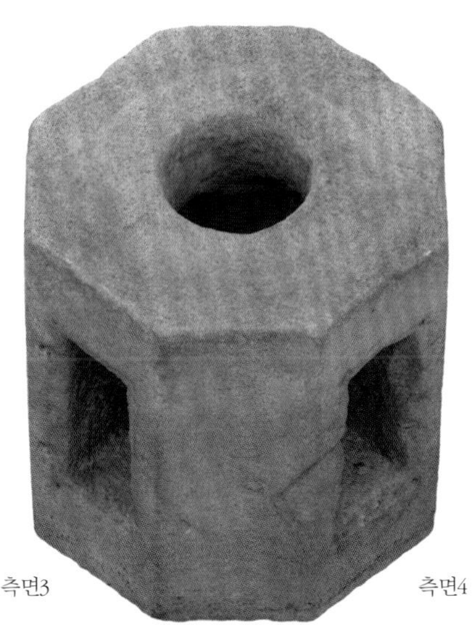

측면3 측면4

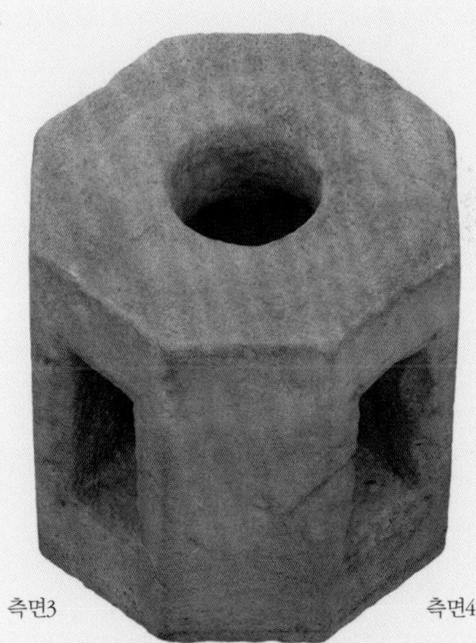

측면3 측면4

복원 전 복원 후

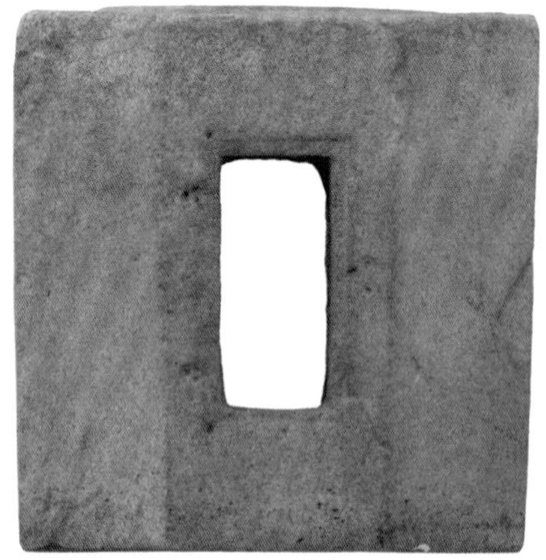

측면3

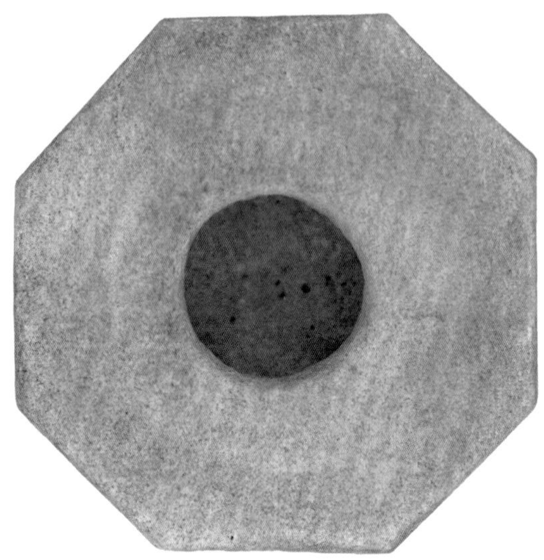

윗면

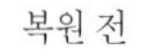

복원 전

복원 후

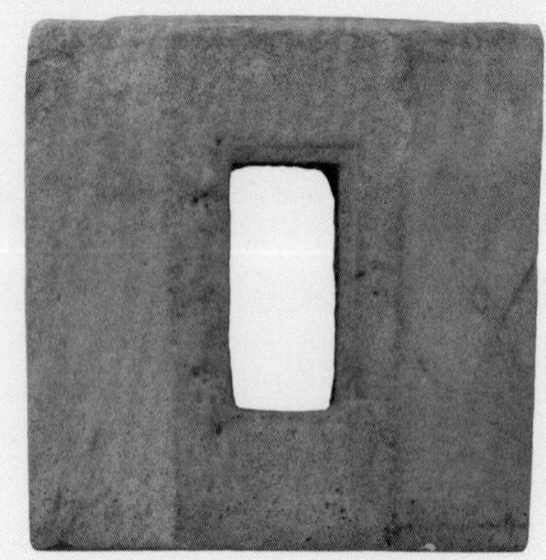

측면3

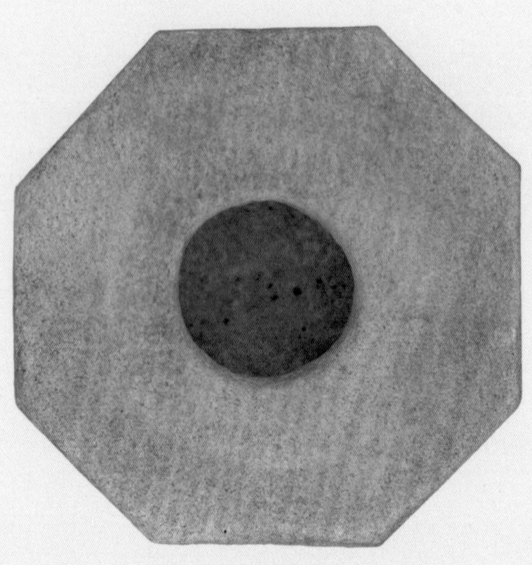

윗면

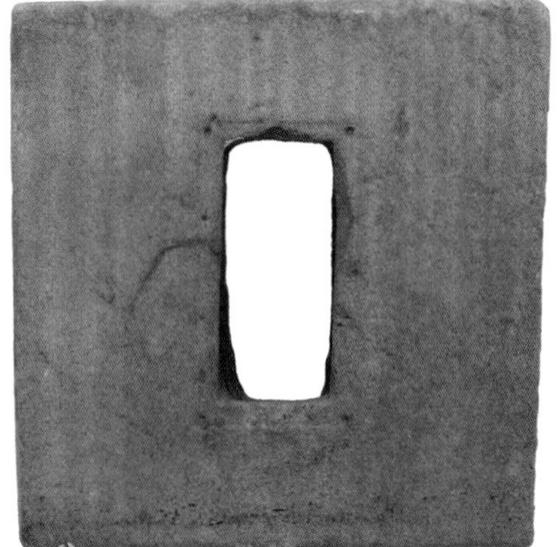

측면4

아랫면

복원 전

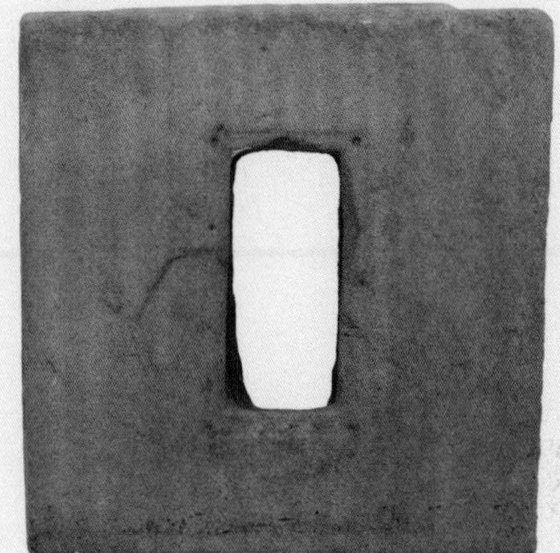

측면4

아랫면

복원 후

화사석③

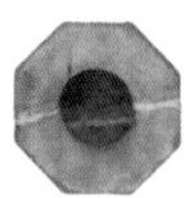

1957년 1월, (서원) 석탑에서 북서쪽으로 30m 떨어진 지점의 논가에 묻혀 있던 것을 발견한 화사석이다. 땅 속에 묻혀 있었기 때문에 앞서 발견된 2점의 화사석보다 표면 풍화가 심하다. 게다가 한겨울에 땅이 언 상태에서 묻혀 있던 것을 파내던 중에 부주의로 절반으로 쪼개졌다고 한다. 지금도 당시 보수한 흔적이 남아 있다. 화사석③의 발견으로 동일한 형태와 유사한 크기의 화사석 3점이 갖추어져, 창건기 미륵사의 동원, 중원, 서원에 각기 석등이 1기씩 놓여 있었을 가능성이 대두되었다.

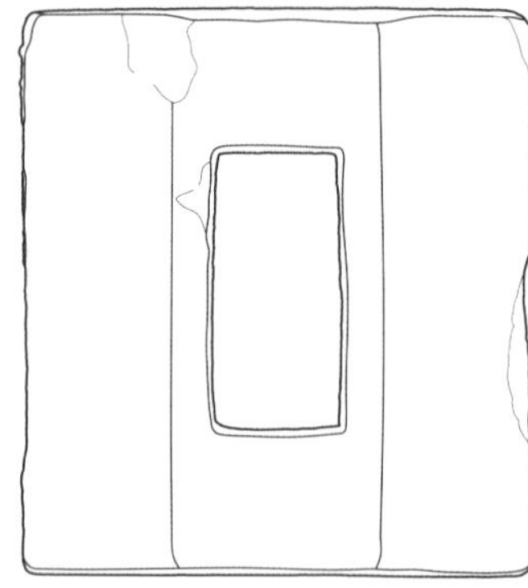

도11.
화사석, 백제 7세기 전반,
지름 63.6~62.1㎝, 높이 67.0㎝,
익산 미륵사지 출토, 국립부여박물관 소장

→ 특별전 〈백제의 빛, 미륵사 석등〉 전시 모습

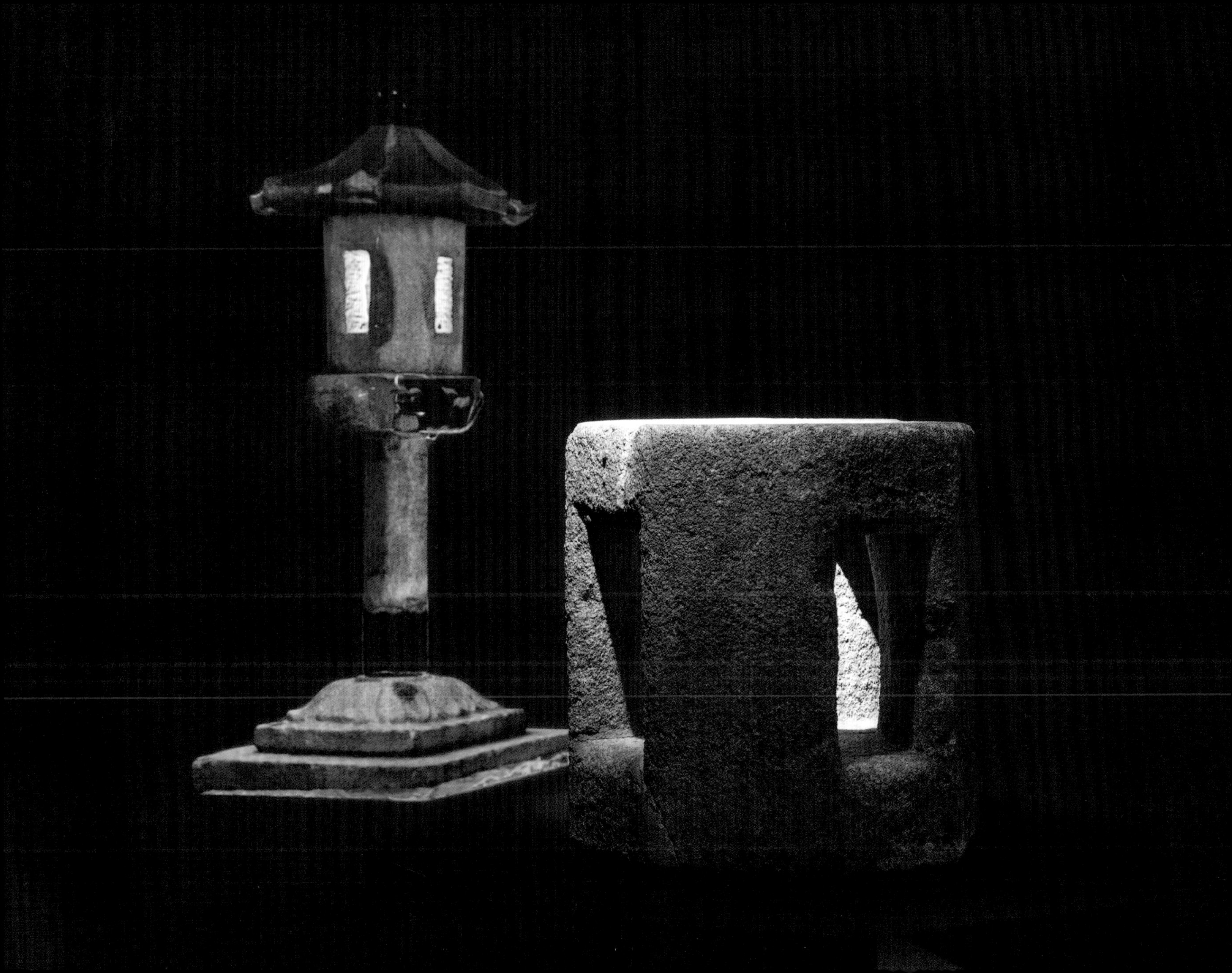

화사석③

복원 전

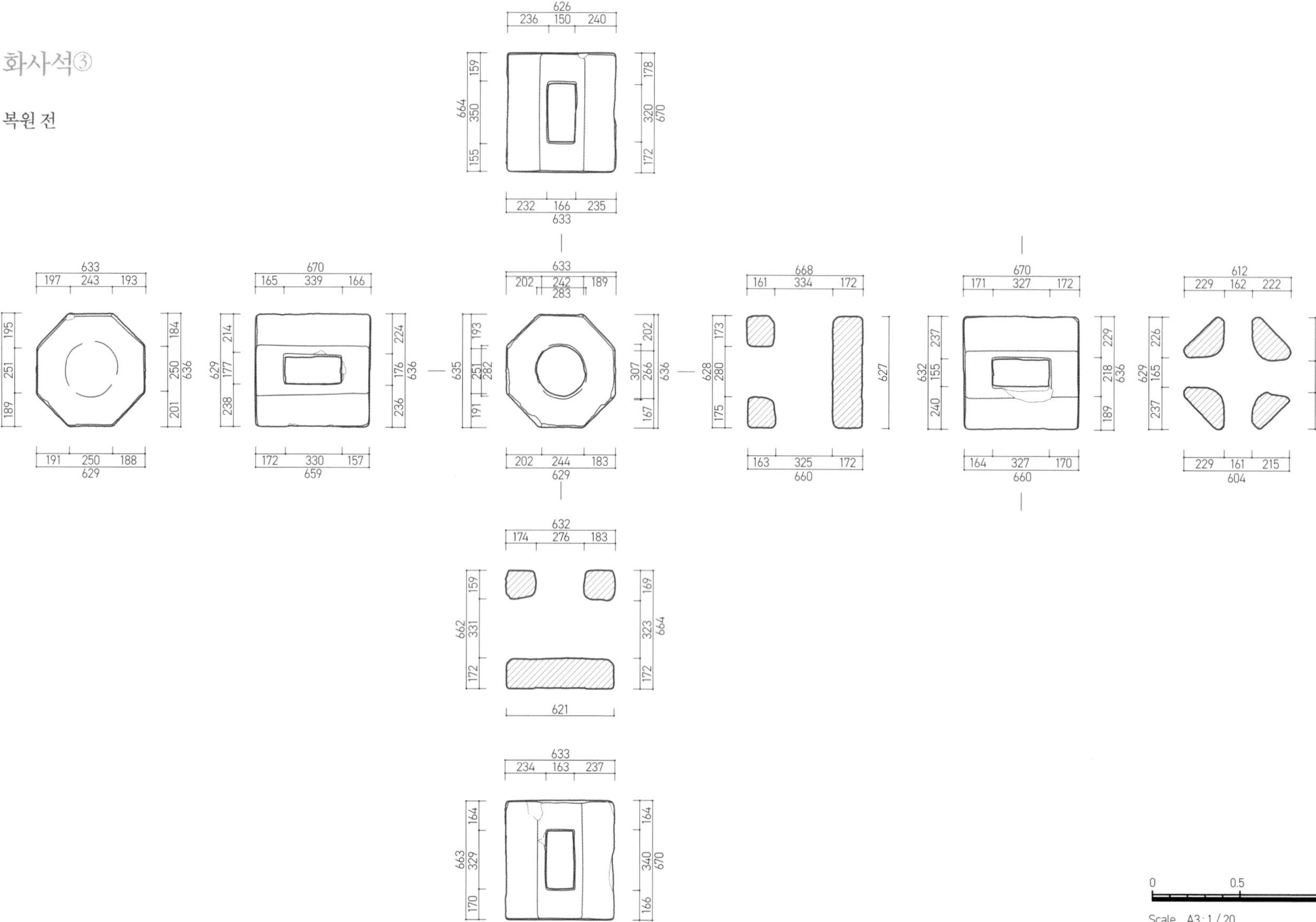
626
236 150 240
664 159 350 155
178 320 670 172
232 166 235
633
633
197 243 193
636 195 251 189
184 250 636 201
191 250 188
629
670
165 339 166
629 214 177 238
224 176 636 236
172 330 157
659
635
633
202 242 283 189
193 251 282 191
202 307 266 636 167
202 244 183
629
628
668
161 334 172
173 280 175
627
163 325 172
660
670
171 327 172
632 237 155 240
229 218 636 189
164 327 170
660
612
229 162 222
629 226 165 237
241 177 624 206
229 161 215
604
632
174 276 183
662 159 331 172
169 323 664 172
621
633
234 163 237
663 164 329 170
164 340 670 166
230 159 237
626
0 0.5 1m
Scale _ A3 : 1 / 20

복원 후

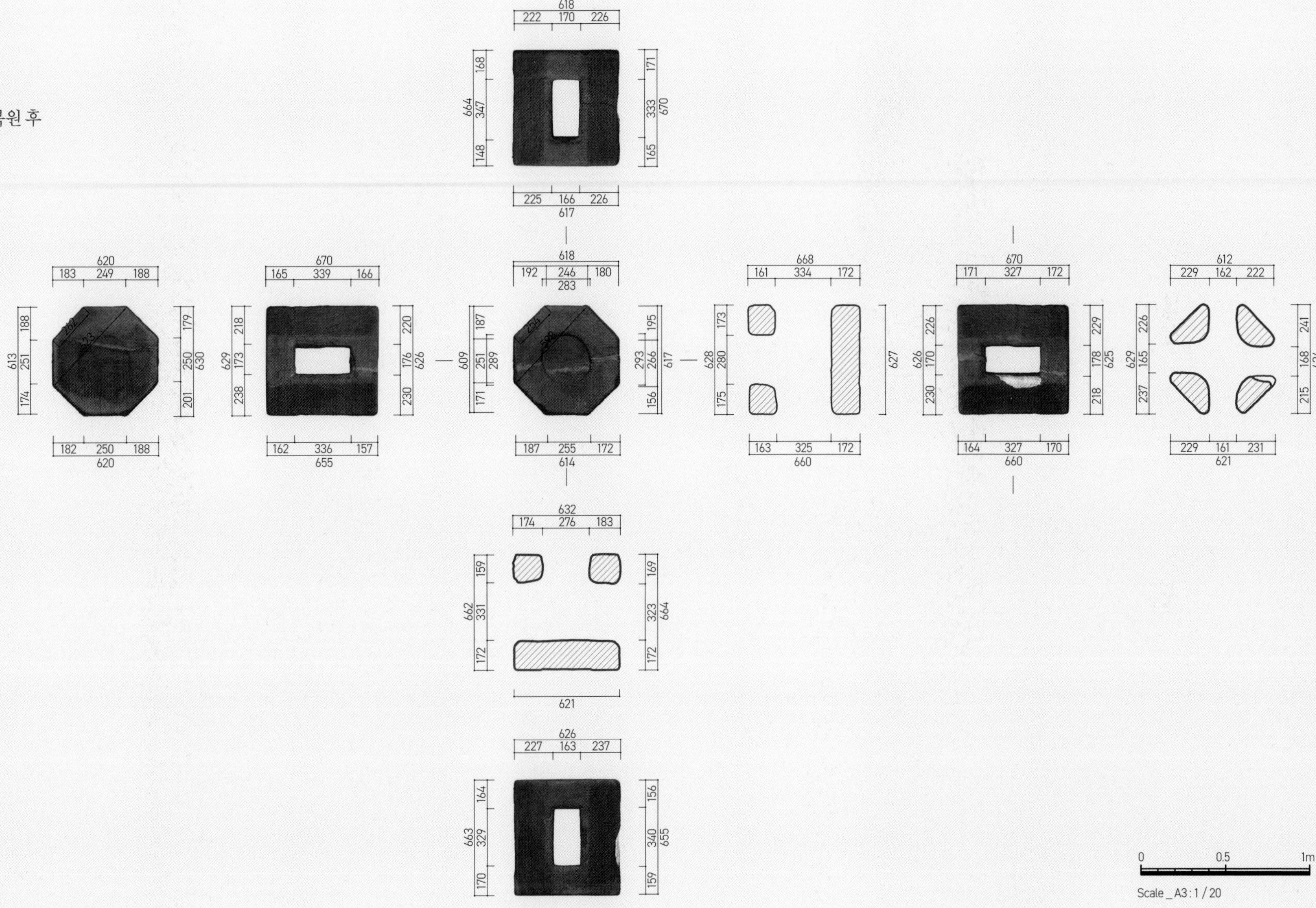
618
222 170 226
664 168 347 148
670 171 333 165
225 166 226
617
620
183 249 188
613 188 251 174
630 179 250 201
182 250 188
620
670
165 339 166
629 218 173 238
626 220 176 230
162 336 157
655
618
192 246 180
283
609 187 251 171 289
617 293 195 266 156
187 255 172
614
668
161 334 172
628 173 280 175
627
163 325 172
660
670
171 327 172
626 226 170 230
625 229 178 218
164 327 170
660
612
229 162 222
629 226 165 237
624 241 168 215
229 161 231
621
632
174 276 183
662 159 331 172
664 169 323 172
621
626
227 163 237
663 164 329 170
655 156 340 159
226 168 227
621
0 0.5 1m
Scale _ A3 : 1 / 20

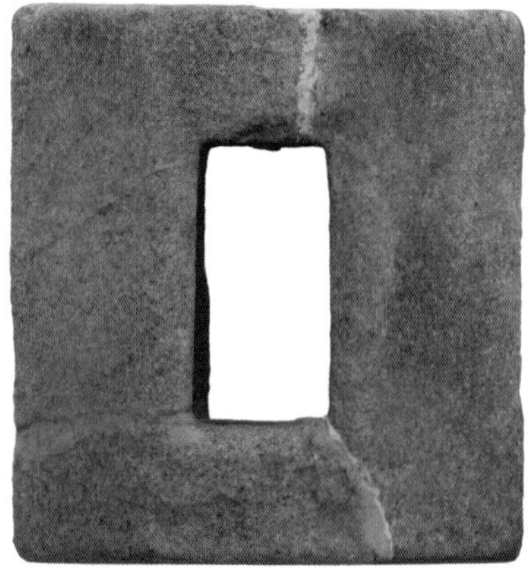

측면1

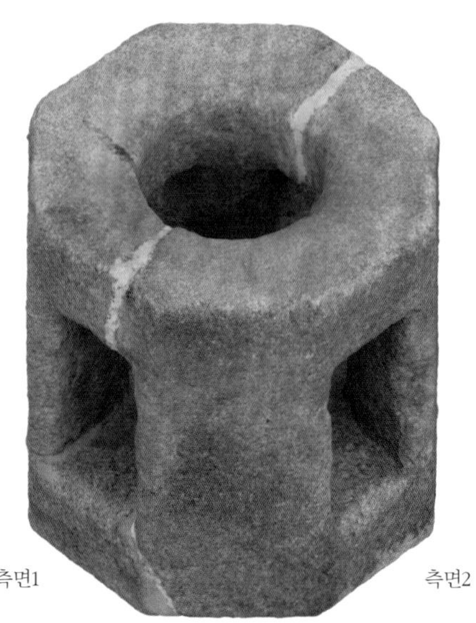

측면1 측면2

복원 전

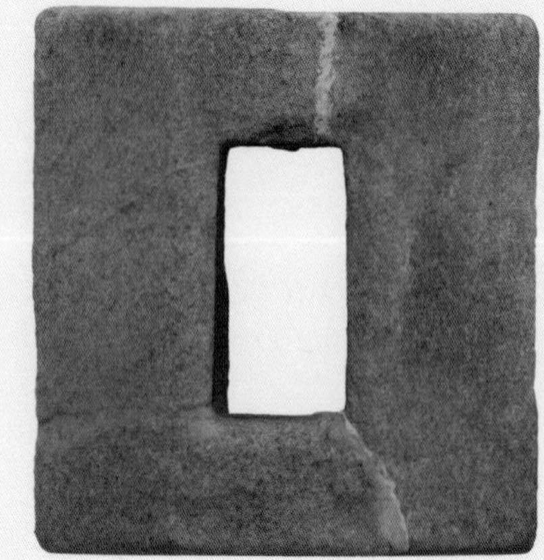

측면1

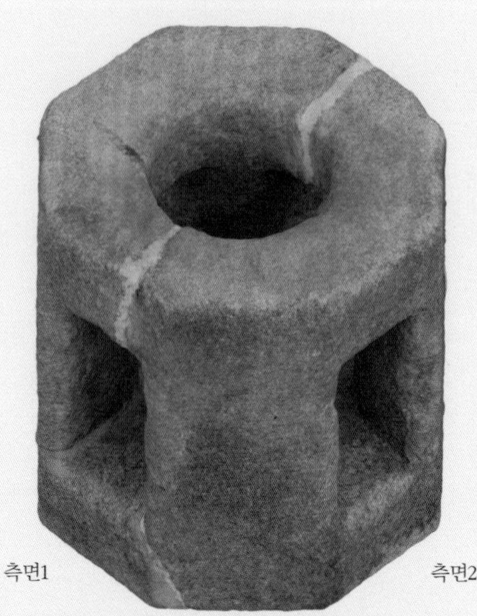

측면1 측면2

복원 후

측면2

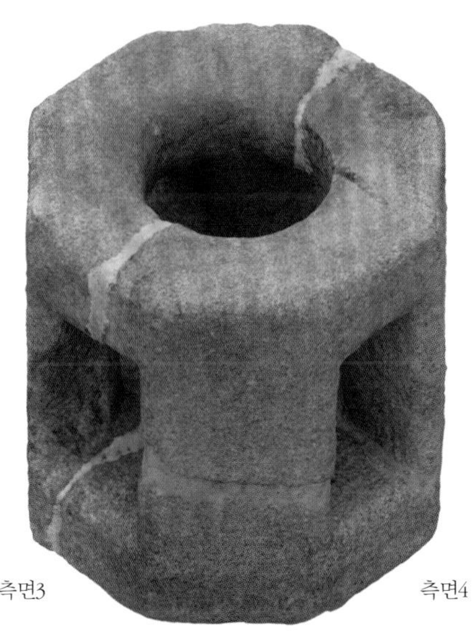

측면3 측면4

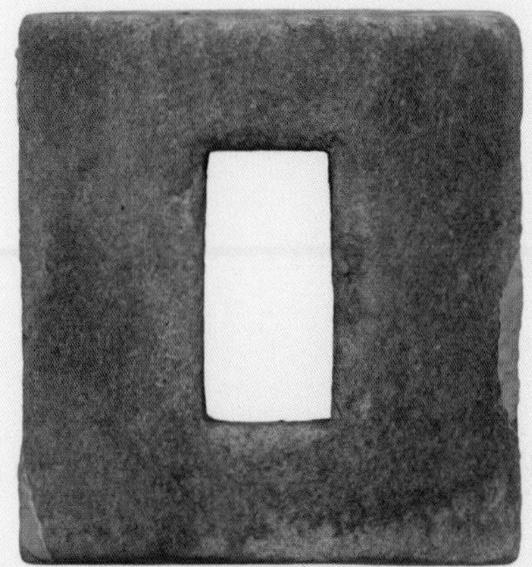

측면2

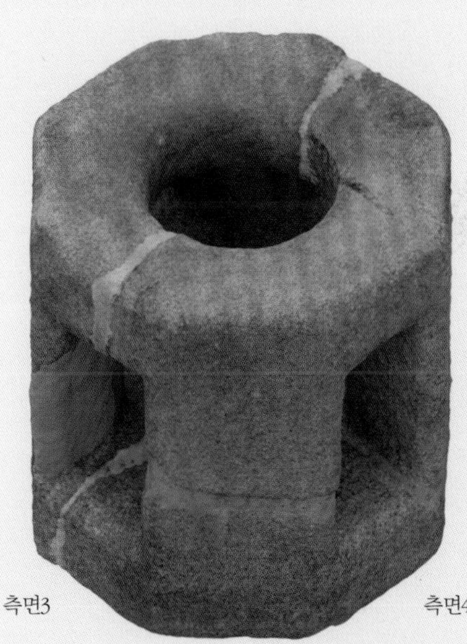

측면3 측면4

복원 전 복원 후

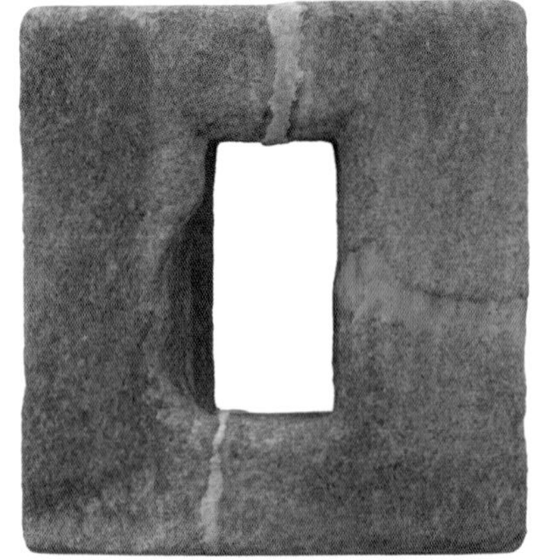

측면3

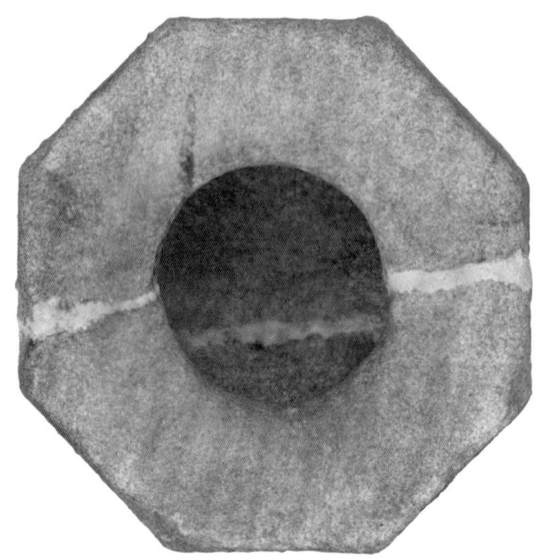

윗면

복원 전

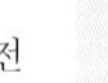

복원 후

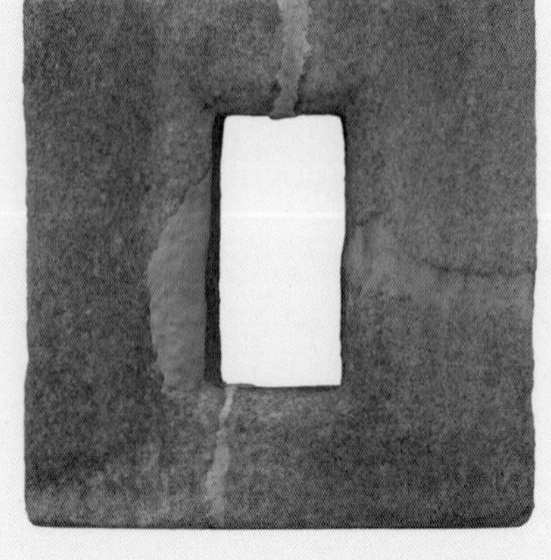

측면3

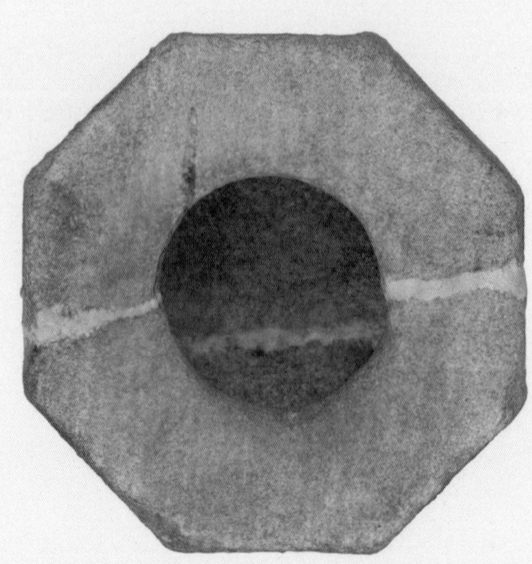

윗면

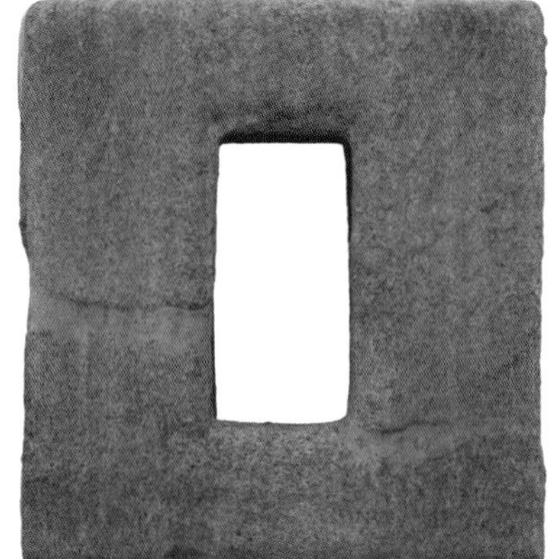

측면4

아랫면

복원 전

측면4

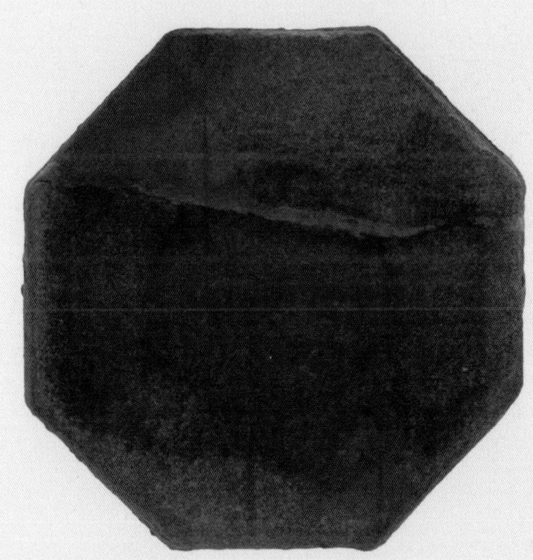

아랫면

복원 후

상대석①

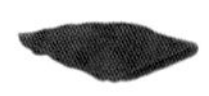

1957년 1월, 서원 석탑 남쪽 3m 지점에서 발견한 부재이다. 극히 일부의 파편으로 보이는데, 하대석의 연화와 동일한 홑잎의 연꽃 2장의 형태가 선명하며, 화사석을 얹어 놓기 위한 편평한 윗면이 확인 가능하여 석등의 상대석인 것을 알 수 있다. 하대석의 연꽃잎은 볼록한 것에 비해 상대석의 연꽃잎은 오목하다. 다른 상대석에 비해 연꽃잎의 크기가 큰 편이다.

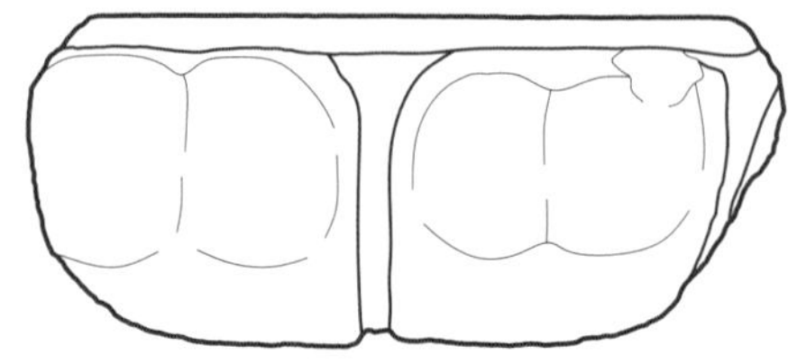

도12.
상대석, 백제 7세기 전반,
길이 69.6㎝, 높이 29.4㎝,
익산 미륵사지 출토, 국립부여박물관 소장

→ 특별전 〈백제의 빛, 미륵사 석등〉 전시 모습

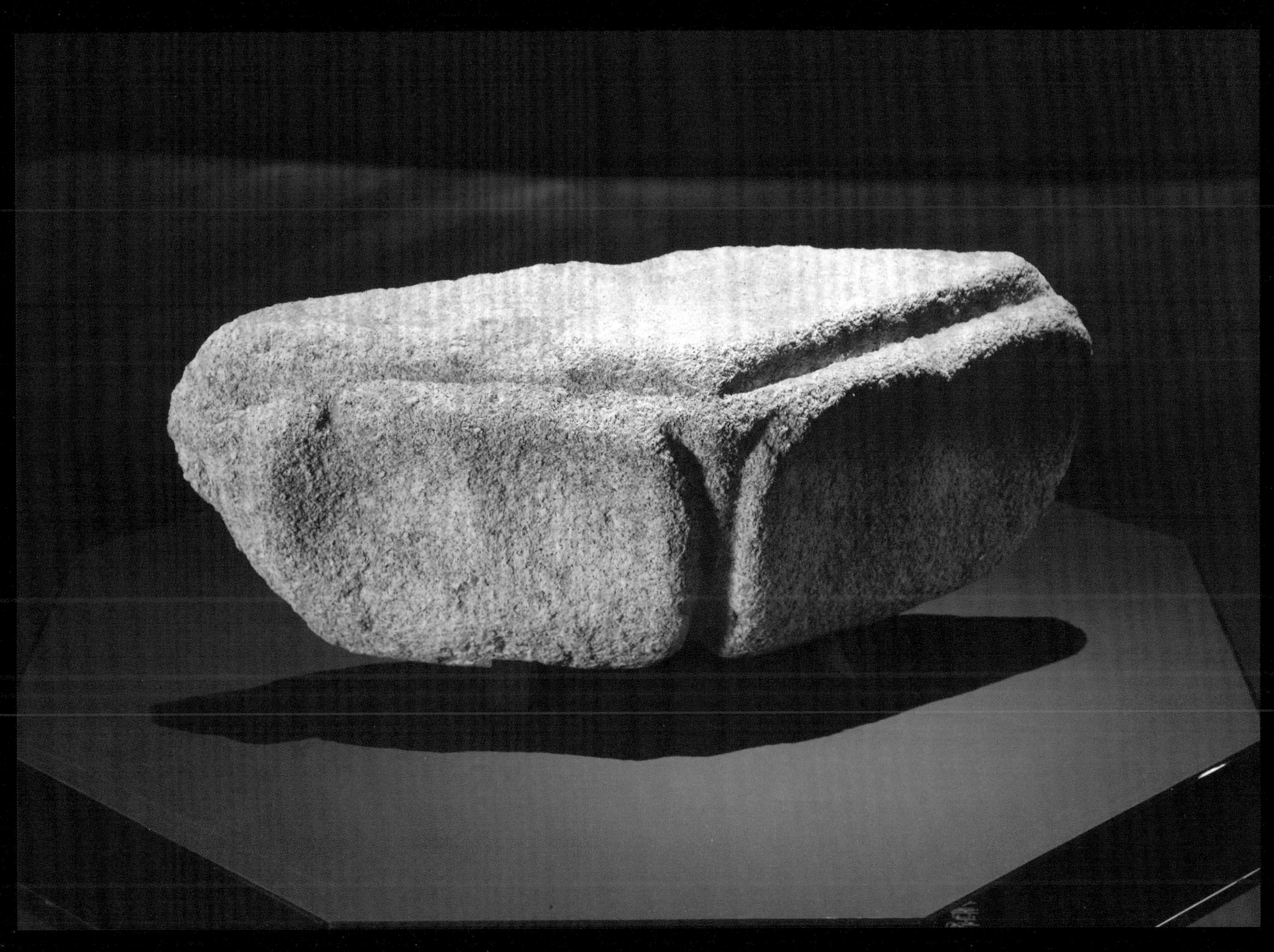

상대석①

복원 전

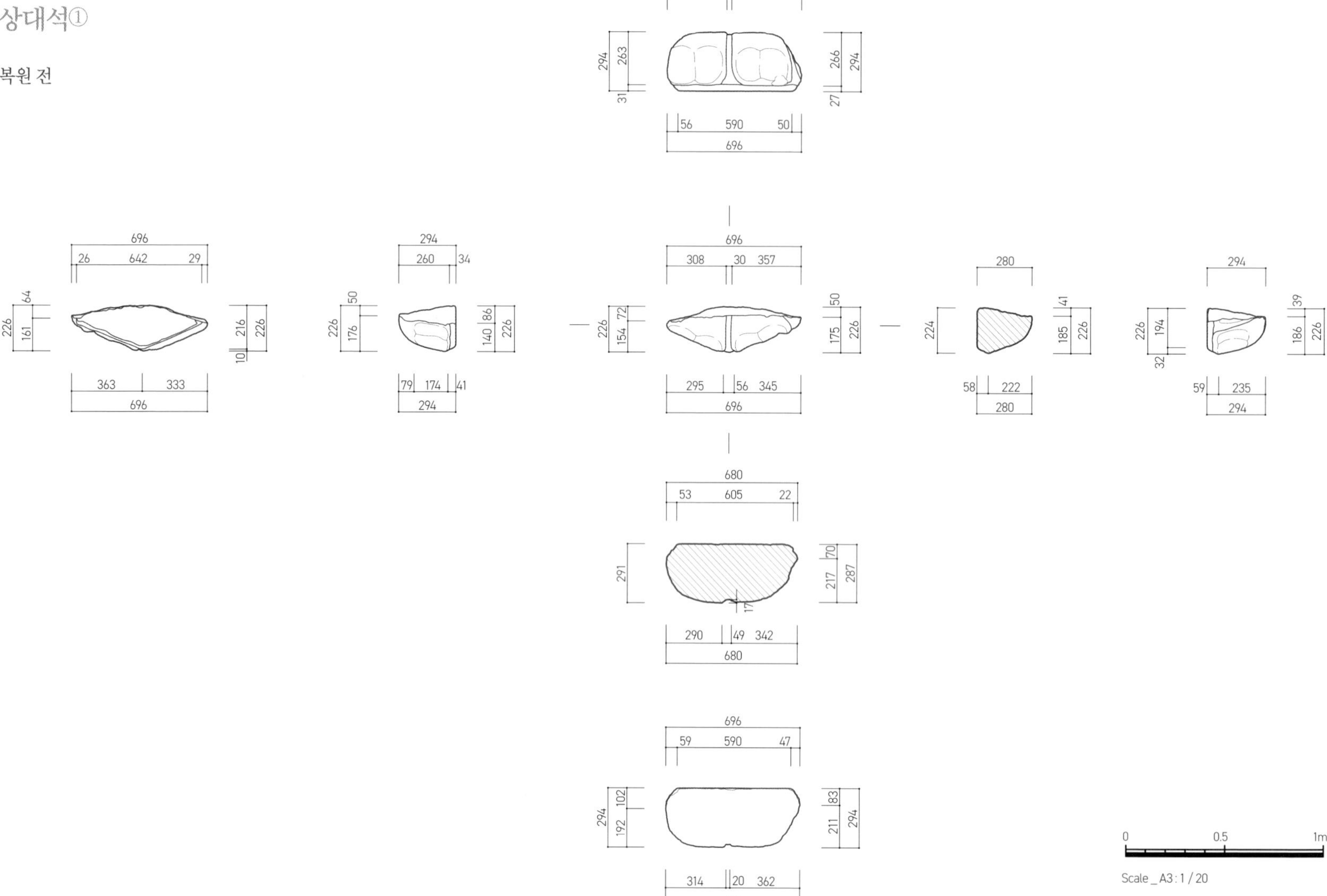
696
310 25 361
294 263 31
266 294 27
56 590 50
696
696
26 642 29
64 226 161
216 226 10
363 333
696
294
260 34
50 226 176
86 140 226
79 174 41
294
696
308 30 357
226 72 154
50 175 226
295 56 345
696
280
224
41 185 226
58 222
280
294
226 194 32
39 186 226
59 235
294
680
53 605 22
291
70 217 287
17
290 49 342
680
696
59 590 47
294 102 192
83 211 294
314 20 362
696
0 0.5 1m
Scale _ A3 : 1 / 20

복원 후

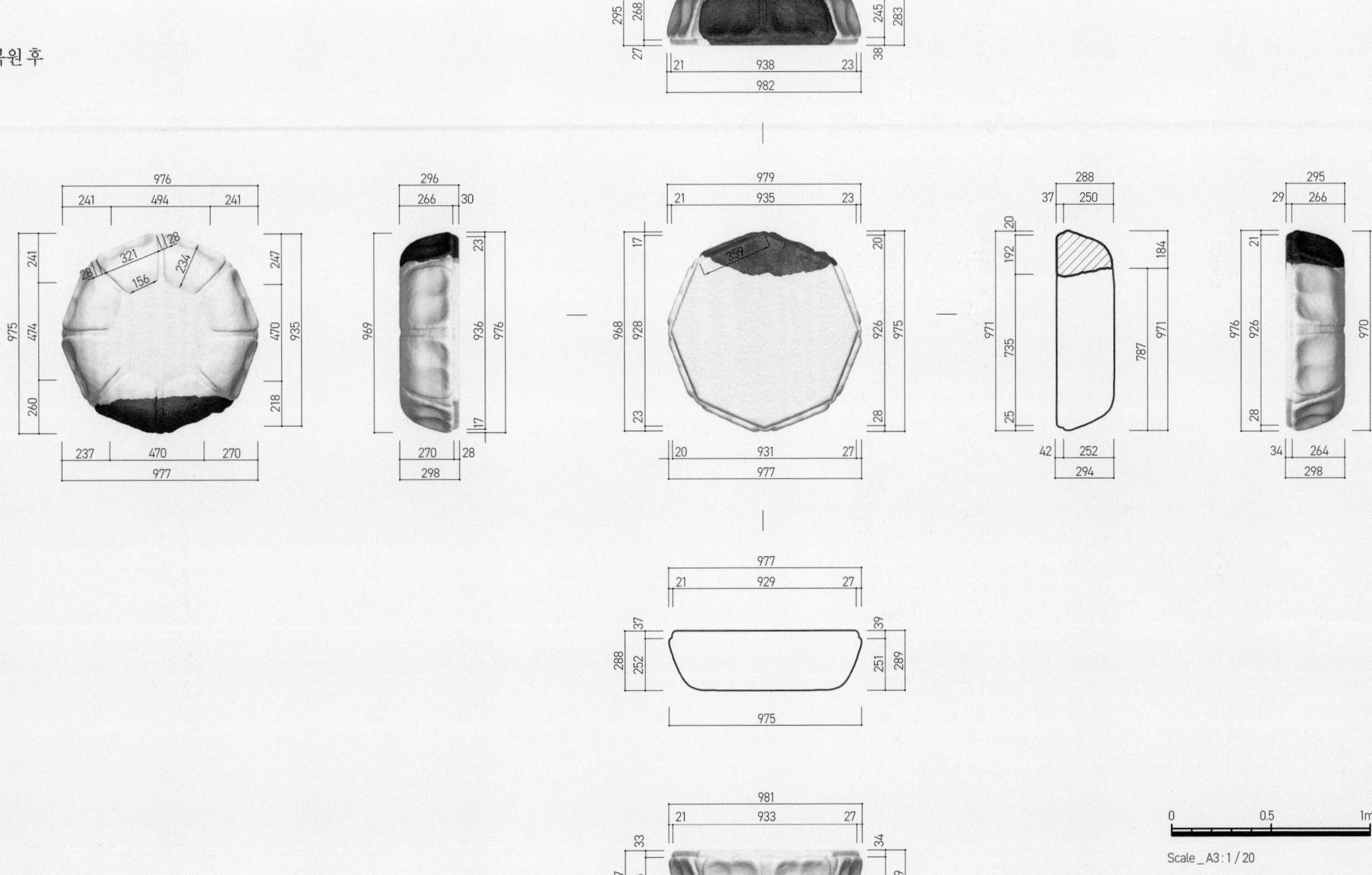

979
295
268
27
245
283
38
21
938
23
982
976
241
494
241
975
241
474
260
321
28
28
234
156
247
470
218
935
237
470
270
977
296
266
30
969
23
936
976
17
270
28
298
979
21
935
23
968
17
928
23
359
20
926
975
28
20
931
27
977
288
37
250
971
20
192
735
25
184
787
971
42
252
294
295
29
266
976
21
926
28
970
34
264
298
977
21
929
27
288
37
252
39
251
289
975
981
21
933
27
297
33
265
34
265
299
897
0
0.5
1m
Scale _ A3 : 1 / 20

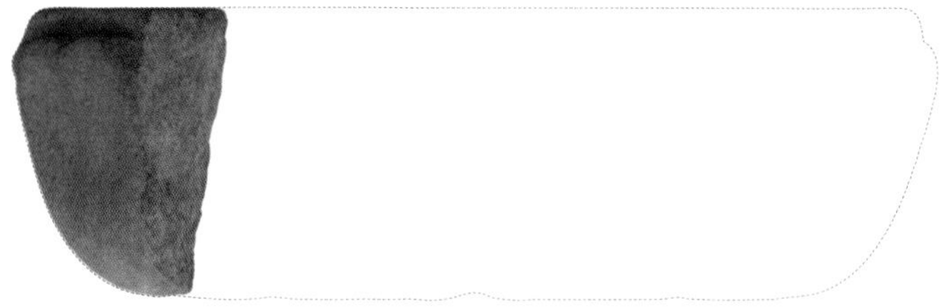

측면1

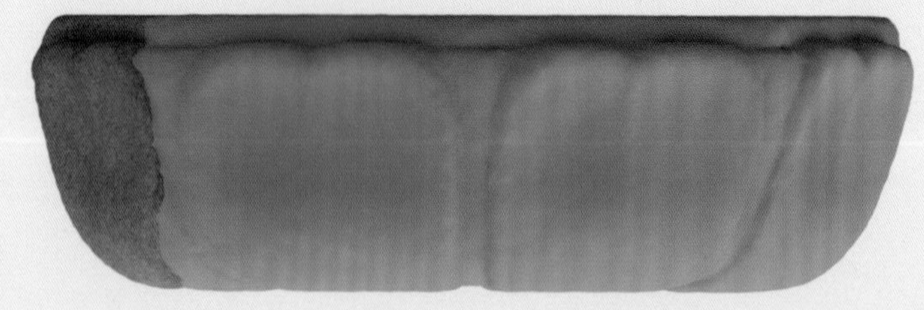

측면1

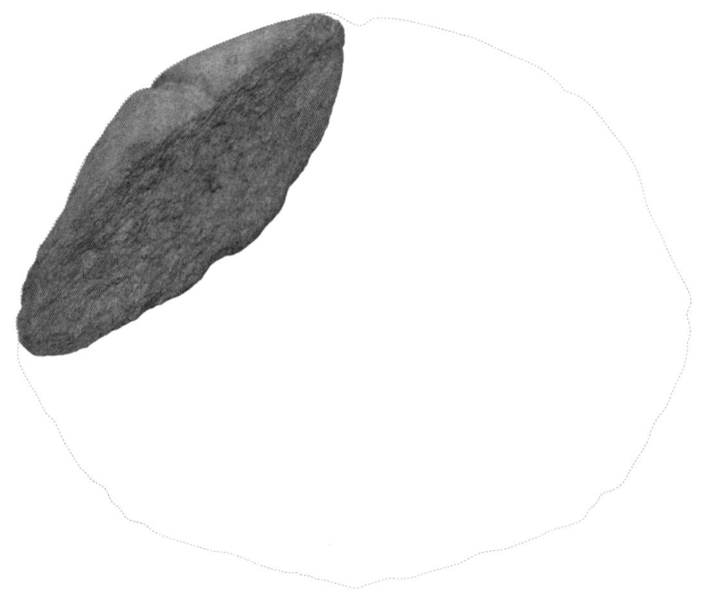

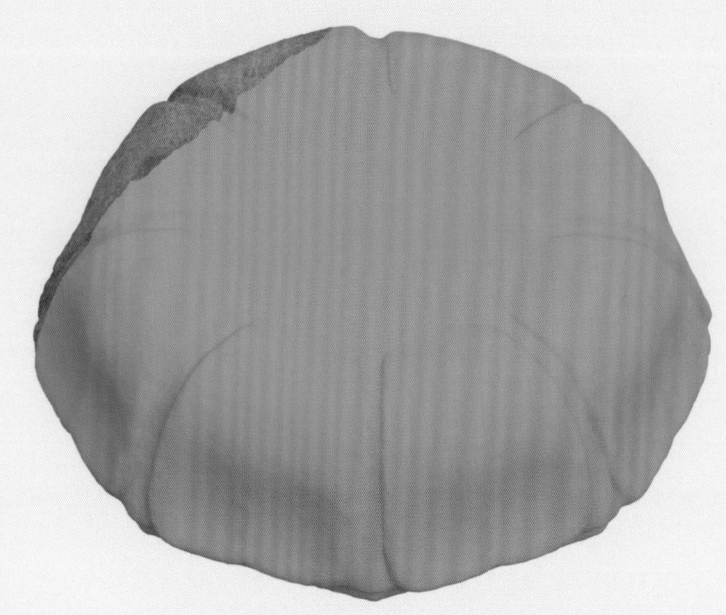

복원 전

복원 후

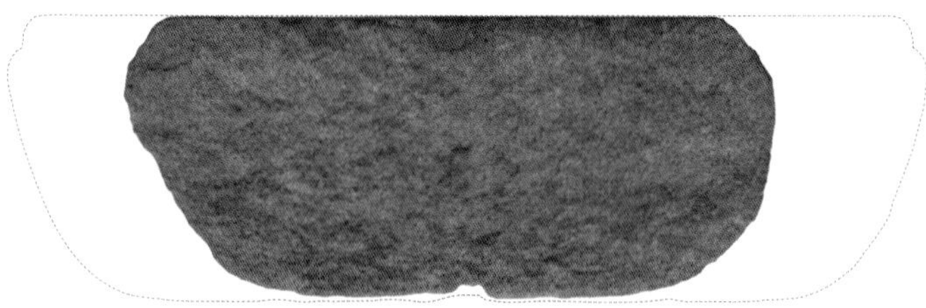

측면2

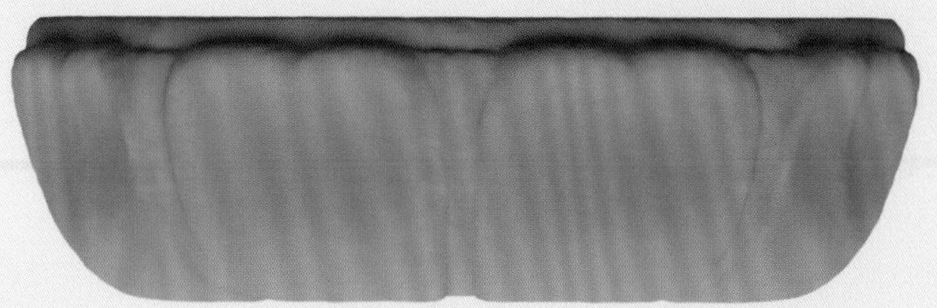

측면2

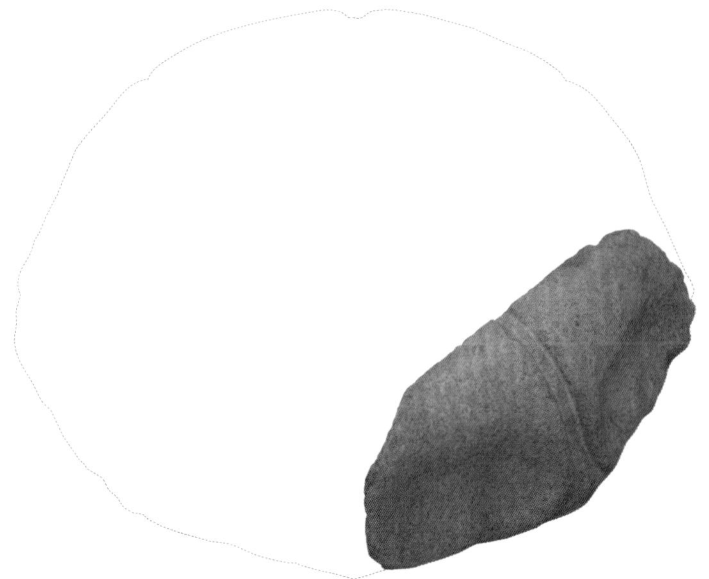

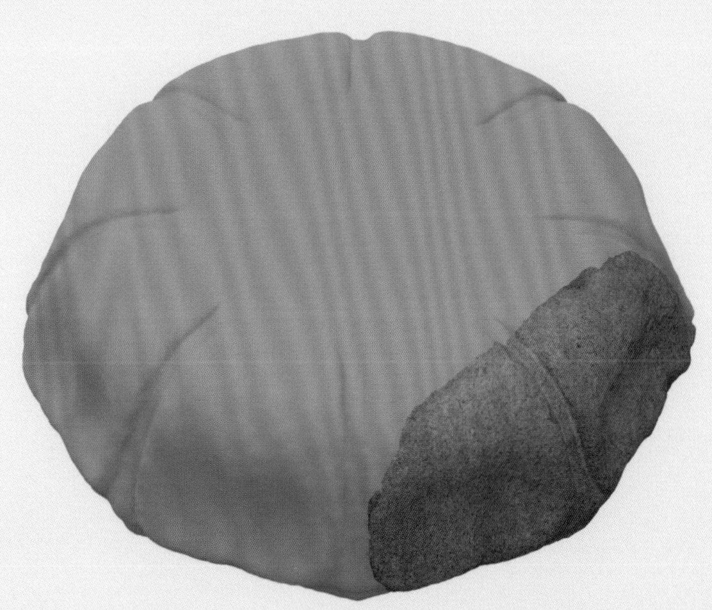

복원 전　　복원 후

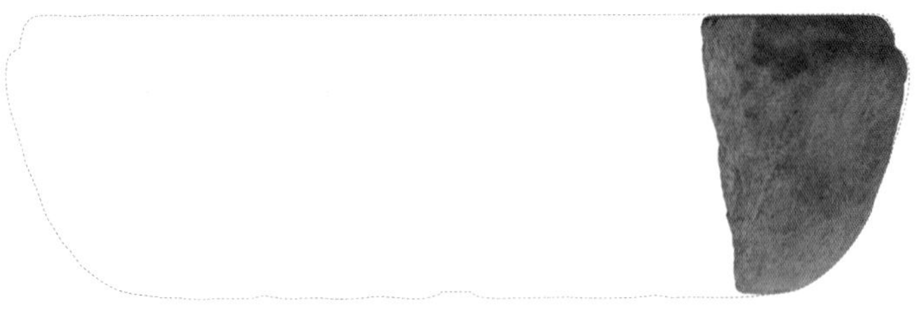

측면3

윗면

복원 전

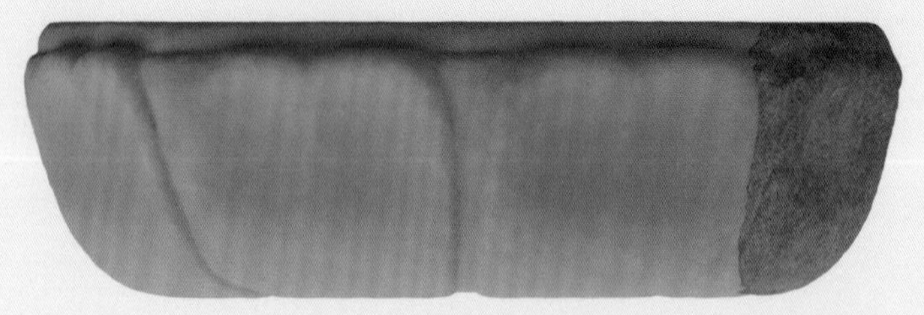

측면3

윗면

복원 후

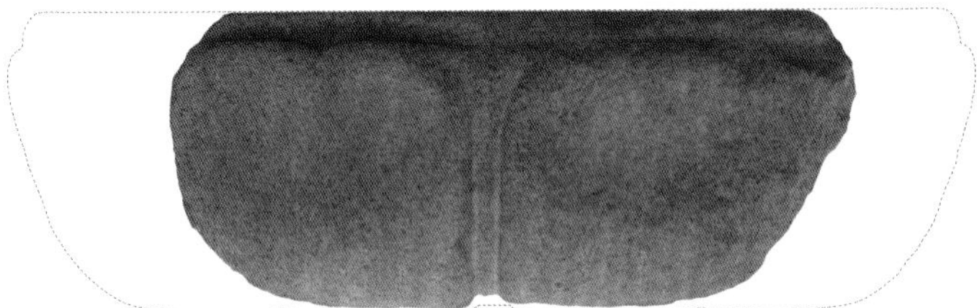
측면4

아랫면

복원 전

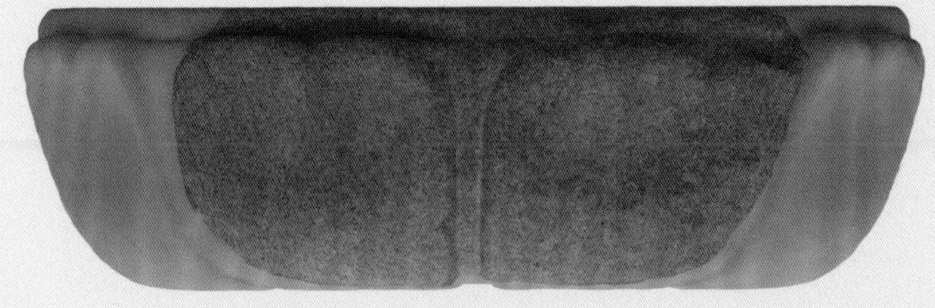
측면4

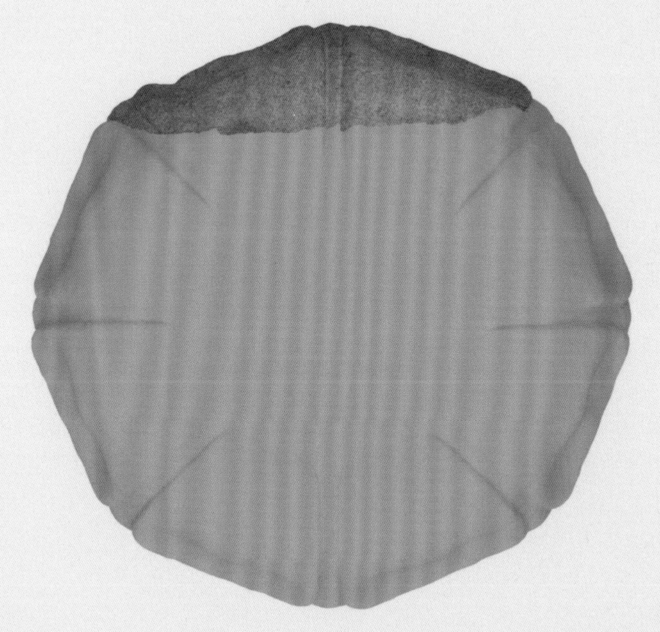
아랫면

복원 후

상대석②

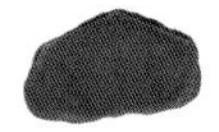

1957년 10월, 미륵사지 중앙을 흐르던 개울가에서 발견된 것이다. 절반 정도가 파손되었으나 홑잎의 연꽃잎 중 4장의 형태를 확인할 수 있어서 8엽의 단판연화문으로 이루어진 상대석인 것을 알 수 있다. 가운데 간주석을 끼웠던 구멍도 남아 있고, 화사석을 얹어 놓기 위한 편평한 윗면도 확인 가능하여 상대석①의 복원에 도움이 된다. 상대석①처럼 오목한 연꽃잎이지만, 크기는 작다. 연꽃잎이 작은 만큼 화사석을 올려놓기 위한 윗면이 강조되어 있다.

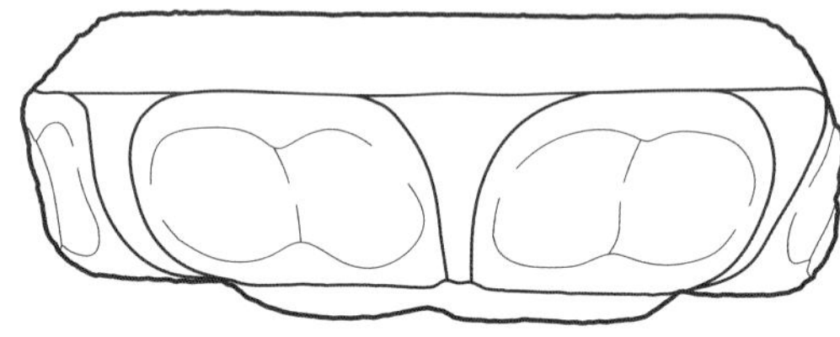

도13.
상대석, 백제 7세기 전반,
길이 74.1㎝, 높이 26.9㎝,
익산 미륵사지 출토, 국립부여박물관 소장

→ 특별전 〈백제의 빛, 미륵사 석등〉 전시 모습

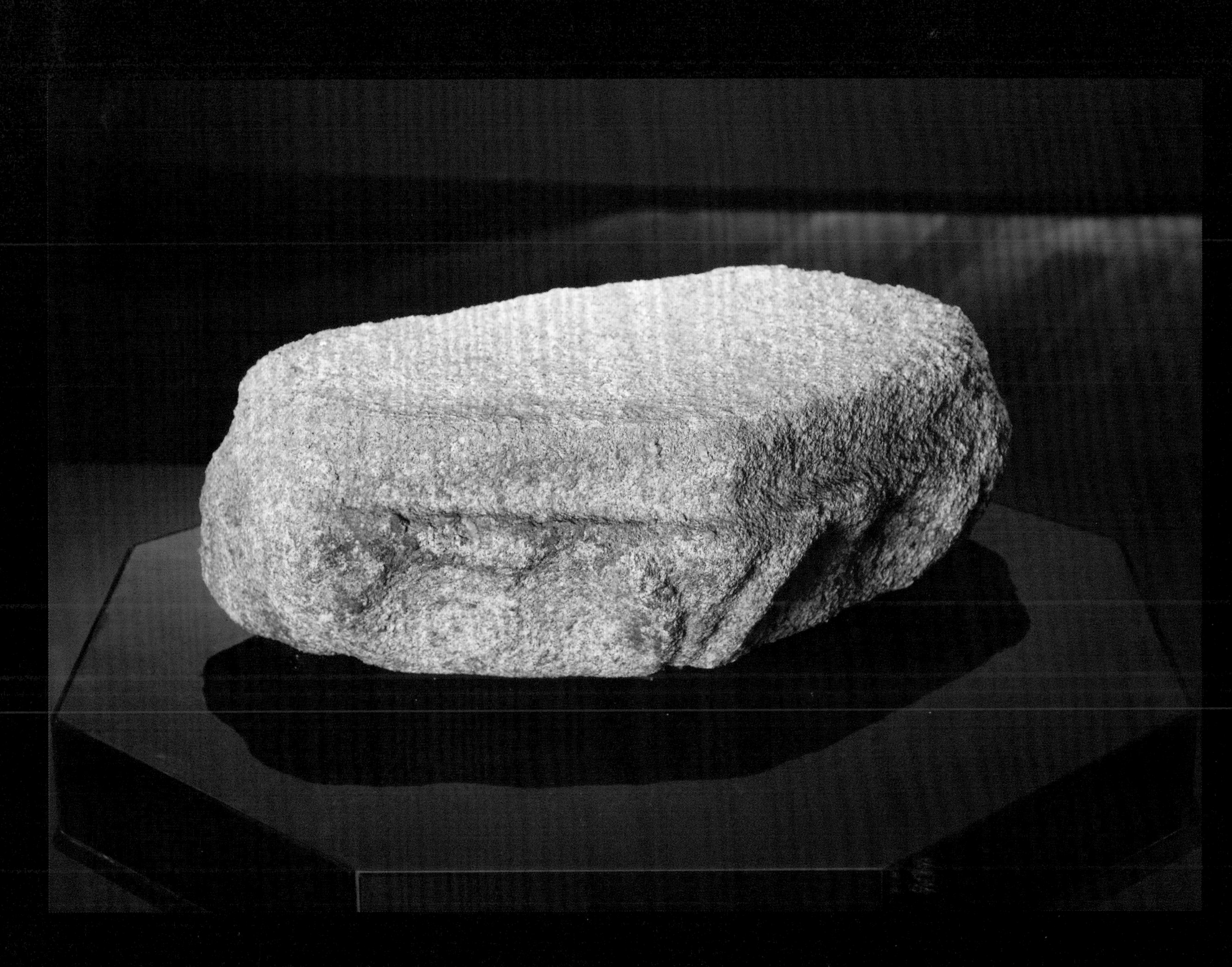

상대석②

복원 전

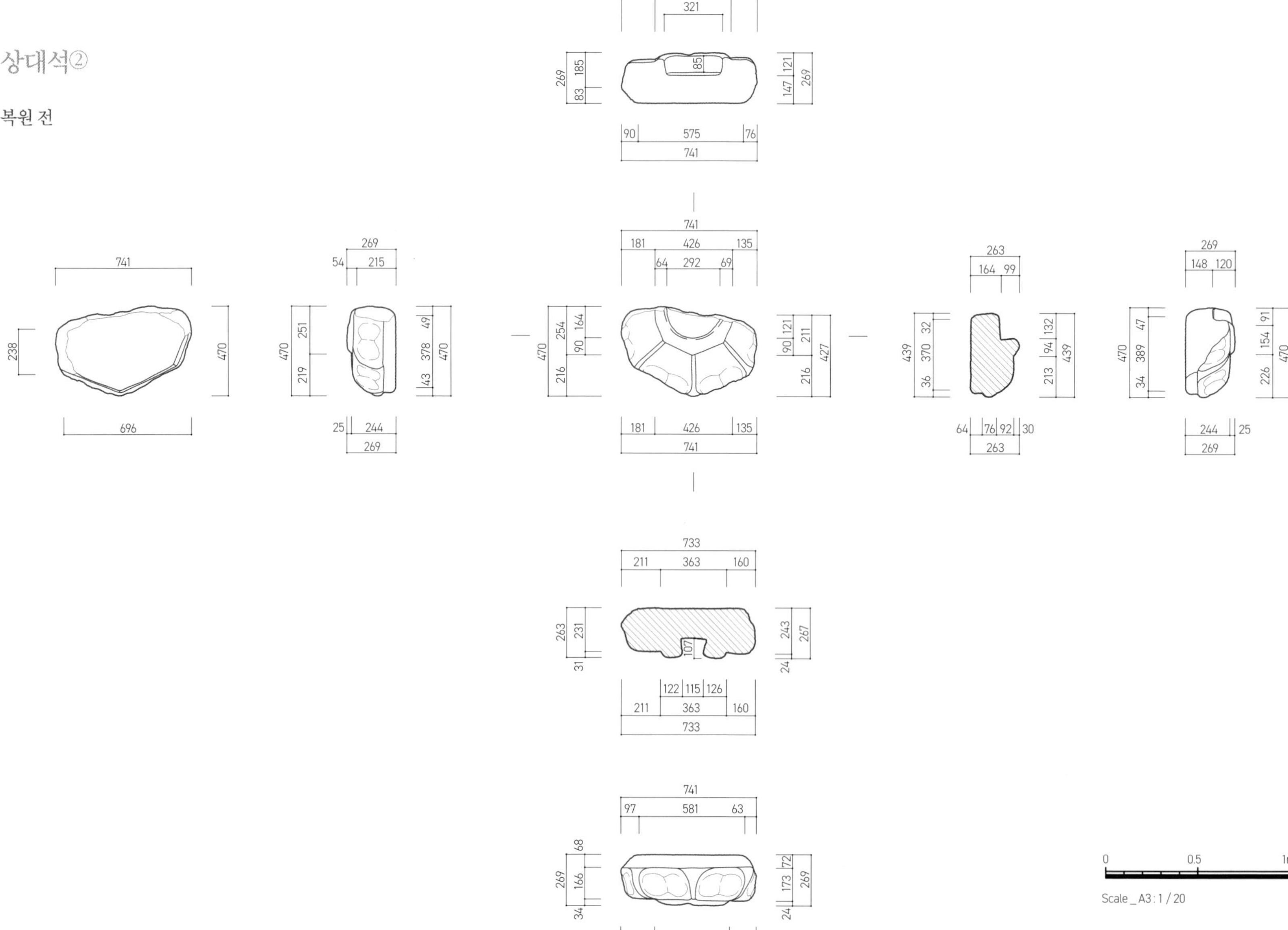

복원 후

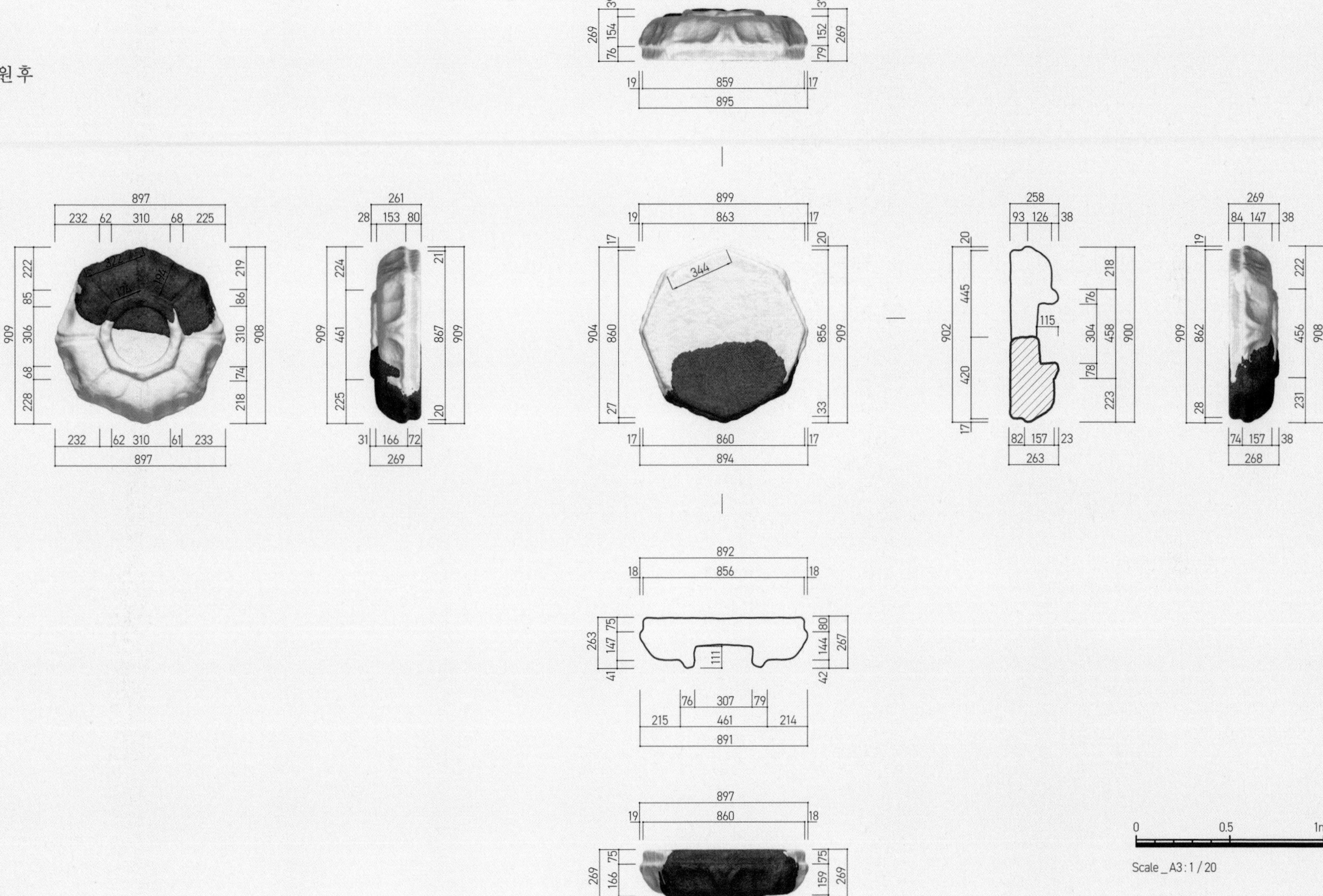

897
227 445 226
39 154 76 269
37 152 79 269
19 859 17
895
897
232 62 310 68 225
222 85 306 68 228 909
219 86 310 74 218 908
232 62 310 61 233
897
261
28 153 80
224 461 225 909
21 867 20 909
31 166 72
269
899
19 863 17
17 860 27 904
20 856 33 909
344
17 860 17
894
258
93 126 38
20 445 420 17 902
218 76 304 458 78 223 900
115
82 157 23
263
269
84 147 38
19 862 28 909
222 456 231 908
74 157 38
268
892
18 856 18
75 147 41 263
80 144 42 267
111
76 307 79
215 461 214
891
897
19 860 18
75 166 28 269
75 159 35 269
232 442 223
897
0 0.5 1m
Scale _ A3 : 1 / 20

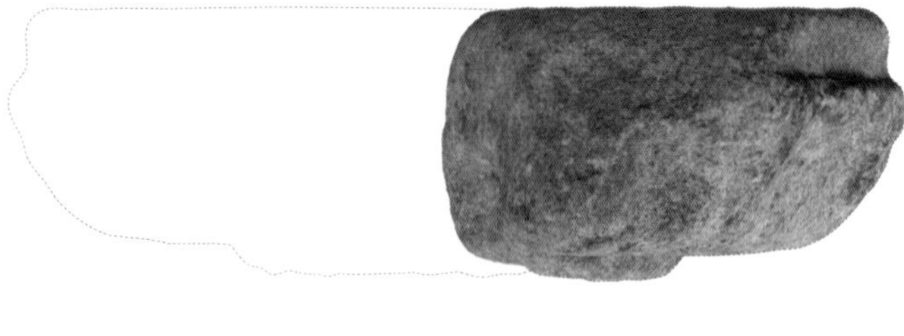

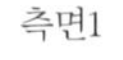

측면1

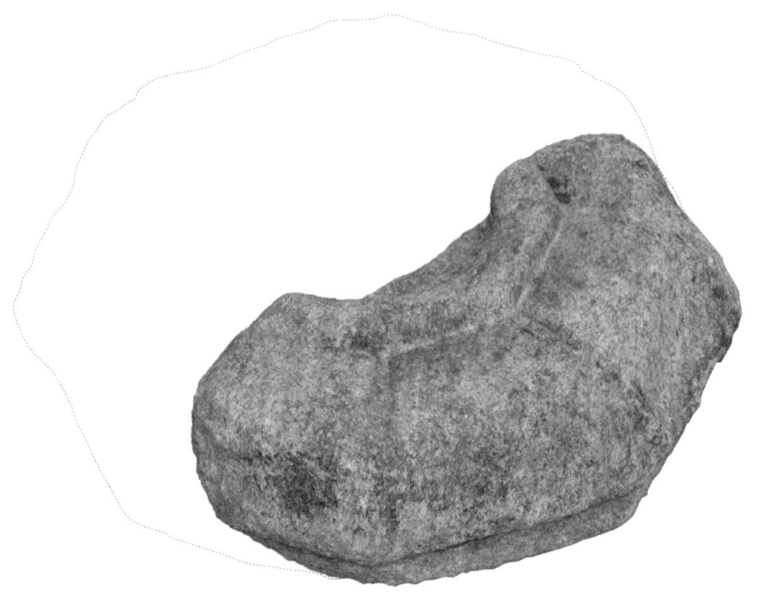

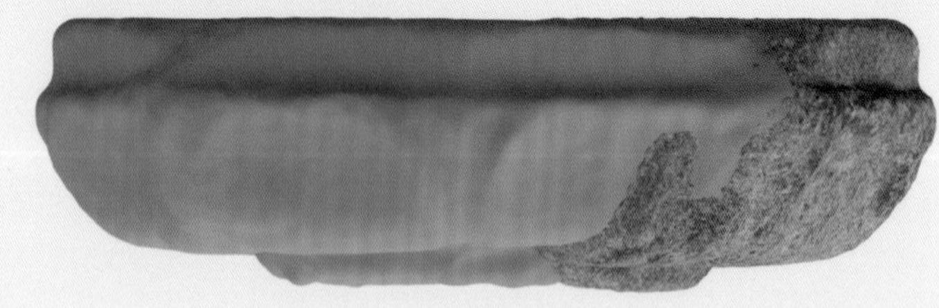

측면1

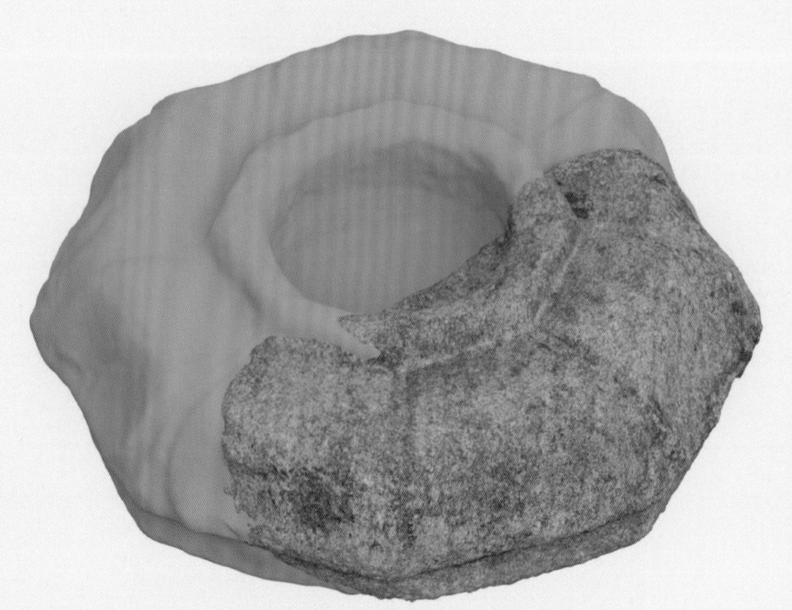

복원 전

복원 후

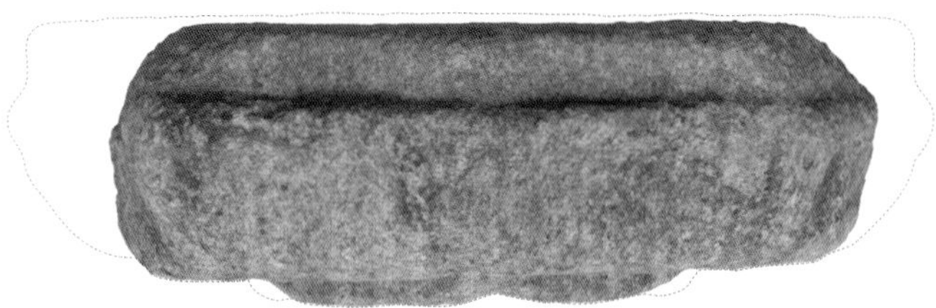

측면2

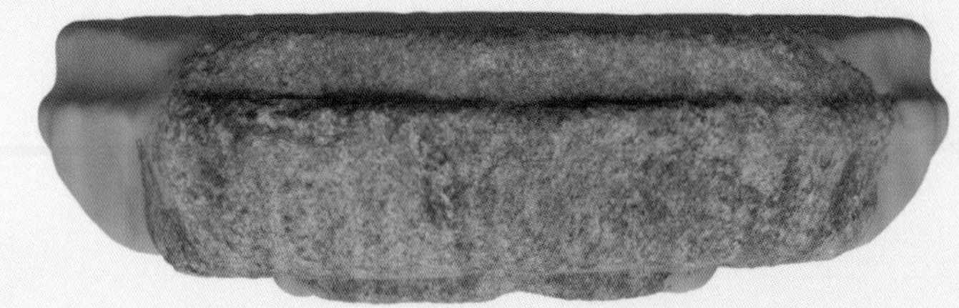

측면2

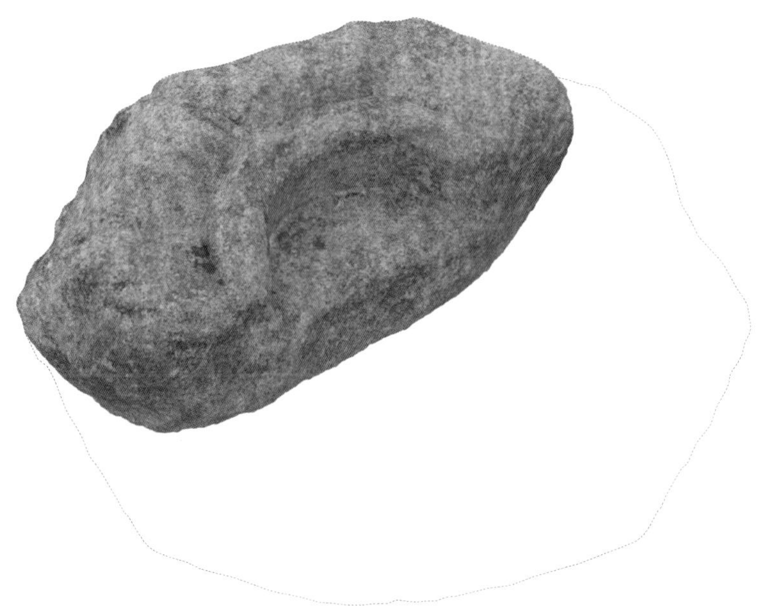

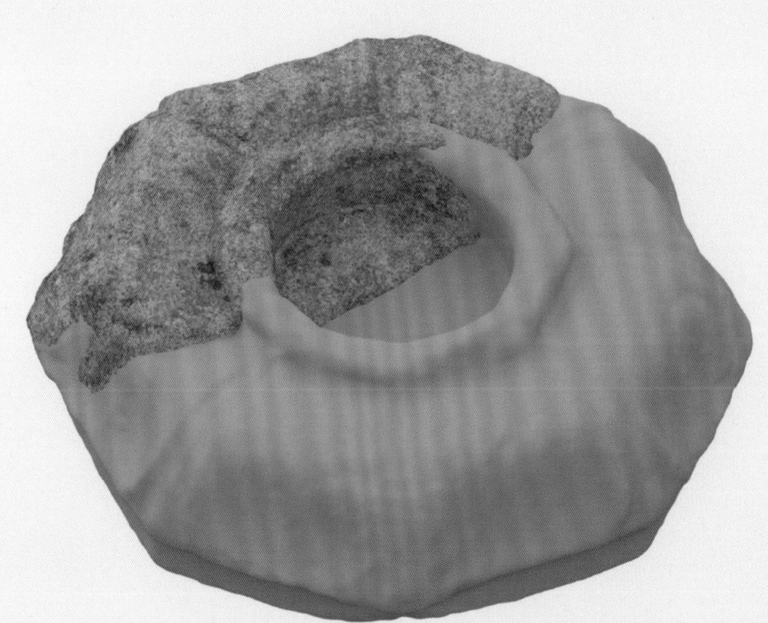

복원 전

복원 후

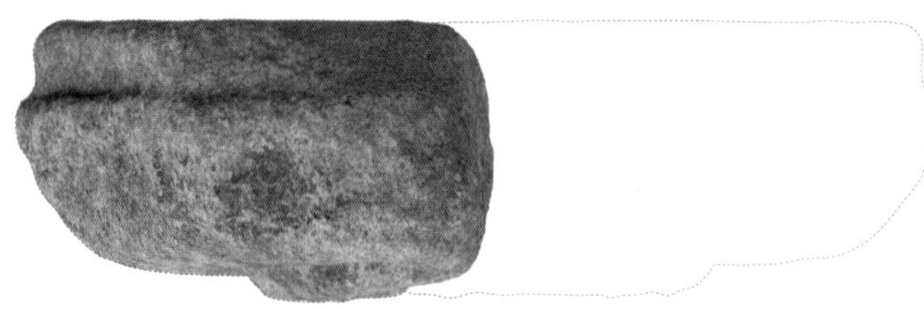

측면3

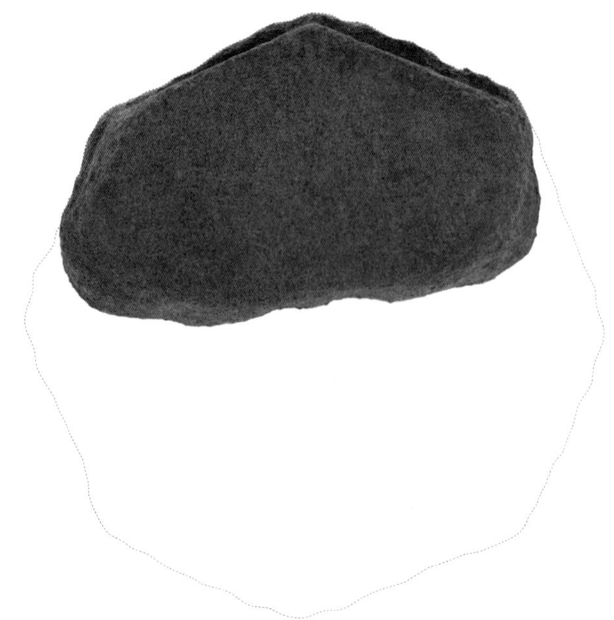

윗면

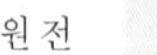

복원 전

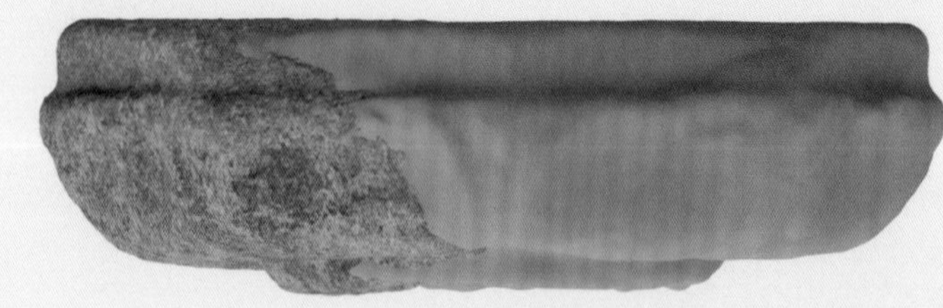

측면3

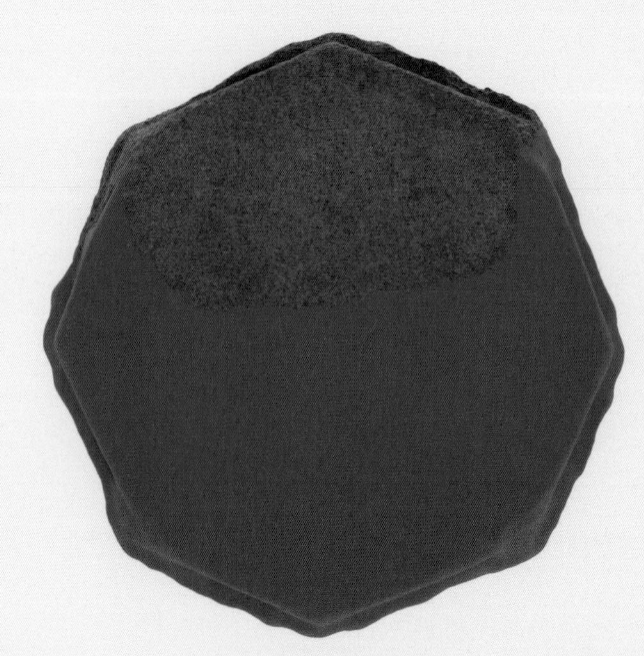

윗면

복원 후

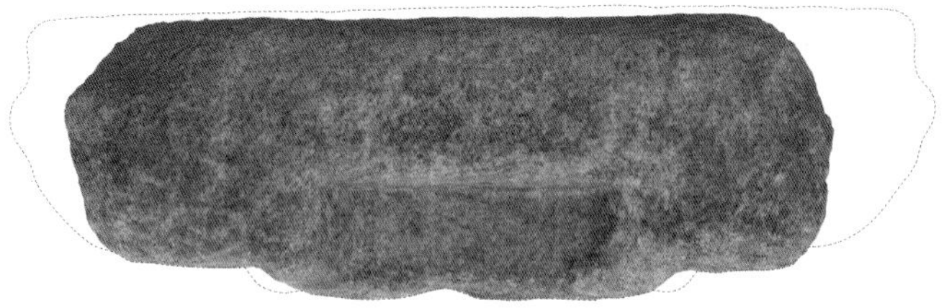

측면4

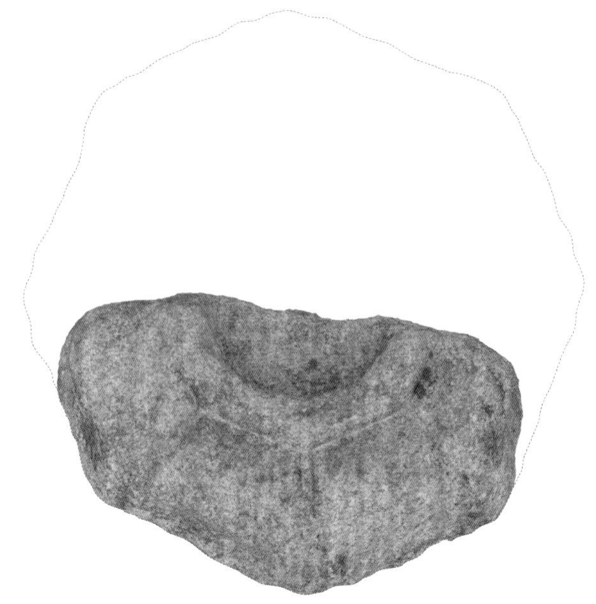

아랫면

복원 전

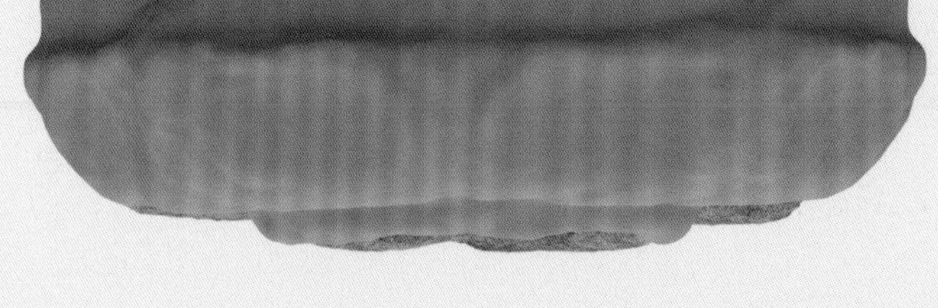

측면4

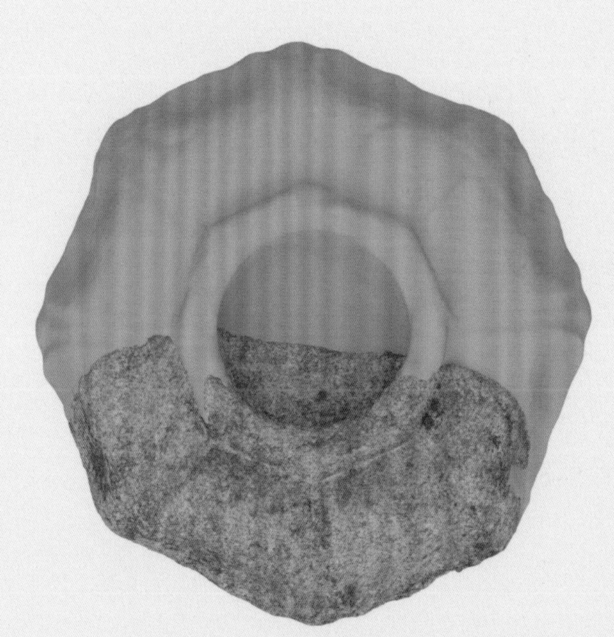

아랫면

복원 후

상대석③

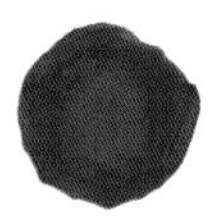

1980~81년 발굴 조사 때 중원의 금당 남쪽 중앙 계단 부분에서 발견된 상대석이다. 지표에 거의 노출된 상태였고 표면의 훼손이 심하였다. 복원 결과, 꽃잎 위에 두 줄의 장식이 들어간 연화문이 뚜렷하게 확인되었다. 먼저 발견된 상대석이나 하대석에서 볼 수 있는 단판연화문이 아니므로 창건기 석등 부재로 보기 어렵다.

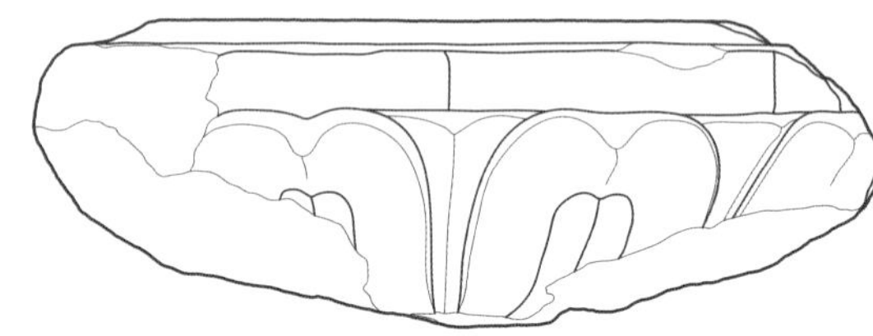

도14.
상대석, 백제 7세기 후반,
지름 92.8㎝, 높이 32.4㎝,
익산 미륵사지

→ 익산 미륵사지 야외 석재 전시

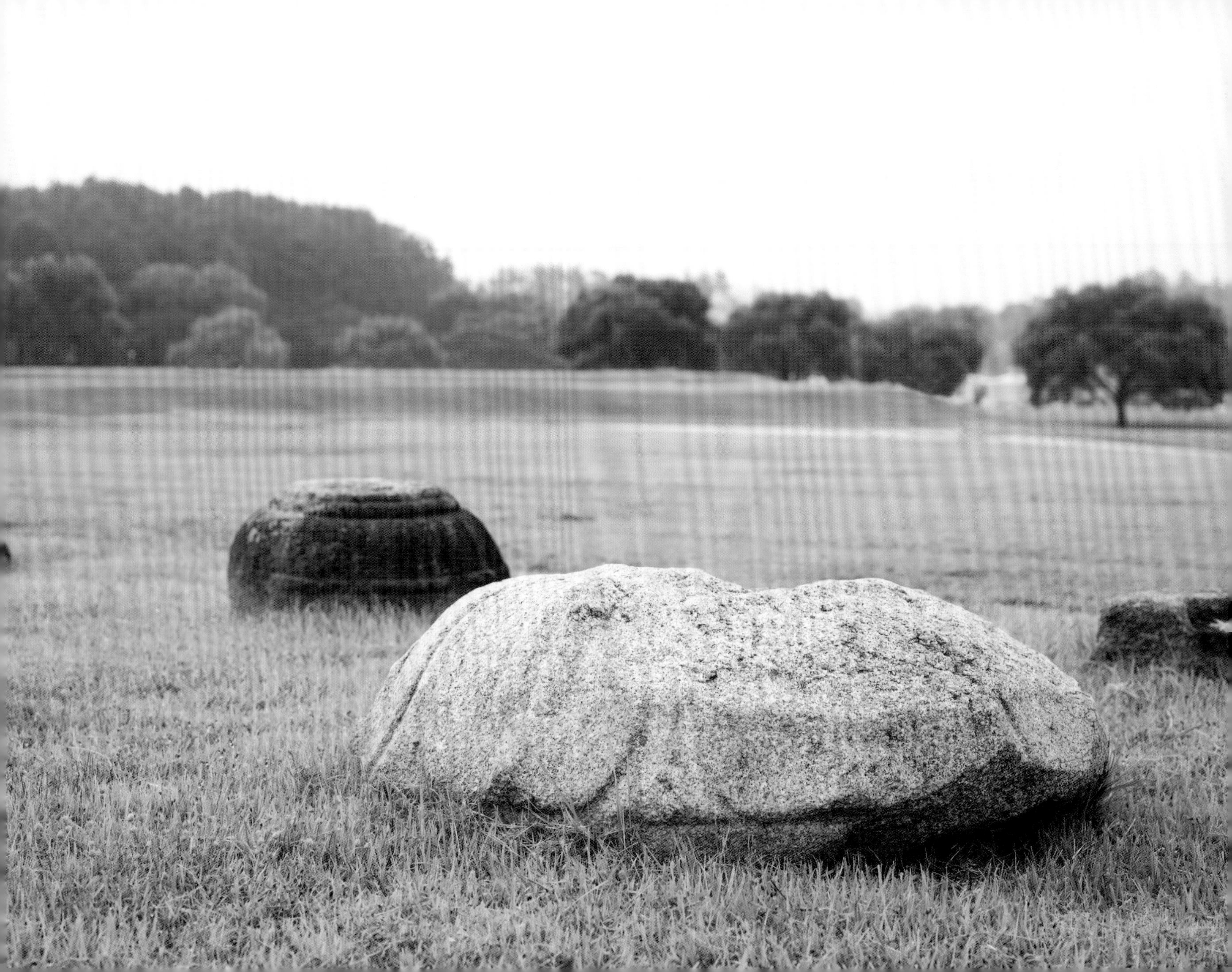

상대석③

복원 전

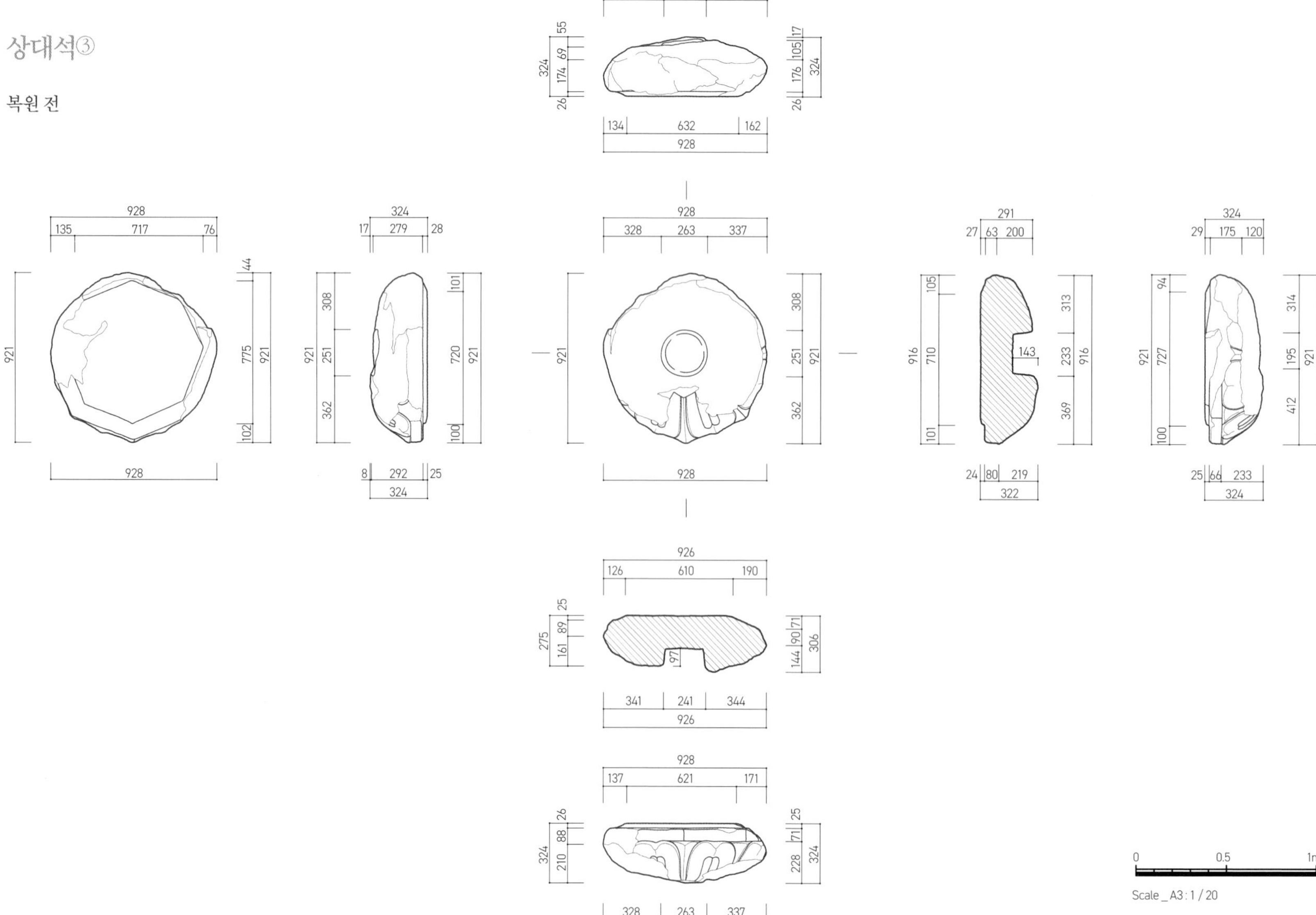

복원 후

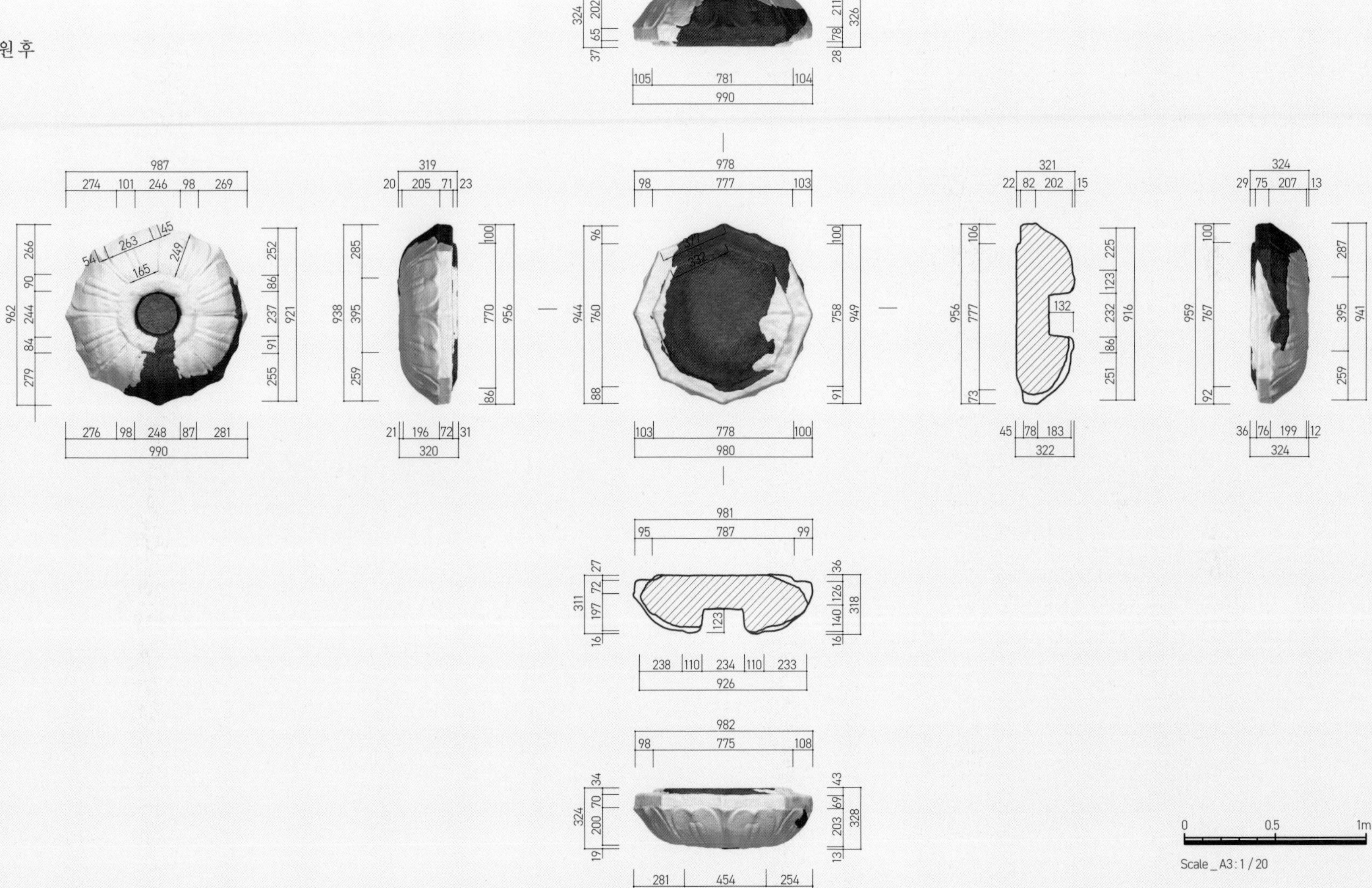
988
280 428 280
20 202 65 37 324
8 211 78 28 326
105 781 104
990
987
274 101 246 98 269
263 45 54 249 165
266 90 244 84 279 962
252 86 237 91 255 921
276 98 248 87 281
990
319
20 205 71 23
285 395 259 938
100 770 86 956
21 196 72 31
320
978
98 777 103
317 332
96 760 88 944
100 758 91 949
103 778 100
980
321
22 82 202 15
106 777 73 956
132
225 123 232 86 251 916
45 78 183
322
324
29 75 207 13
100 767 92 959
287 395 259 941
36 76 199 12
324
981
95 787 99
27 72 197 16 311
123
36 126 140 16 318
238 110 234 110 233
926
982
98 775 108
34 70 200 19 324
43 69 203 13 328
281 454 254
989
0 0.5 1m
Scale _ A3 : 1 / 20

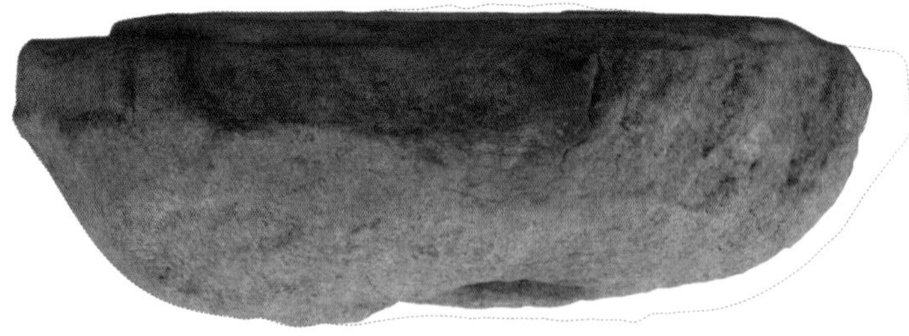

측면1

측면1

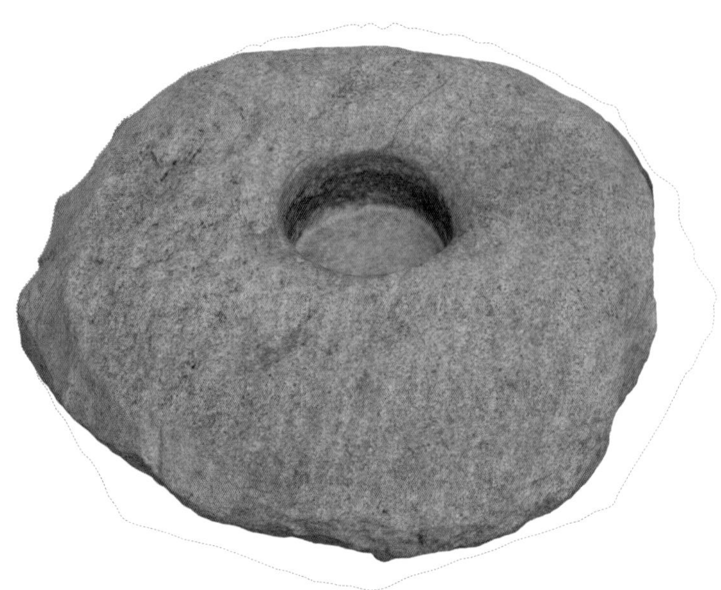

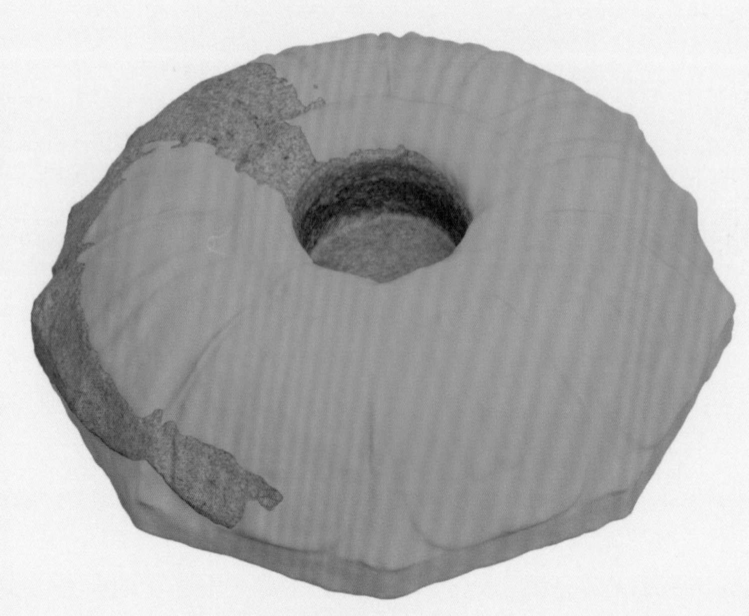

복원 전

복원 후

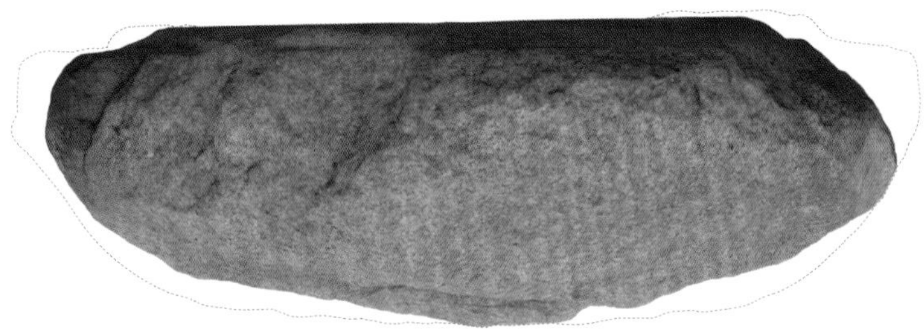

측면2

측면2

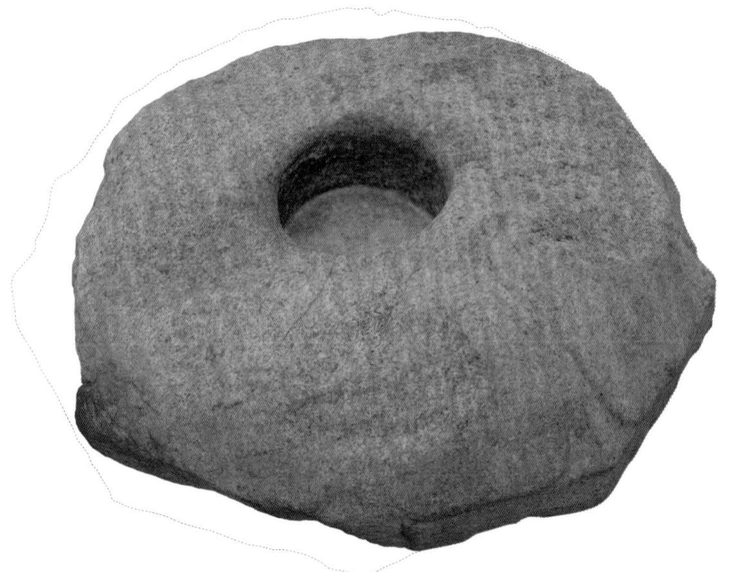

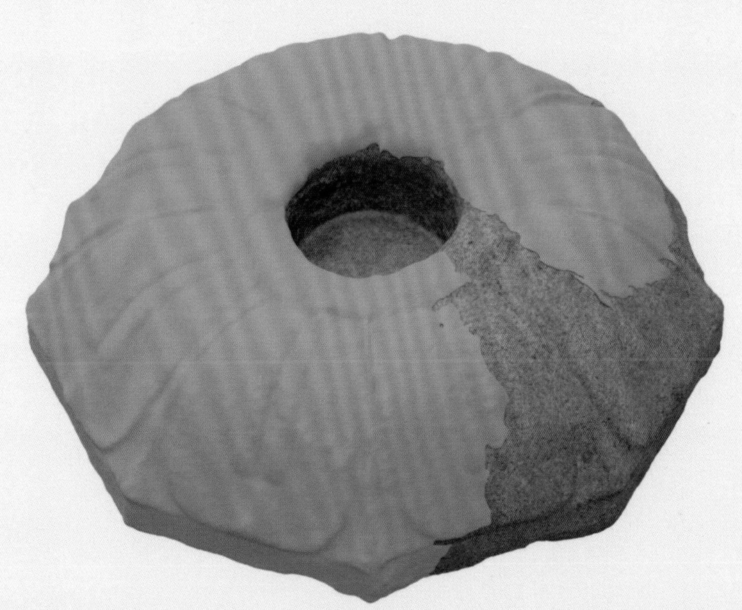

복원 전 복원 후

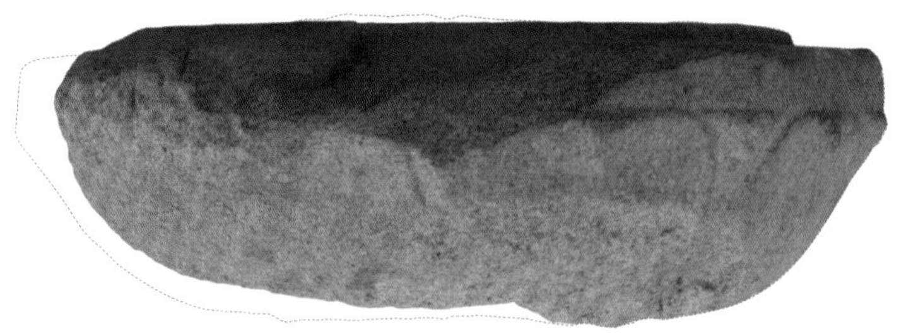

측면3

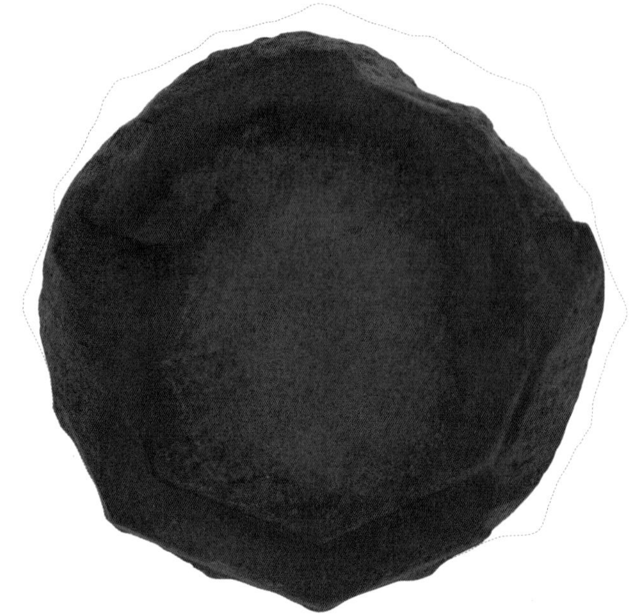

윗면

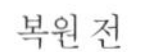

복원 전

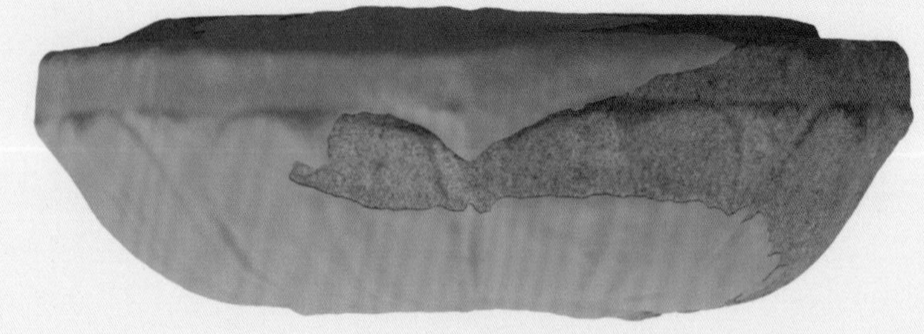

측면3

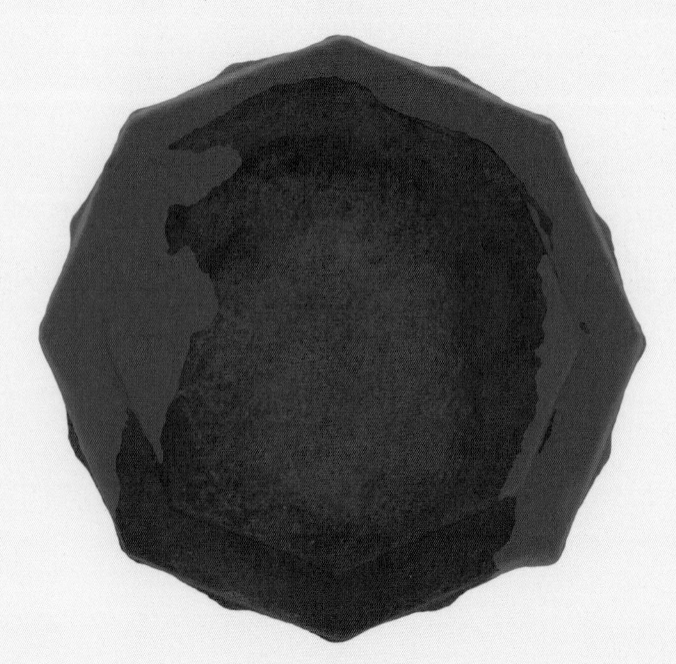

윗면

복원 후

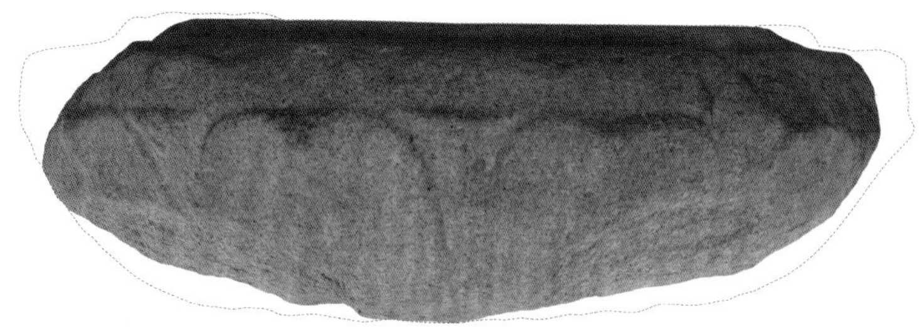

측면4

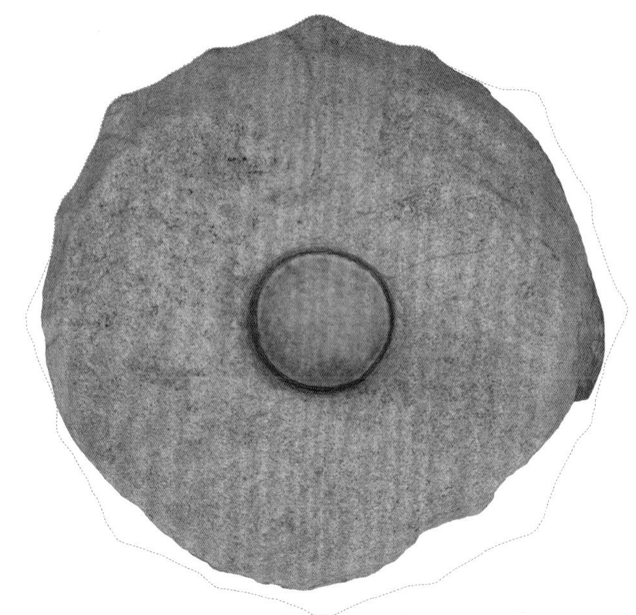

아랫면

복원 전

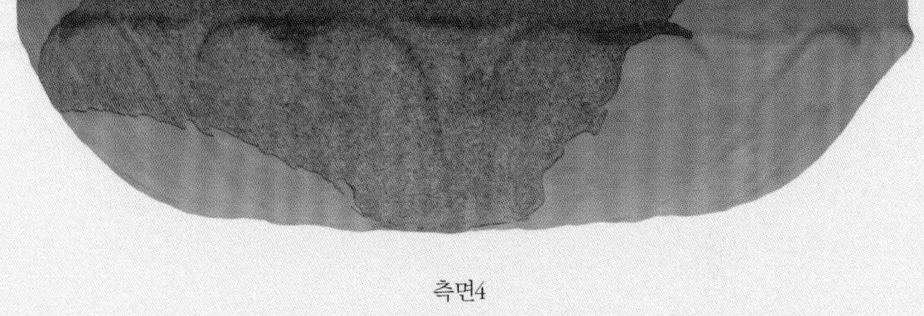

측면4

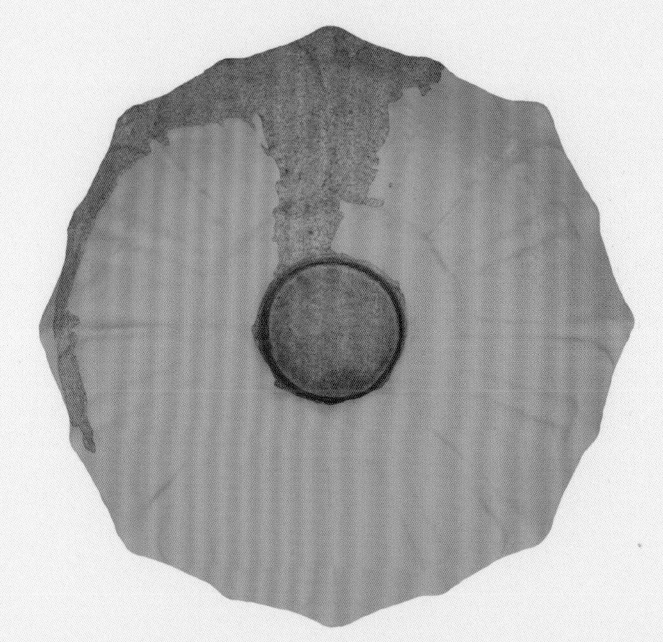

아랫면

복원 후

옥개석①

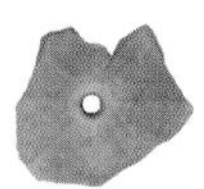

1955년 11월, 미륵초등학교 앞에서 수습한 옥개석이다. 원래 위치에 대한 정보가 전혀 없지만, 팔각 지붕 모양이었던 것은 확실하다. 중앙에 보주를 끼워 장식했던 원형 구멍도 뚜렷하게 남아 있다. 이 구멍은 아랫면까지 연결되어 있어, 화사석의 화창과 함께 연기가 빠져나가는 길이 되었을 것이다.

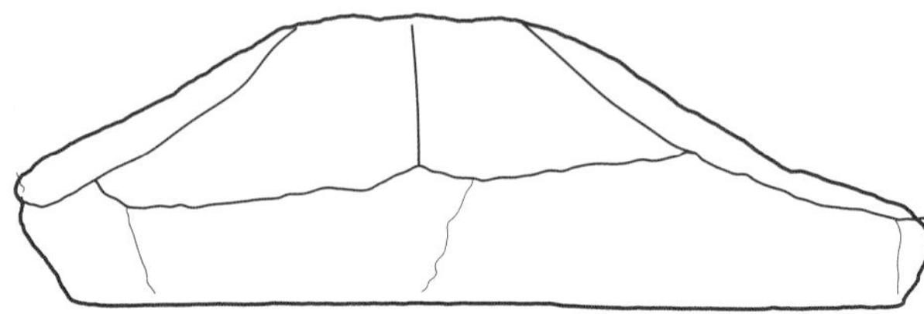

도15.
옥개석, 백제 7세기 전반,
길이 100.3cm, 높이 31.0cm,
익산 미륵사지 출토, 국립부여박물관 소장

→특별전 〈백제의 빛, 미륵사 석등〉 '미륵사 석등 모형 쌓기' 영상 중에서

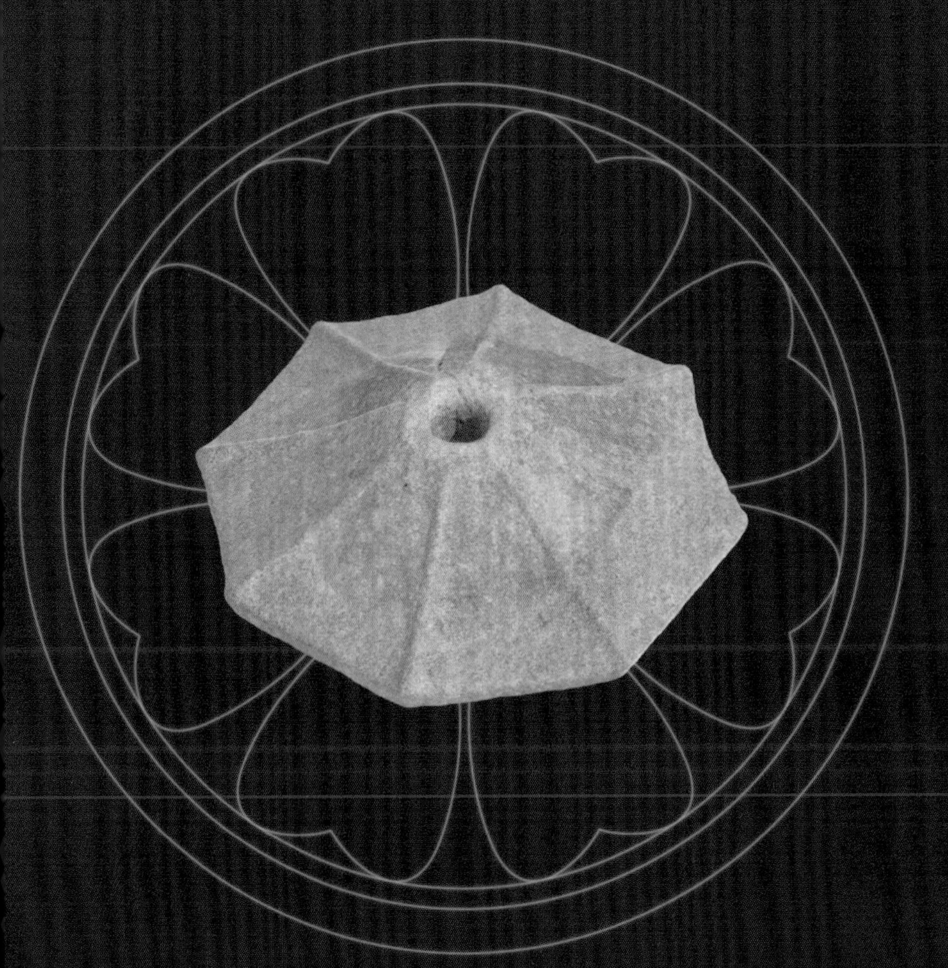

NAME

옥개석 1

NOTE

미륵사터 옛 물길 주변에서 발견

TIP

동원 옥개석과 같은 모양, 비슷한
크기입니다.

옥개석①

복원 전

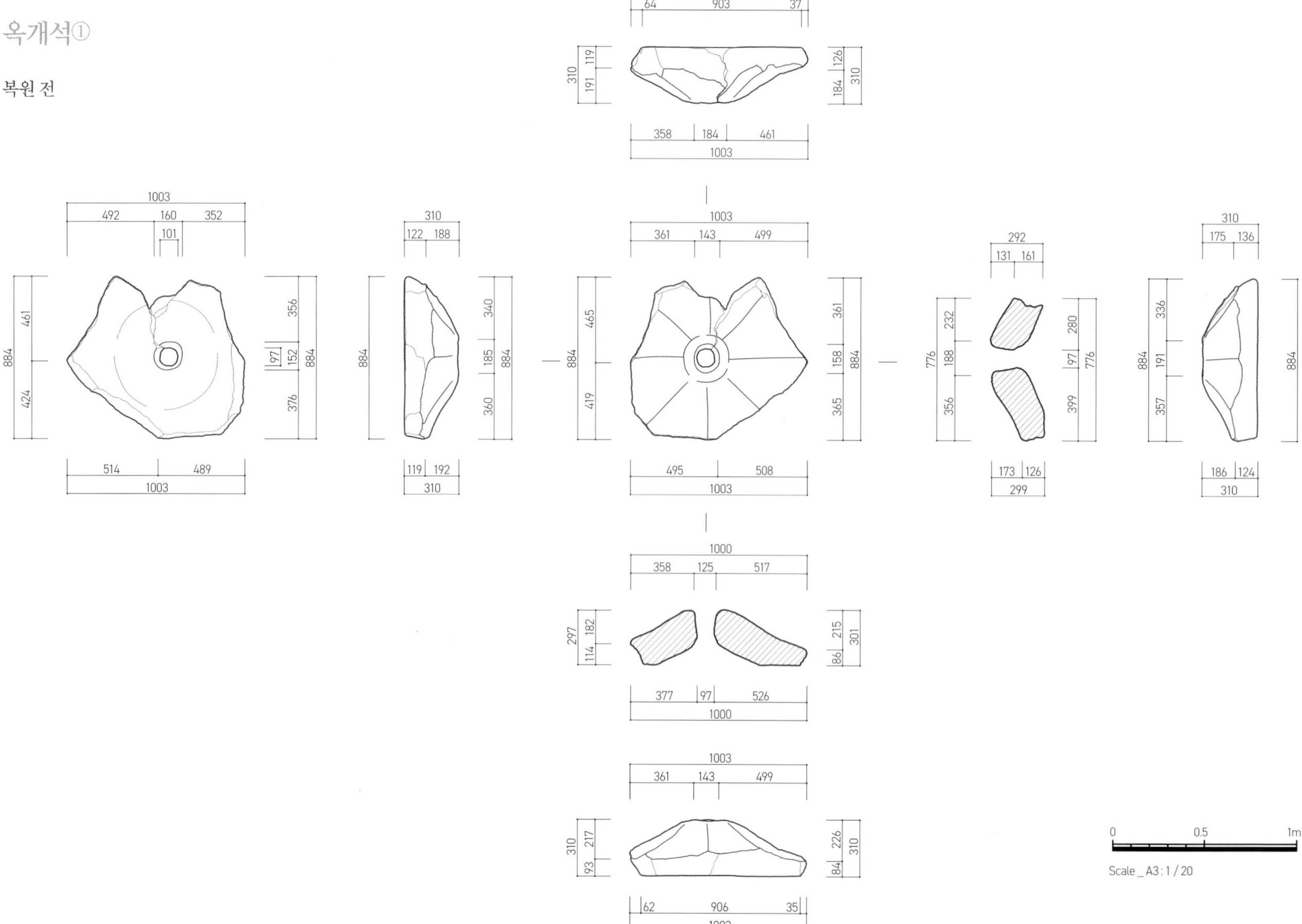

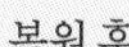

복원 후

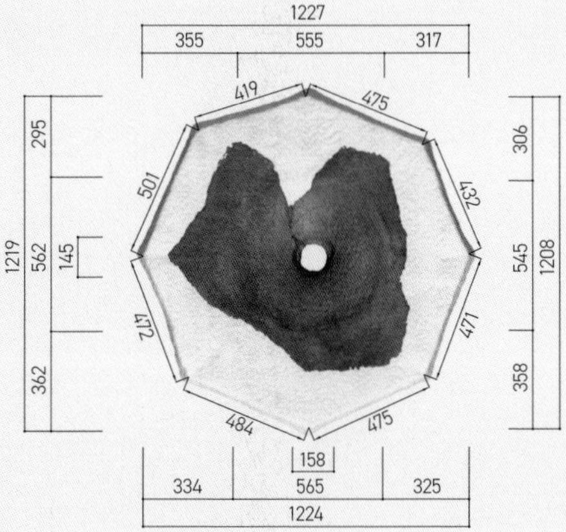

0 0.5 1m

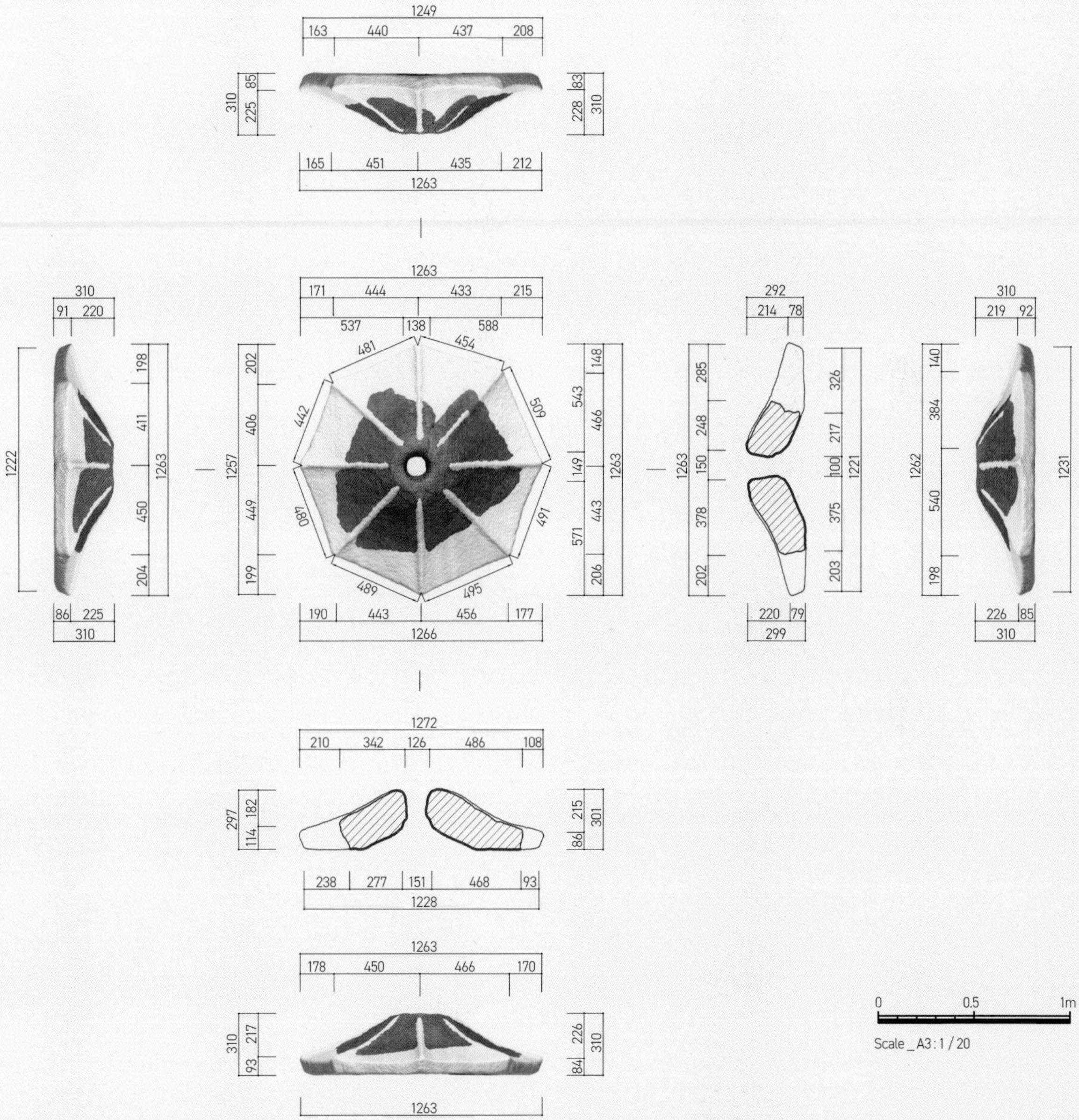

Scale _ A3 : 1 / 20

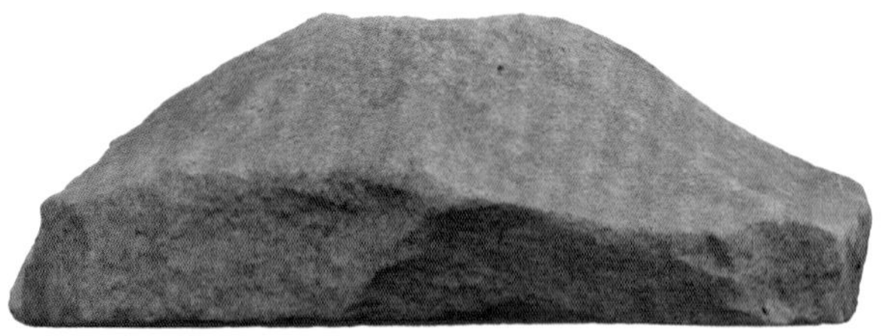

측면1

측면1

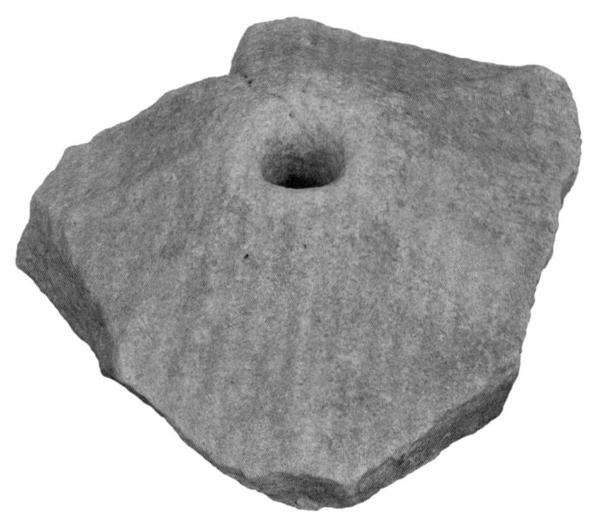

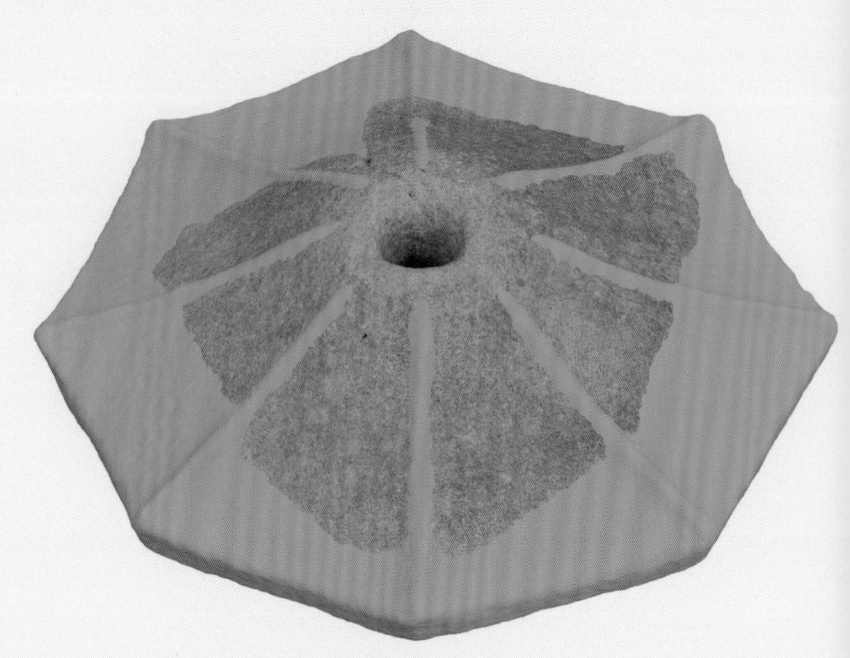

복원 전

복원 후

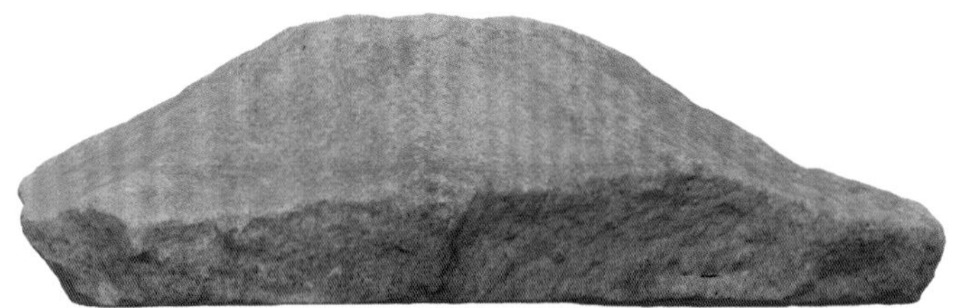

측면2

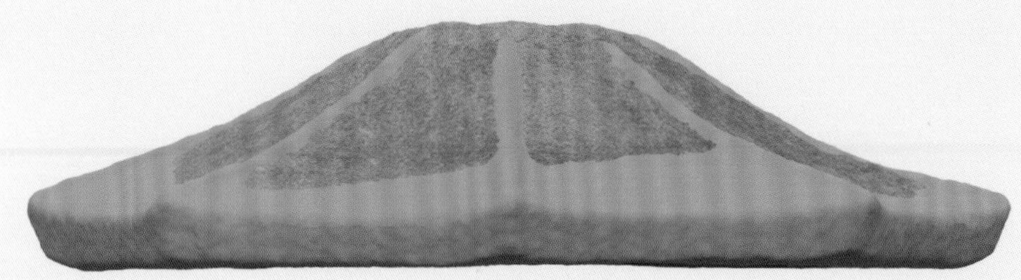

측면2

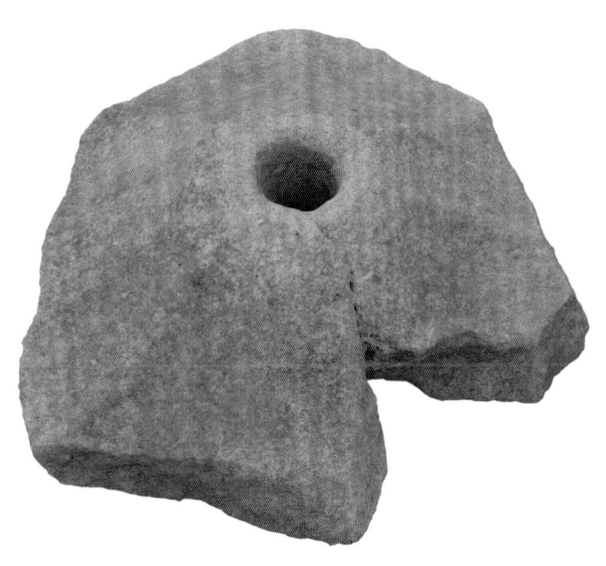

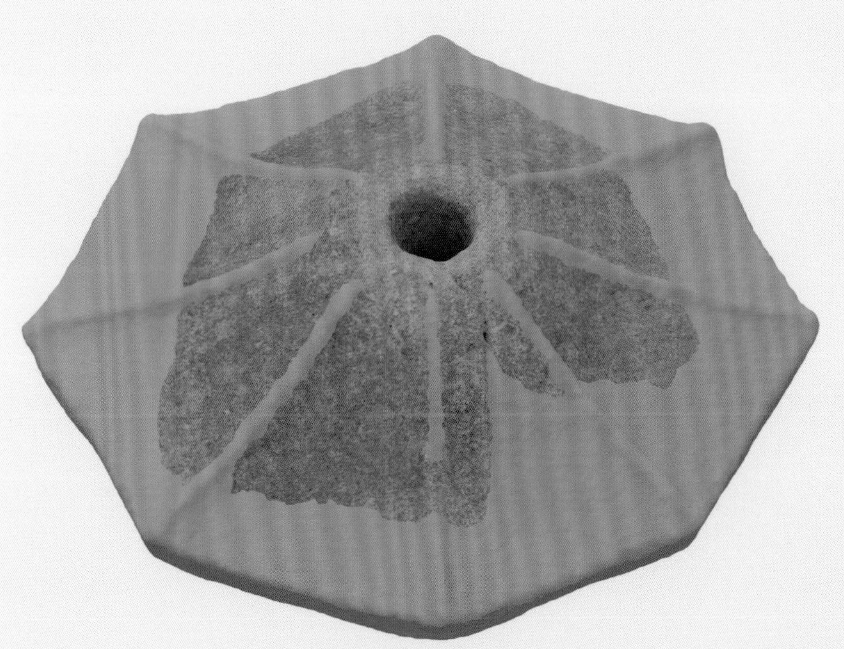

복원 전 복원 후

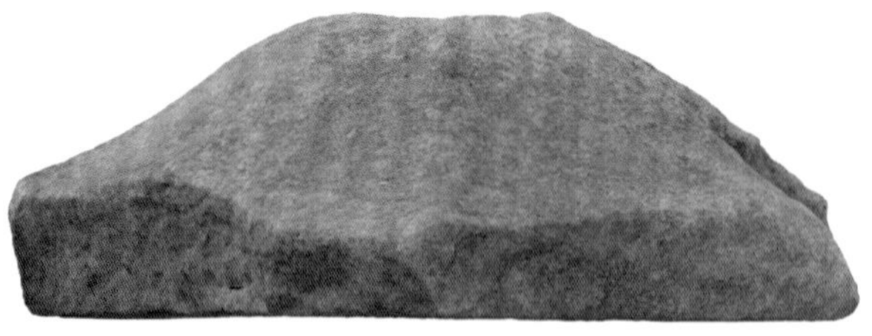

측면3

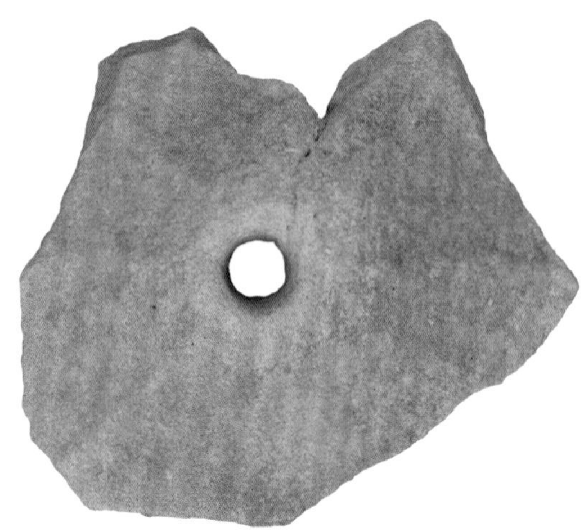

윗면

복원 전

복원 후

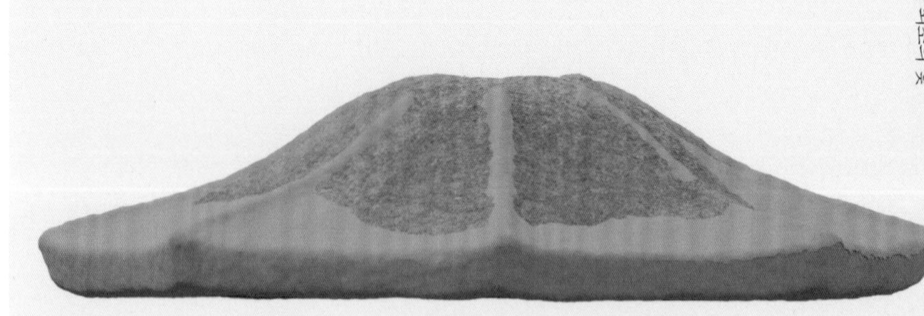

측면3

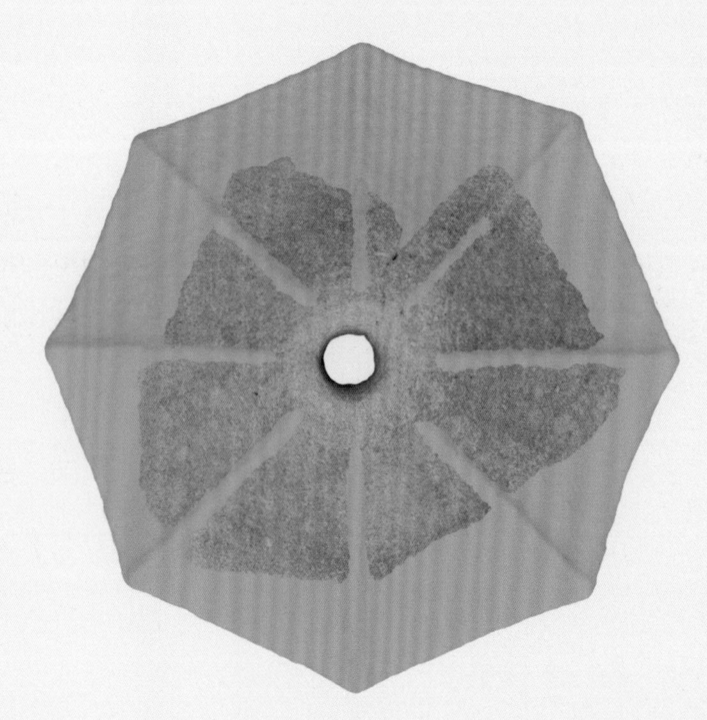

윗면

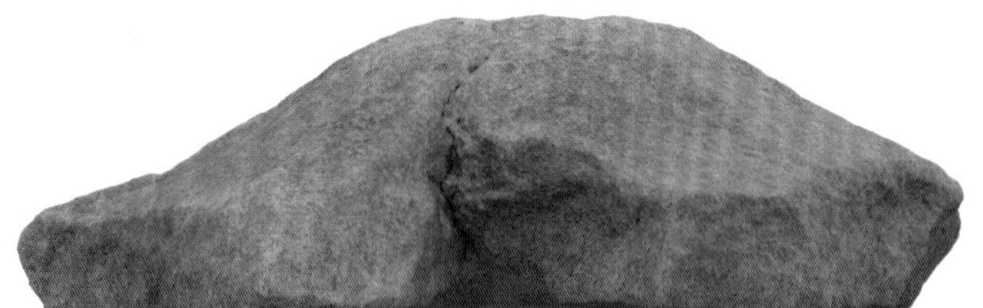

측면4

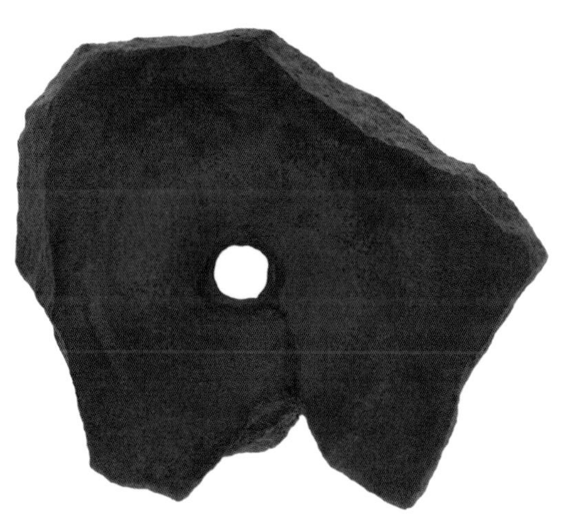

아랫면

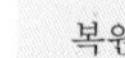

복원 전

복원 후

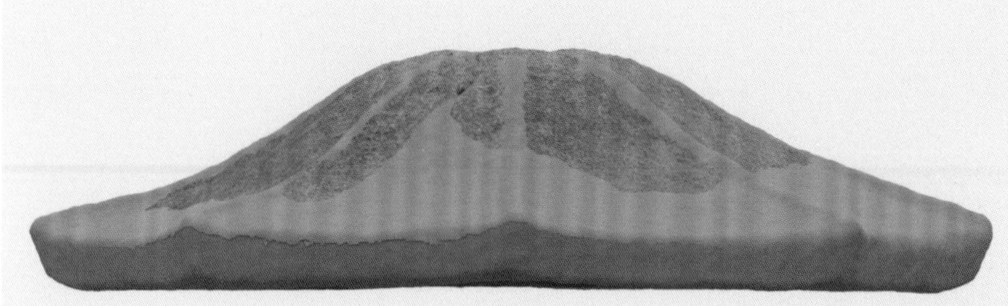

측면4

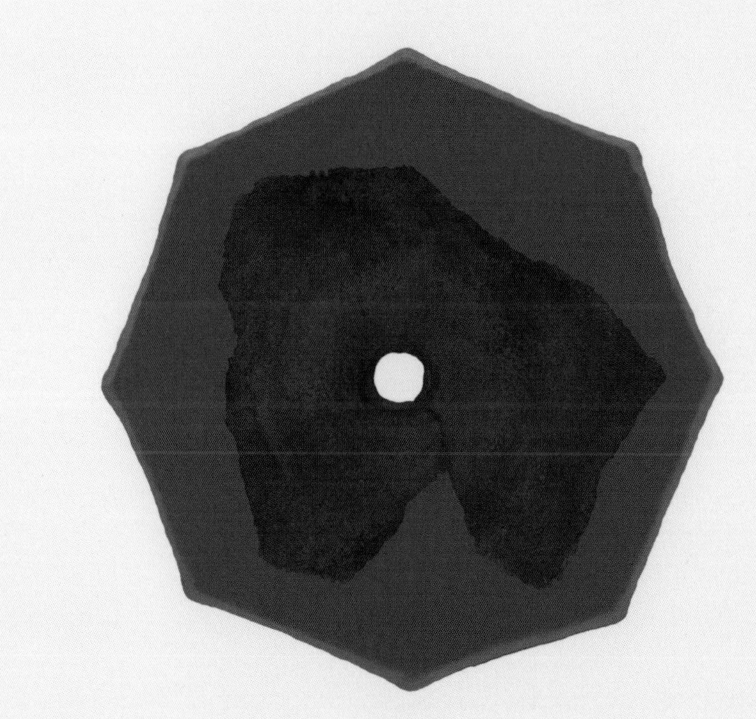

아랫면

옥개석②

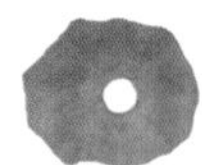

1957년 10월, 미륵사지 중앙을 흐르던 개울가에서 상대석②와 함께 발견되었으나, 개울가의 어디쯤에서 발견되었는지에 대한 정보가 없다. 결실 부분이 가장 많지만 팔각 지붕인 것을 유추할 수 있고, 보주를 끼울 구멍이 아랫면까지 연결된 것을 확인할 수 있다. 옥개석①은 아랫면 구멍을 원뿔형으로 넓게 파내었는데, 옥개석②는 원통형에 가깝게 파내어 윗면과 아랫면 구멍 지름이 거의 같다. 이러한 변화가 기능적인 요인에 의한 것인지 판단하기 어렵지만, 이로 인해 옥개석의 경량화에 성공하여 조립이 조금 더 쉬워졌을 가능성은 있다.

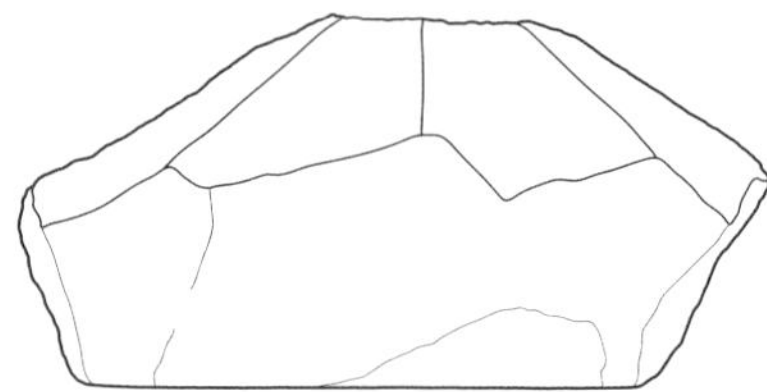

도16.
옥개석, 백제 7세기 전반,
길이 67.9㎝, 높이 32.4㎝,
익산 미륵사지 출토, 국립부여박물관 소장

→특별전 〈백제의 빛, 미륵사 석등〉 '미륵사 석등 모형 쌓기' 영상 중에서

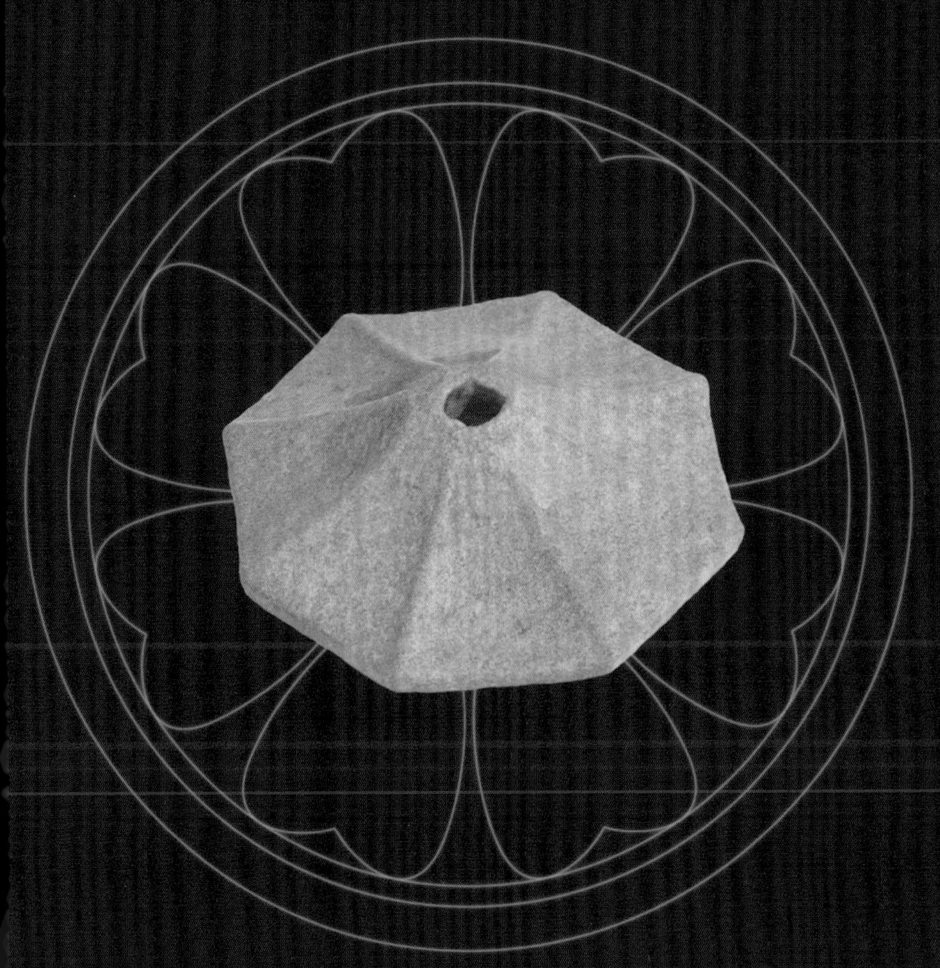

NAME

옥개석 2

NOTE

미륵사터 옛 물길 주변에서 발견

TIP

동원 옥개석과 같은 모양, 비슷한 크기입니다.

옥개석②

복원 전

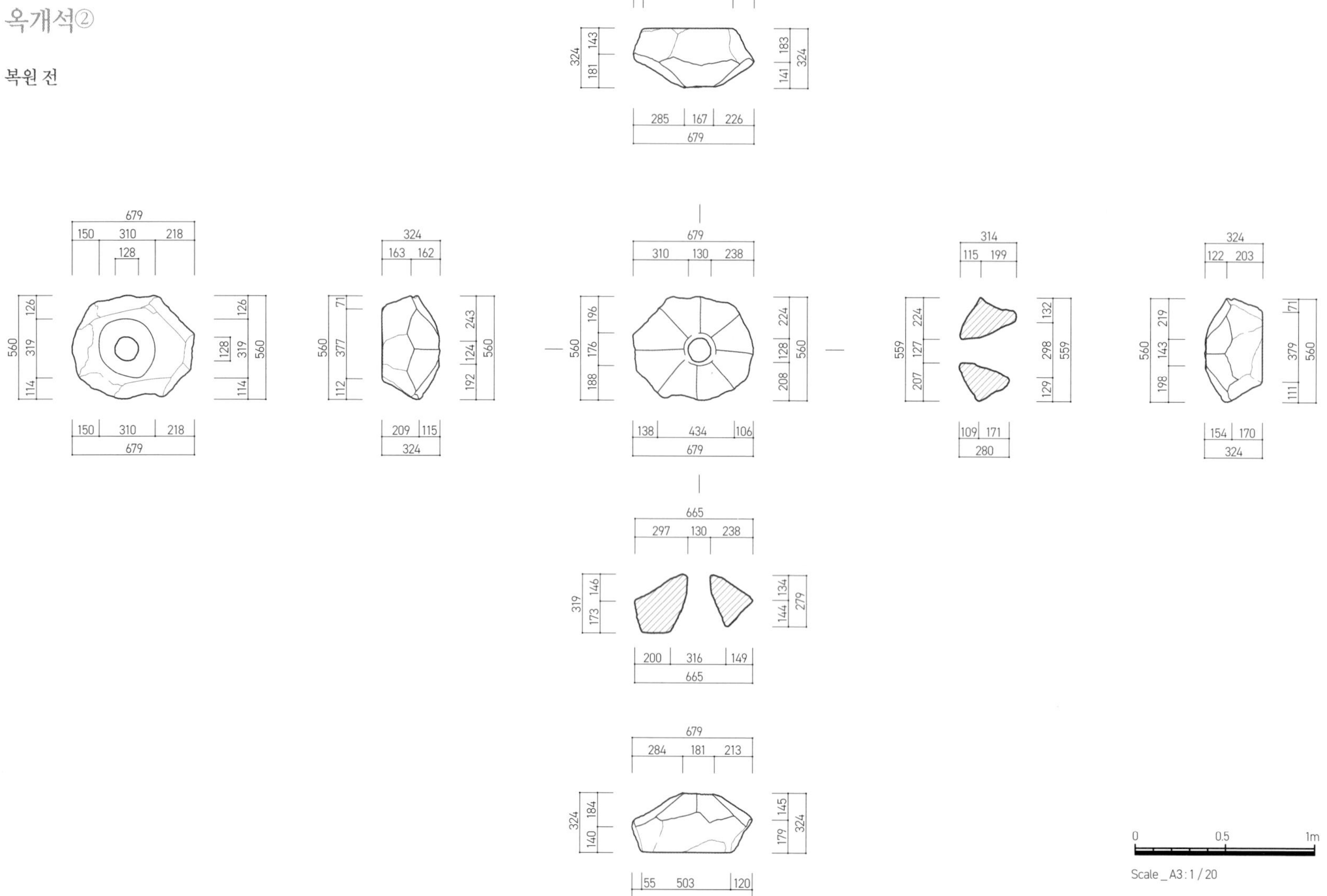
679
54 506 119
324 143 181
183 324 141
285 167 226
679
679
150 310 218
128
560 126 319 114
126 128 319 560 114
150 310 218
679
324
163 162
560 71 377 112
243 124 560 192
209 115
324
679
310 130 238
560 196 176 188
224 128 560 208
138 434 106
679
314
115 199
559 224 127 207
132 298 559 129
109 171
280
324
122 203
560 219 143 198
71 379 560 111
154 170
324
665
297 130 238
319 146 173
134 279 144
200 316 149
665
679
284 181 213
324 184 140
145 324 179
55 503 120
679
0 0.5 1m
Scale _ A3 : 1 / 20

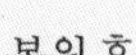

복원 후

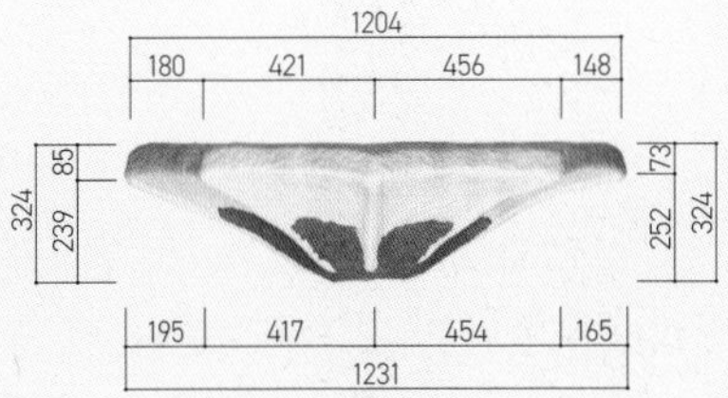

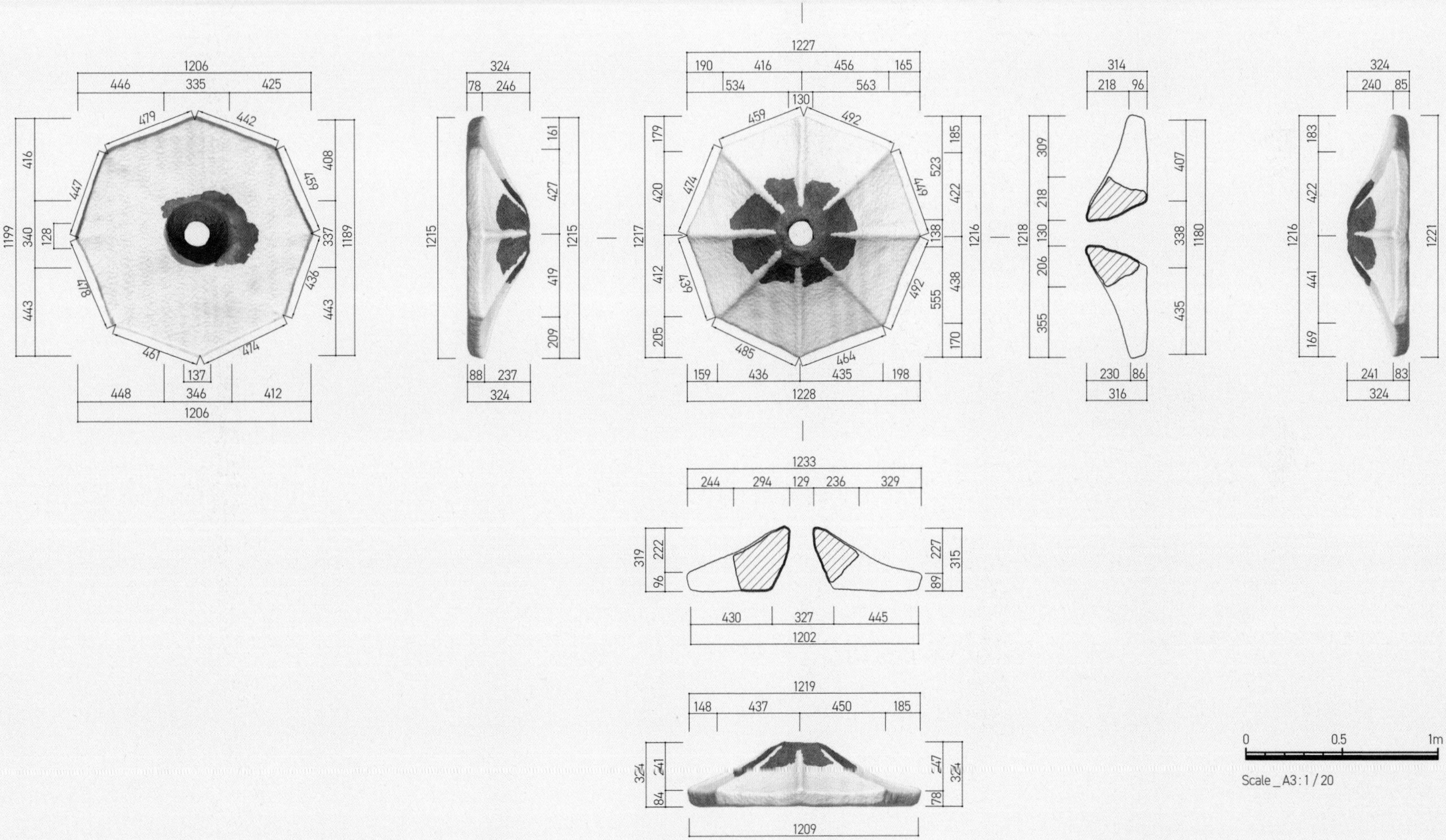

0 0.5 1m

Scale _ A3 : 1 / 20

측면1

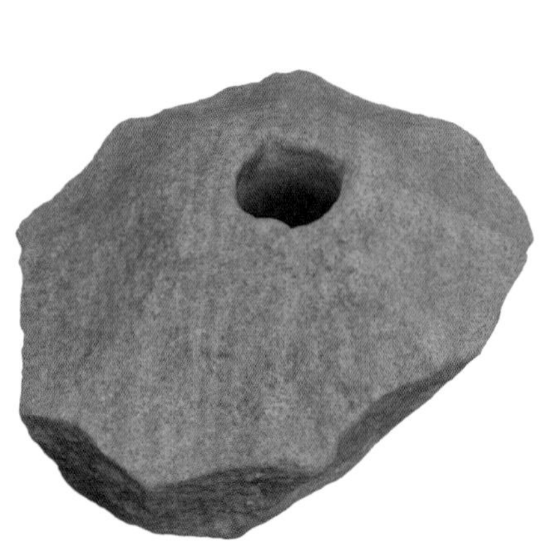

정면1

복원 전

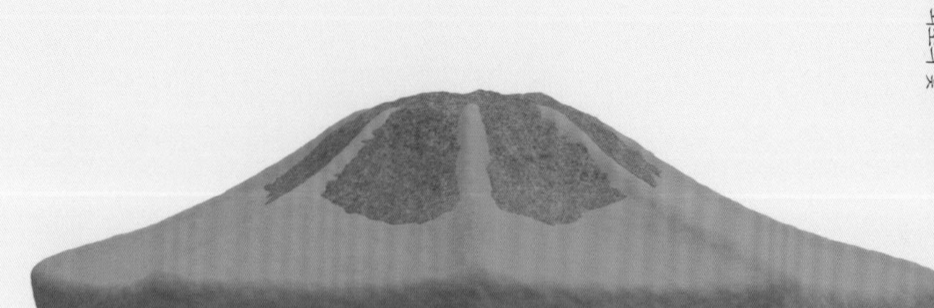

측면1

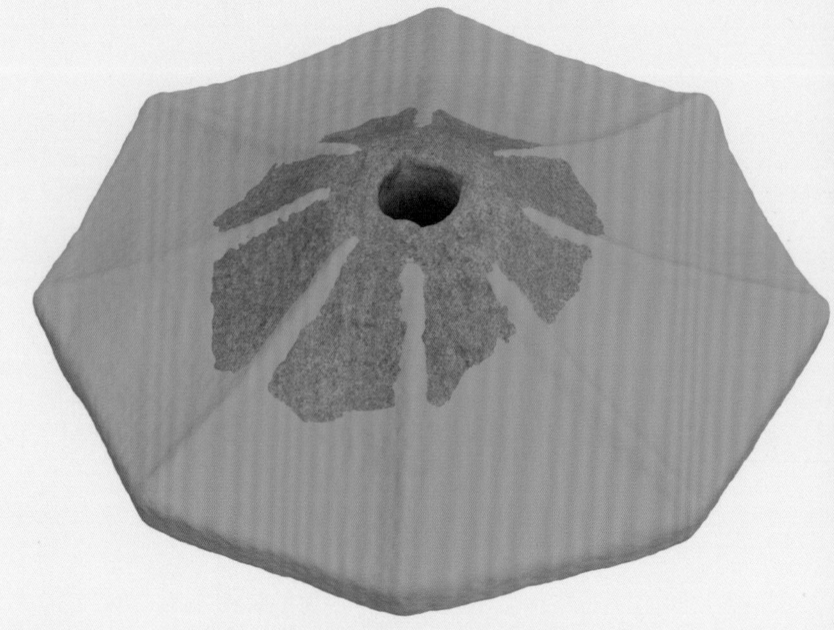

정면1

복원 후

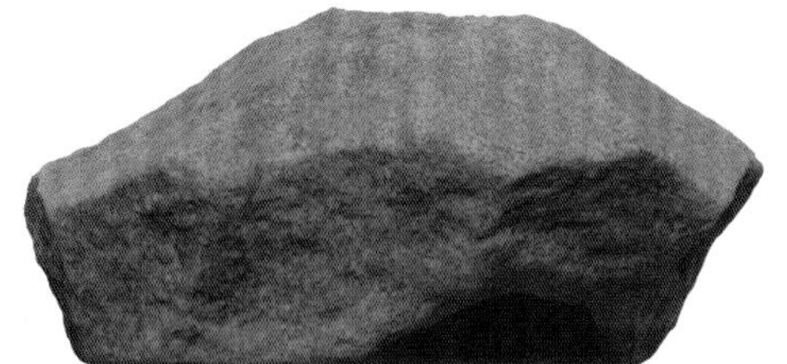

측면2

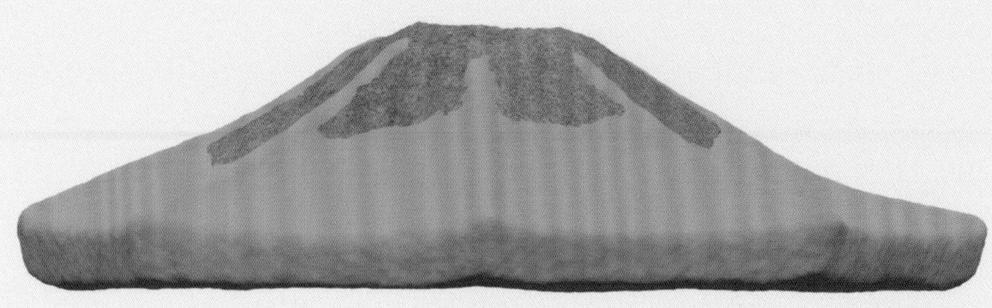

측면2

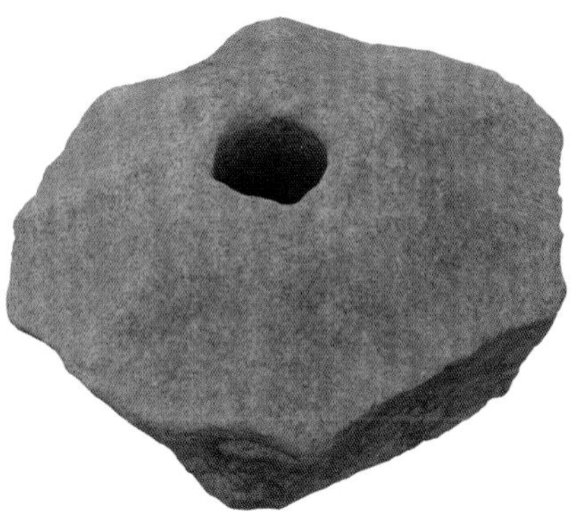

정면3

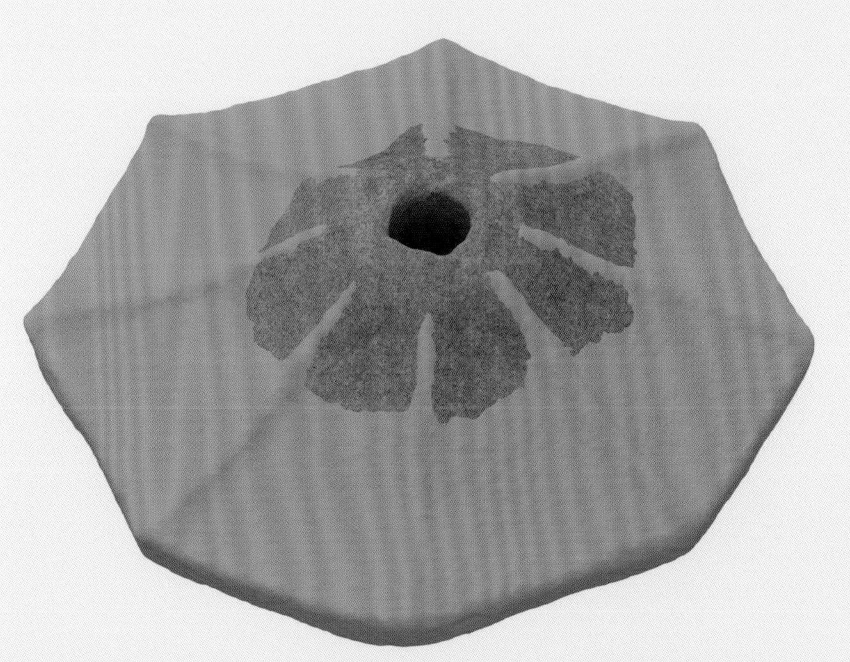

정면3

복원 전 복원 후

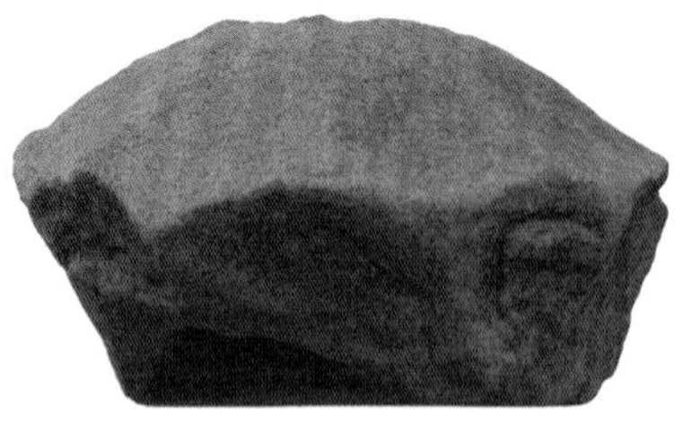

측면3

측면3

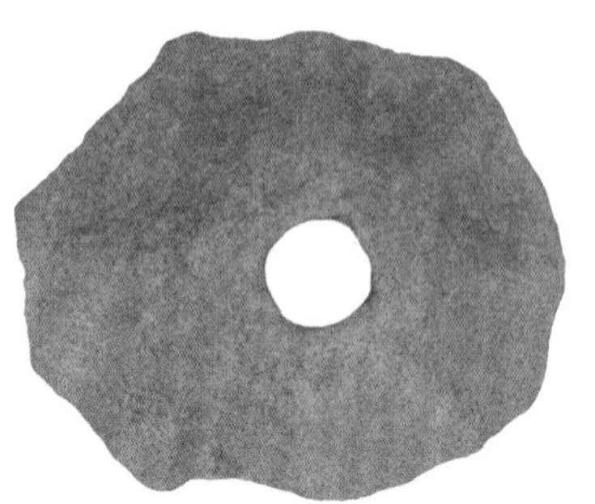

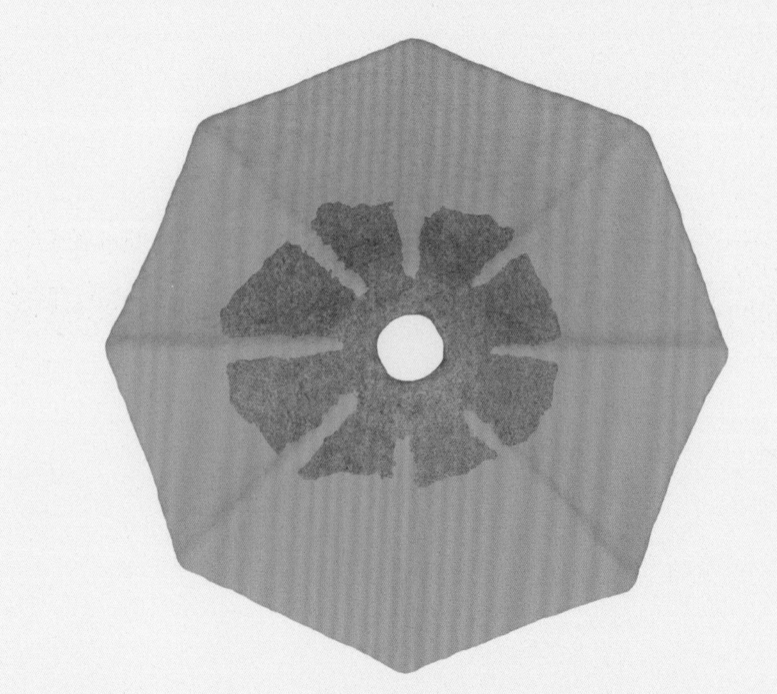

윗면

복원 전

복원 후

윗면

측면4

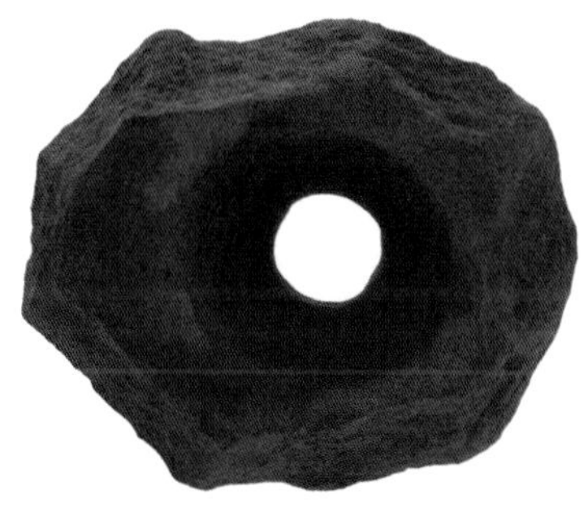

아랫면

복원 전

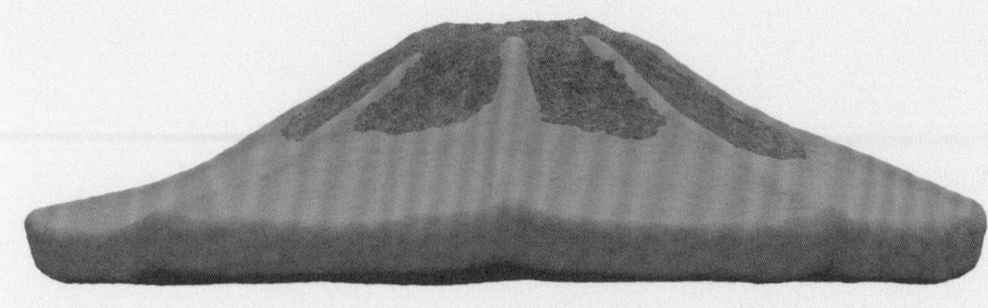

측면4

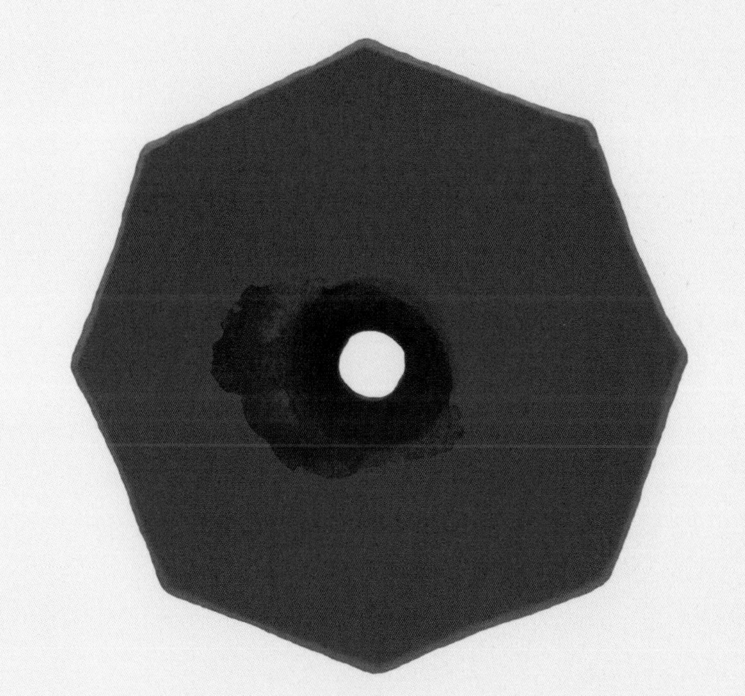

아랫면

복원 후

옥개석③

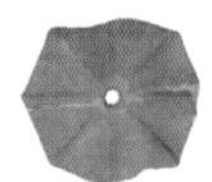

1965년 2월, 동원 하대석과 함께 발견되었다. 당시의 증언에 의하면 하대석 위에 올려져 있었다고 하는데, 발견 당시 이미 절반으로 쪼개진 상태였던 것으로 추정된다. 귀마루 이외의 장식이 없는 팔각 지붕의 완형이 거의 그대로 남아 있어 앞서 발견된 옥개석①, ②의 복원에 도움이 된다. 동일한 형태와 유사한 크기의 화사석이 3점 존재하는 것처럼, 같은 모양, 비슷한 크기의 옥개석이 3점 존재하는 사실로 미루어 보아, 창건기 미륵사의 동원, 중원, 서원에 각기 석등이 1기씩 놓여 있었던 것은 거의 확실해 보인다.

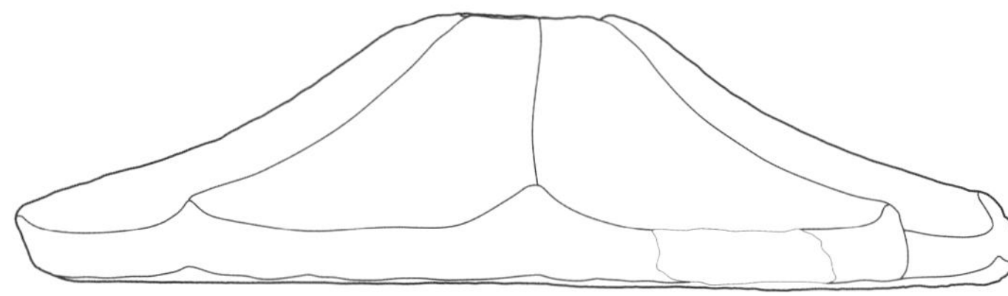

도17.
옥개석, 백제 7세기 전반,
지름 134.3cm, 높이 35.8cm,
익산 미륵사지 출토, 국립부여박물관 소장

→특별전 〈백제의 빛, 미륵사 석등〉 '미륵사 석등 모형 쌓기' 영상 중에서

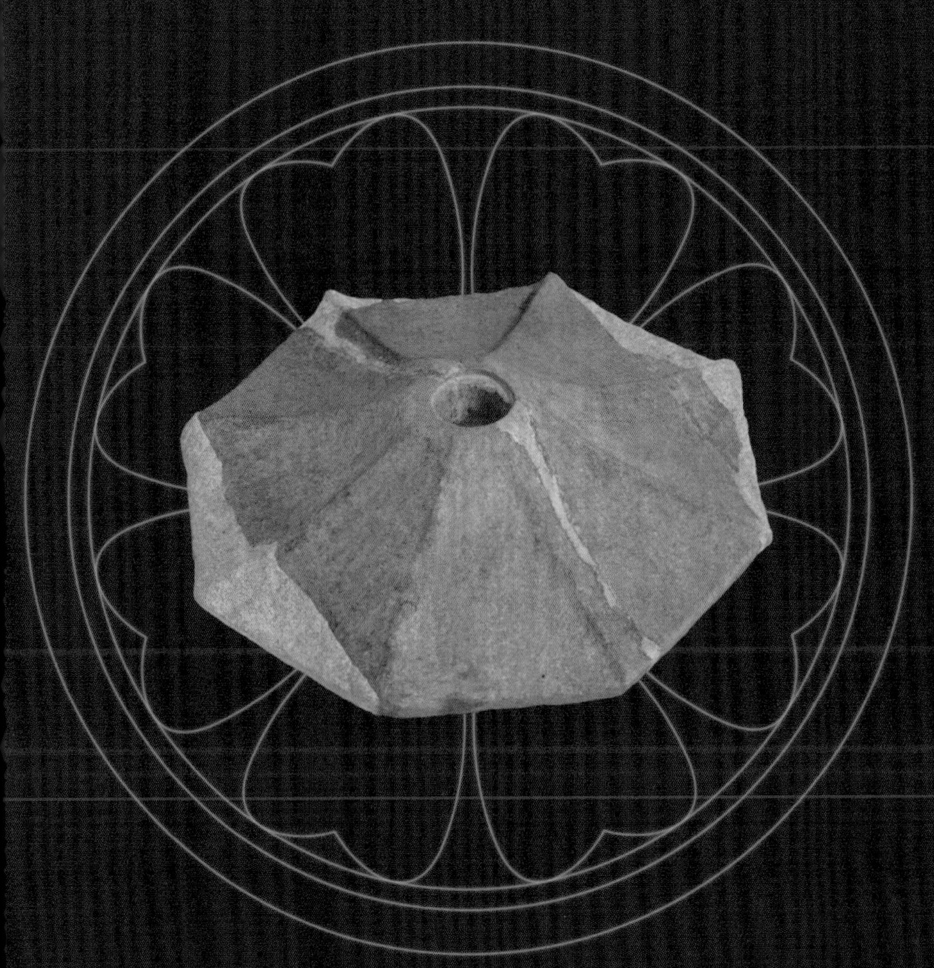

NAME

옥개석 3

NOTE

동원 하대석 주변에서 발견

TIP

동원 하대석을 찾으세요.

옥개석③

복원 전

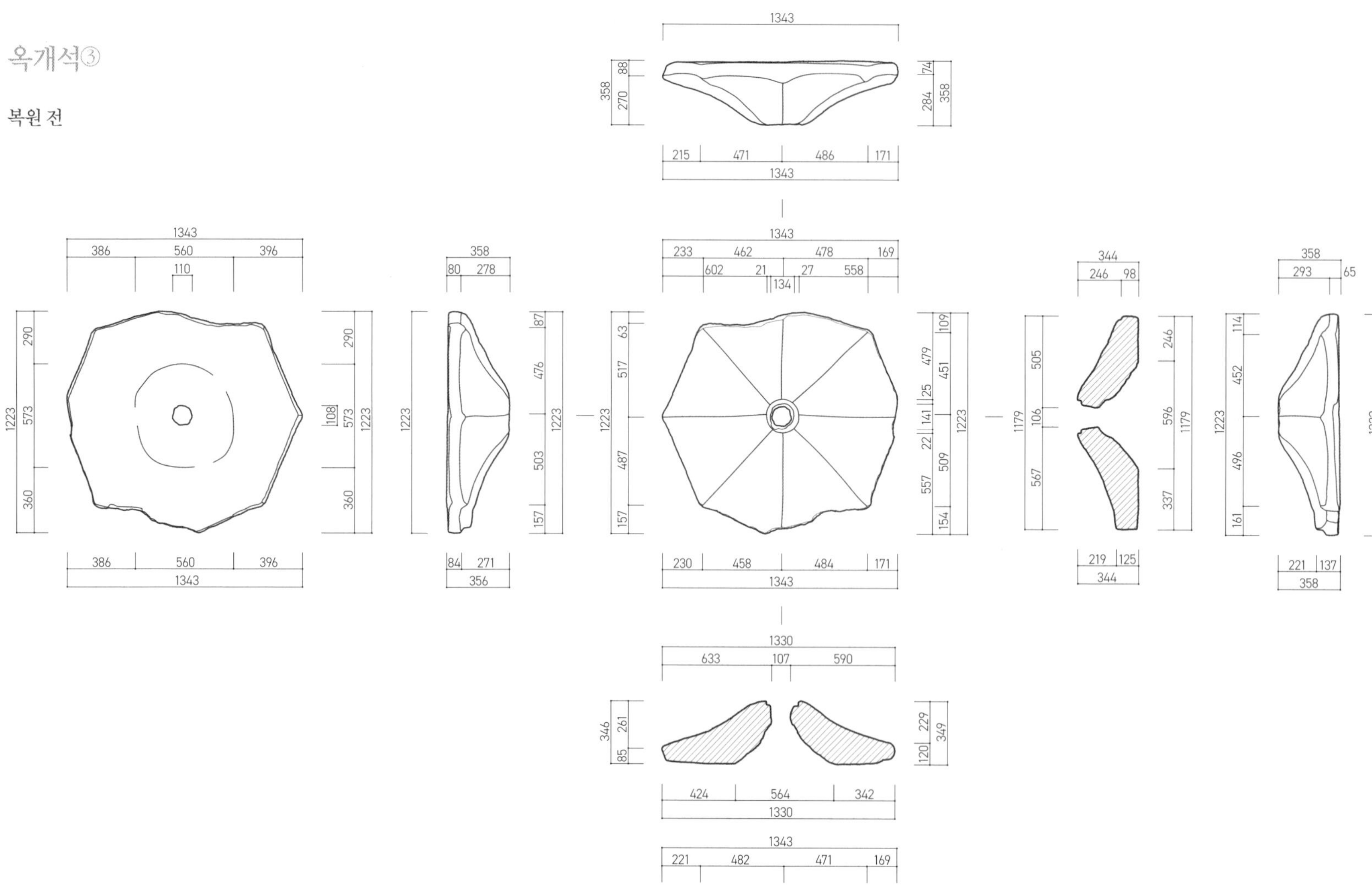

0 0.5 1m

Scale _ A3 : 1 / 20

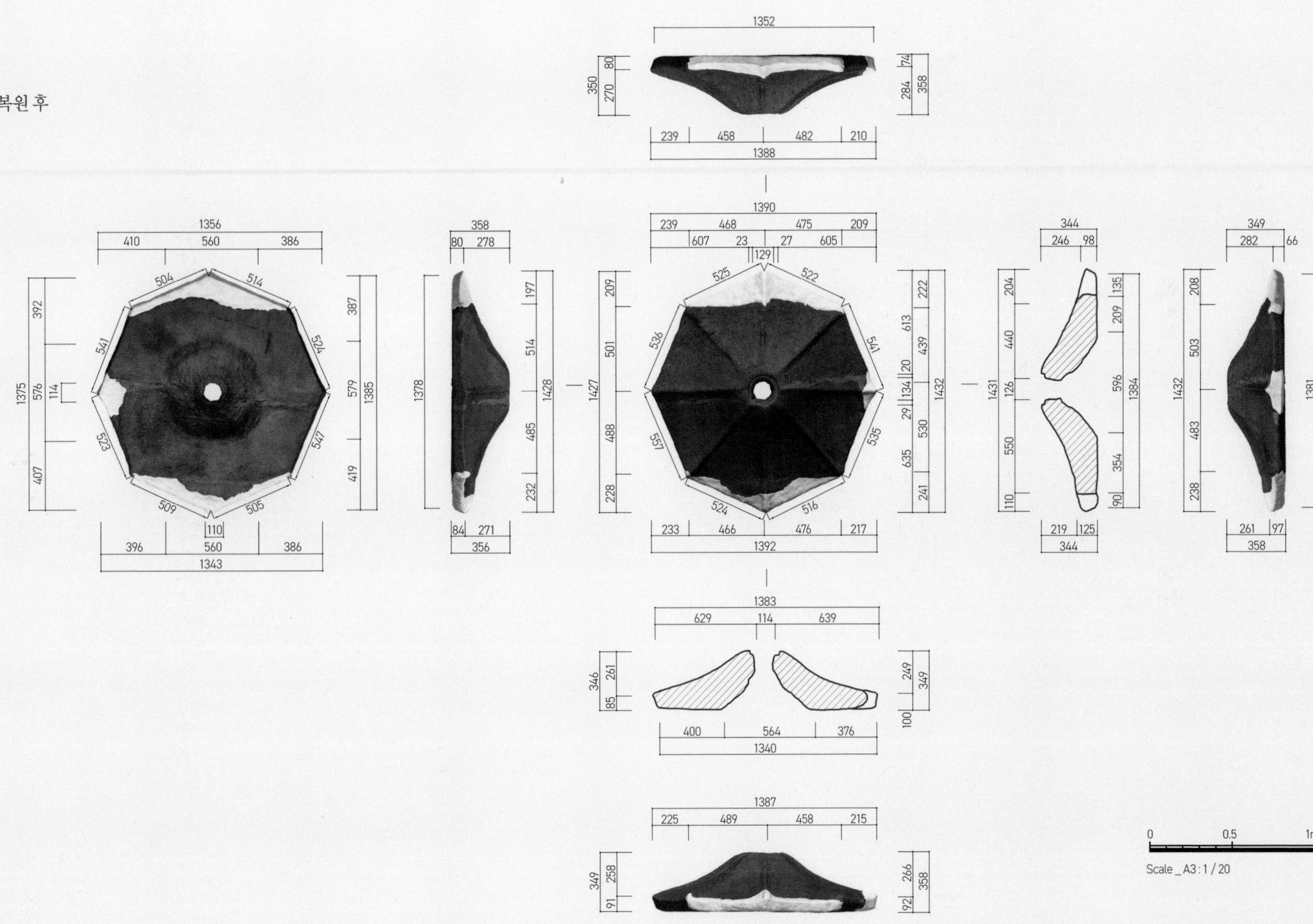
복원후
1352
350 80 270
74 284 358
239 458 482 210
1388
1356
410 560 386
504 514
541 524
523 547
509 505
110
396 560 386
1343
1375 392 576 114 407
387 579 1385 419
358
80 278
1378
197 514 1428 485 232
84 271
356
1390
239 468 475 209
607 23 27 605
129
525 522
536 541
557 535
524 516
1427 209 501 488 228
613 222 439 20 134 29 530 635 241 1432
233 466 476 217
1392
344
246 98
1431 204 440 126 550 110
135 209 596 1384 354 90
219 125
344
349
282 66
1432 208 503 483 238
1381
261 97
358
1383
629 114 639
346 261 85
249 349 100
400 564 376
1340
1387
225 489 458 215
349 258 91
266 358 92
1355
0 0.5 1m
Scale _ A3 : 1 / 20

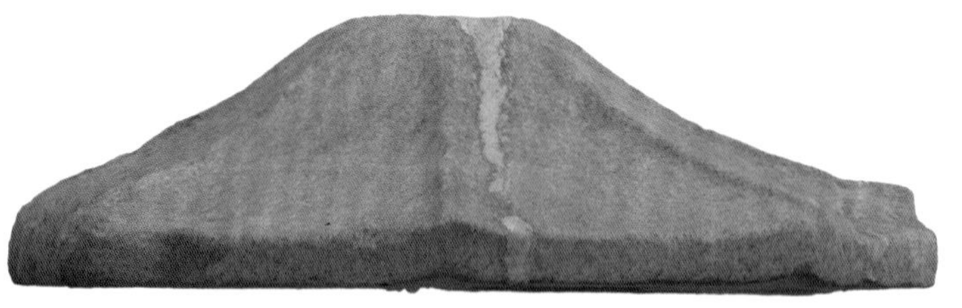

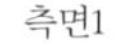

측면1

측면1

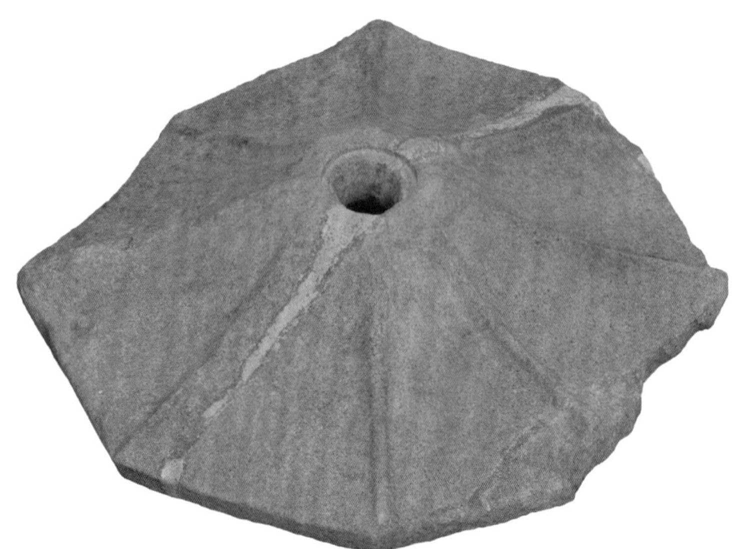

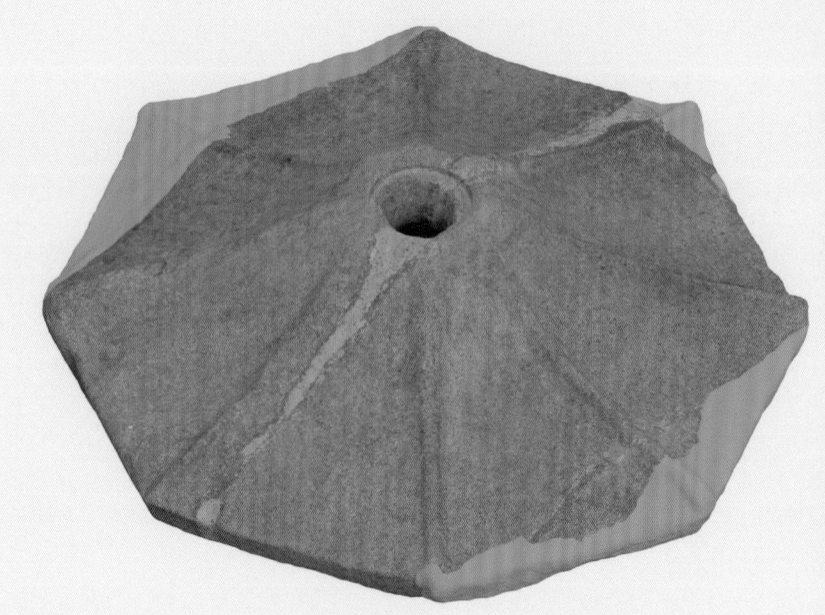

복원 전

복원 후

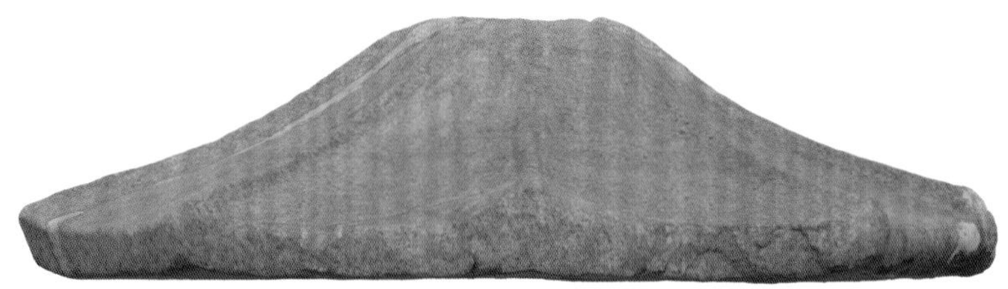

측면2

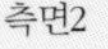

측면2

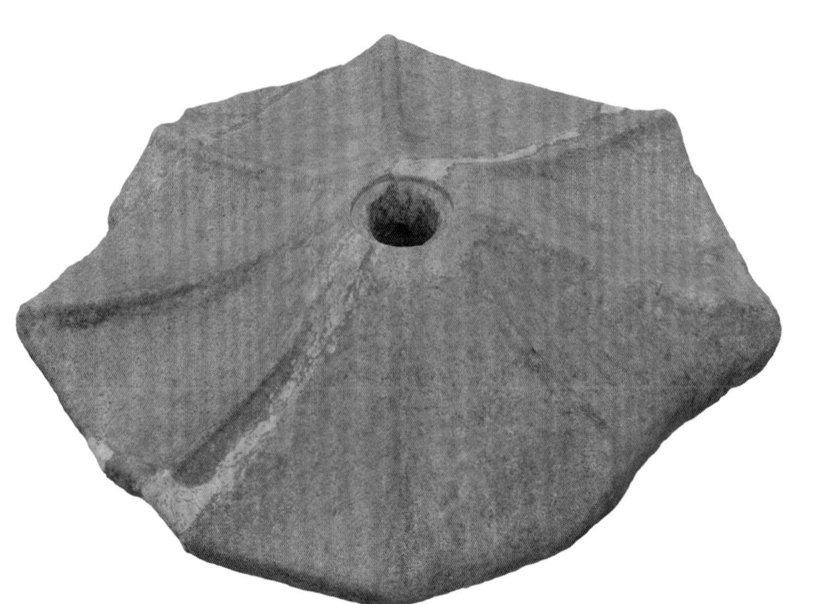

복원 전

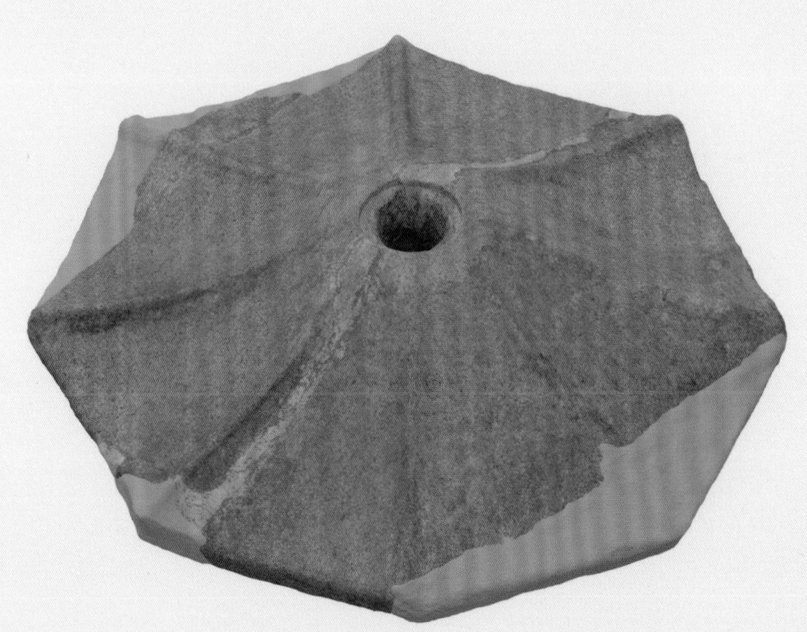

복원 후

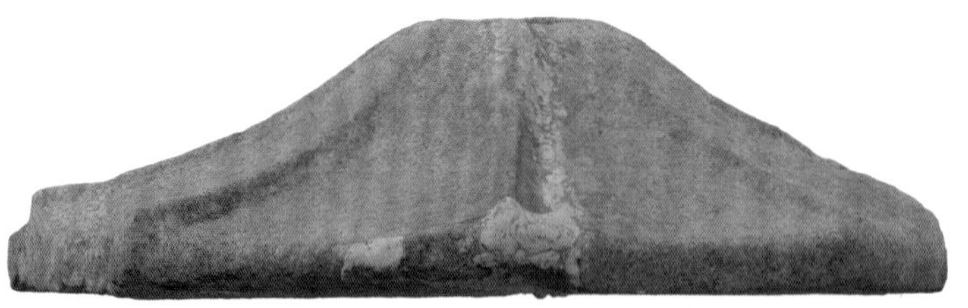

측면3

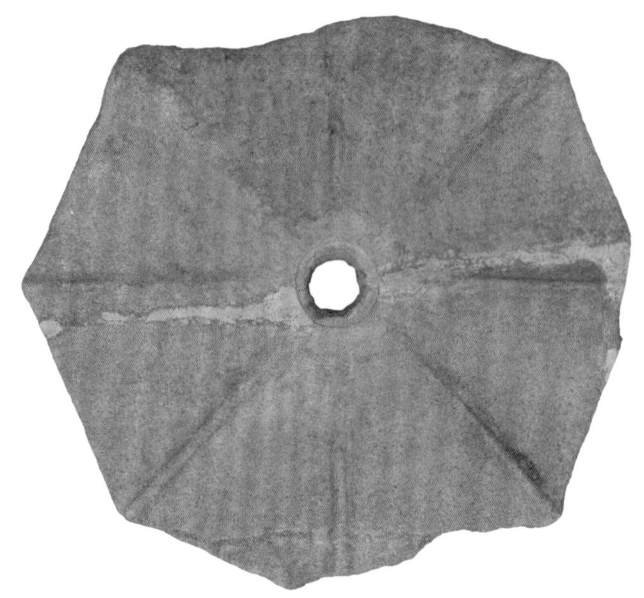

윗면

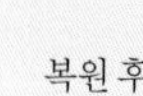

복원 전

복원 후

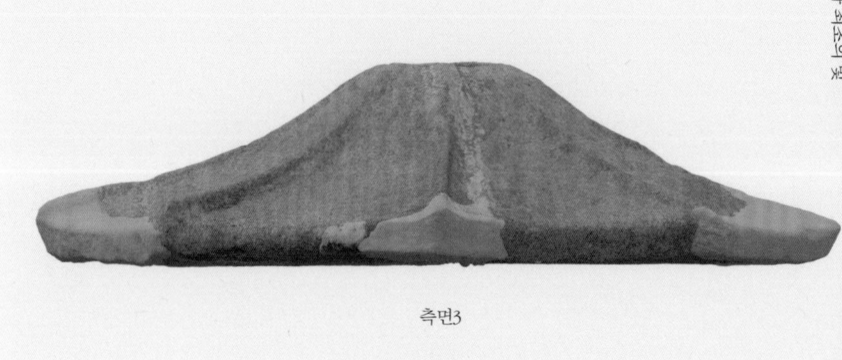

측면3

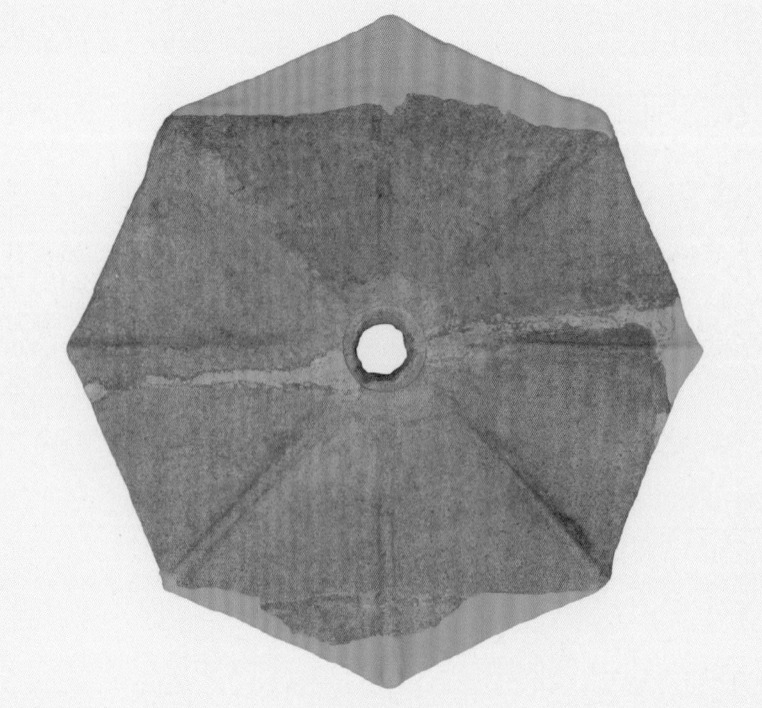

윗면

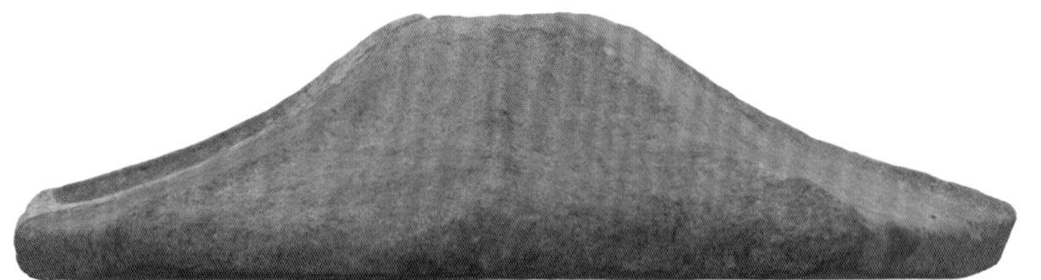

측면4

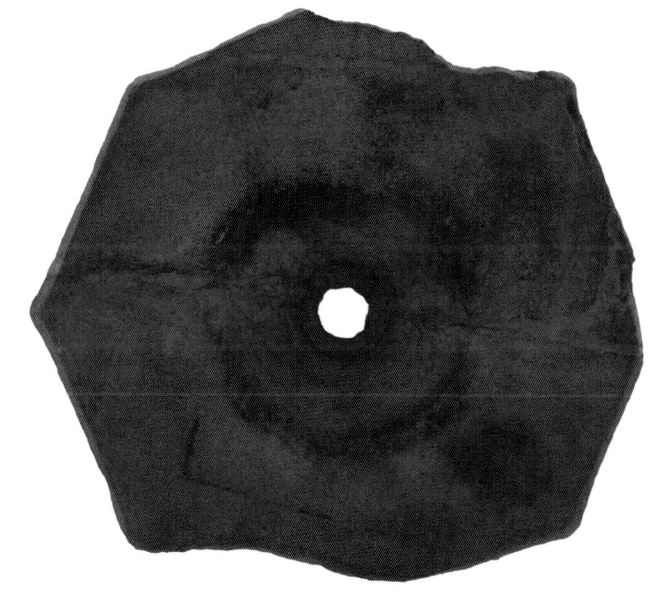

아랫면

복원 전

측면4

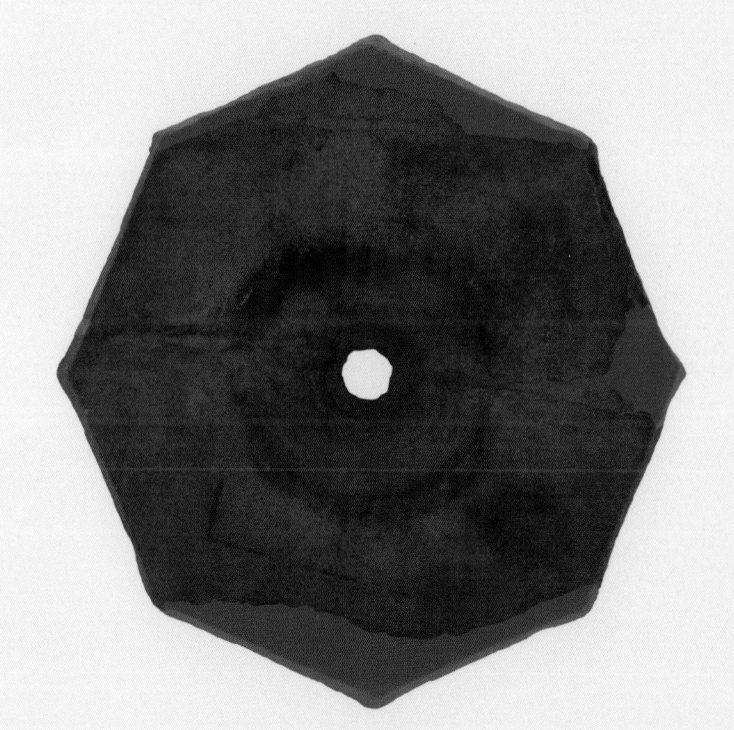

복원 후

아랫면

옥개석④

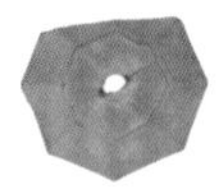

1980~81년 국립문화재연구소의 미륵사지 발굴 조사 때 중원 금당터에서 팔각 옥개석의 일부(옥개석④-1)가 발견되었다. 반으로 쪼개진 상태인 데다가 끝부분이 모두 결실되어 어떠한 형태의 옥개석인지 알 수 없었다. 다만 중심에 지름 11cm의 구멍이 뚫려 있어 상륜부를 끼워 장식한 것을 알 수 있고, 현재 국립익산박물관 수장고에 보관 중이다. 이어서 1982년 미륵사지 3차 발굴 때, 중원 금당터에서 팔각 옥개석의 일부(옥개석④-2)가 추가로 발견되었다. 지금은 중원 하대석의 서북쪽에 인접하여 놓여 있는데, 원래는 중원 금당터의 동남쪽, 정식 발굴 구역이 아닌 곳에서 지표에 노출된 상태로 발견되었다고 한다. 발견 당시, 먼저 발견된 옥개석의 일부(옥개석④-1)와 상하 2단을 이루는 하나의 옥개석이라는 사실이 확인되어 지금의 위치로 이동시켰다.

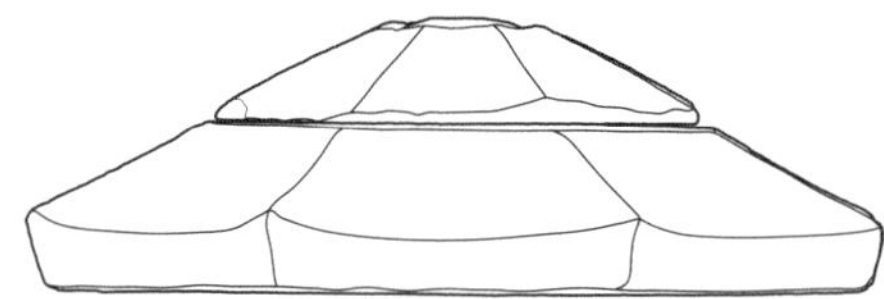

도18-1.
옥개석(위), 백제 7~8세기,
지름 66.6cm, 높이 14.5cm,
익산 미륵사지 출토, 국립익산박물관 소장

도18-2.
옥개석(아래), 백제 7~8세기,
지름 118.0cm, 높이 23.1cm,
익산 미륵사지

→ 특별전 〈백제의 빛, 미륵사 석등〉 전시 모습

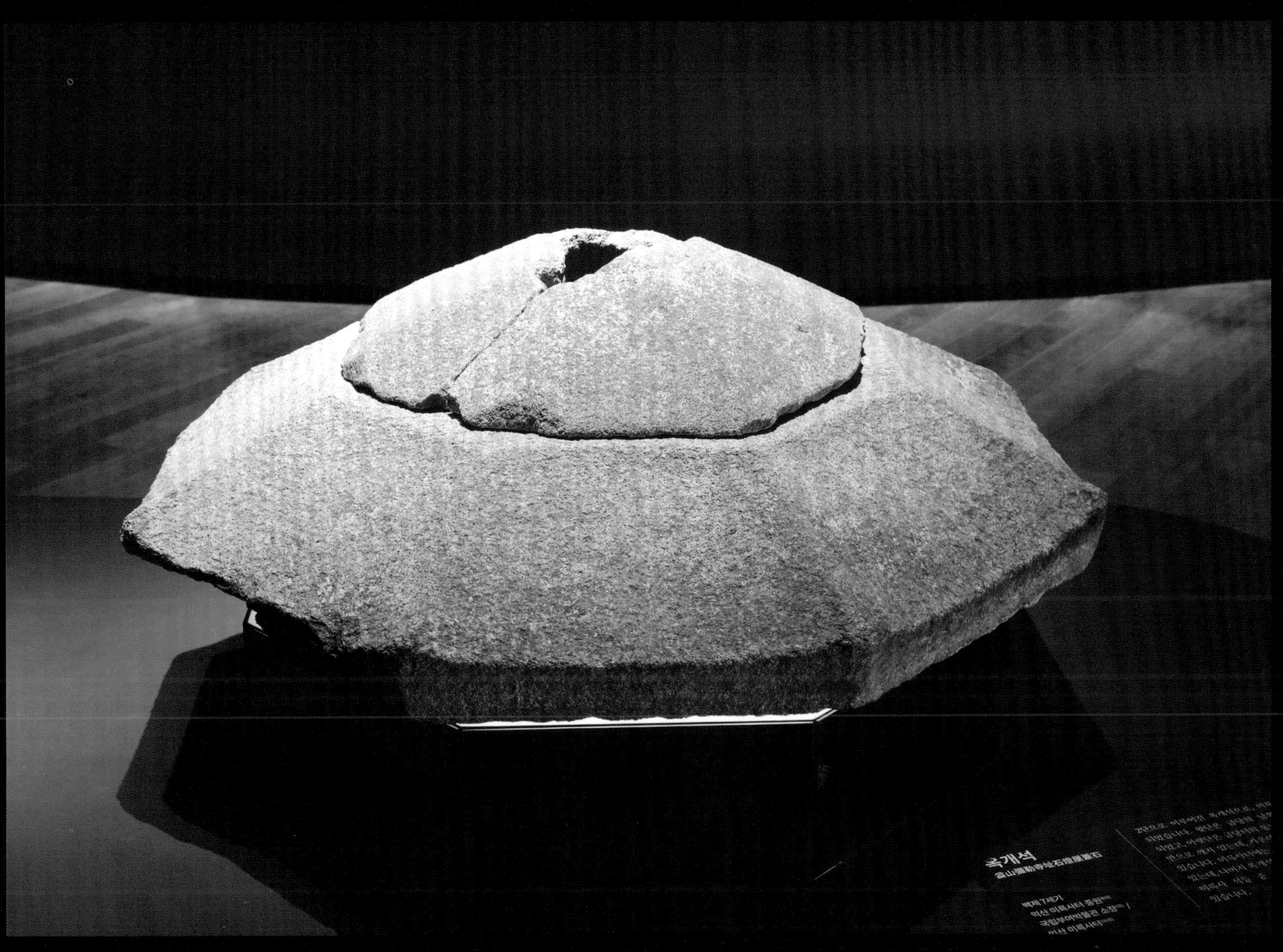
옥개석
백제 7세기

옥개석④

복원 전

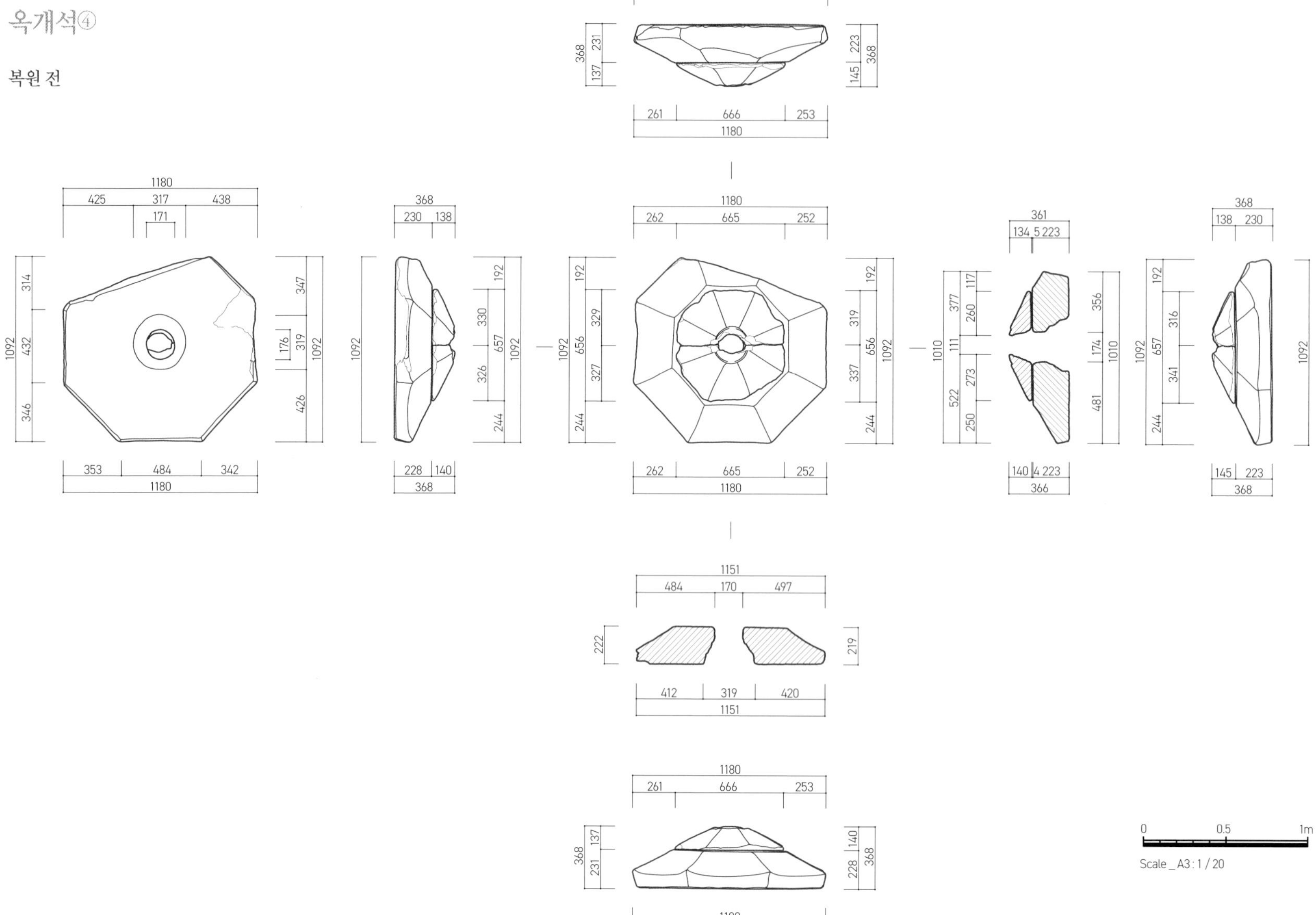

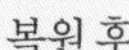

복원후

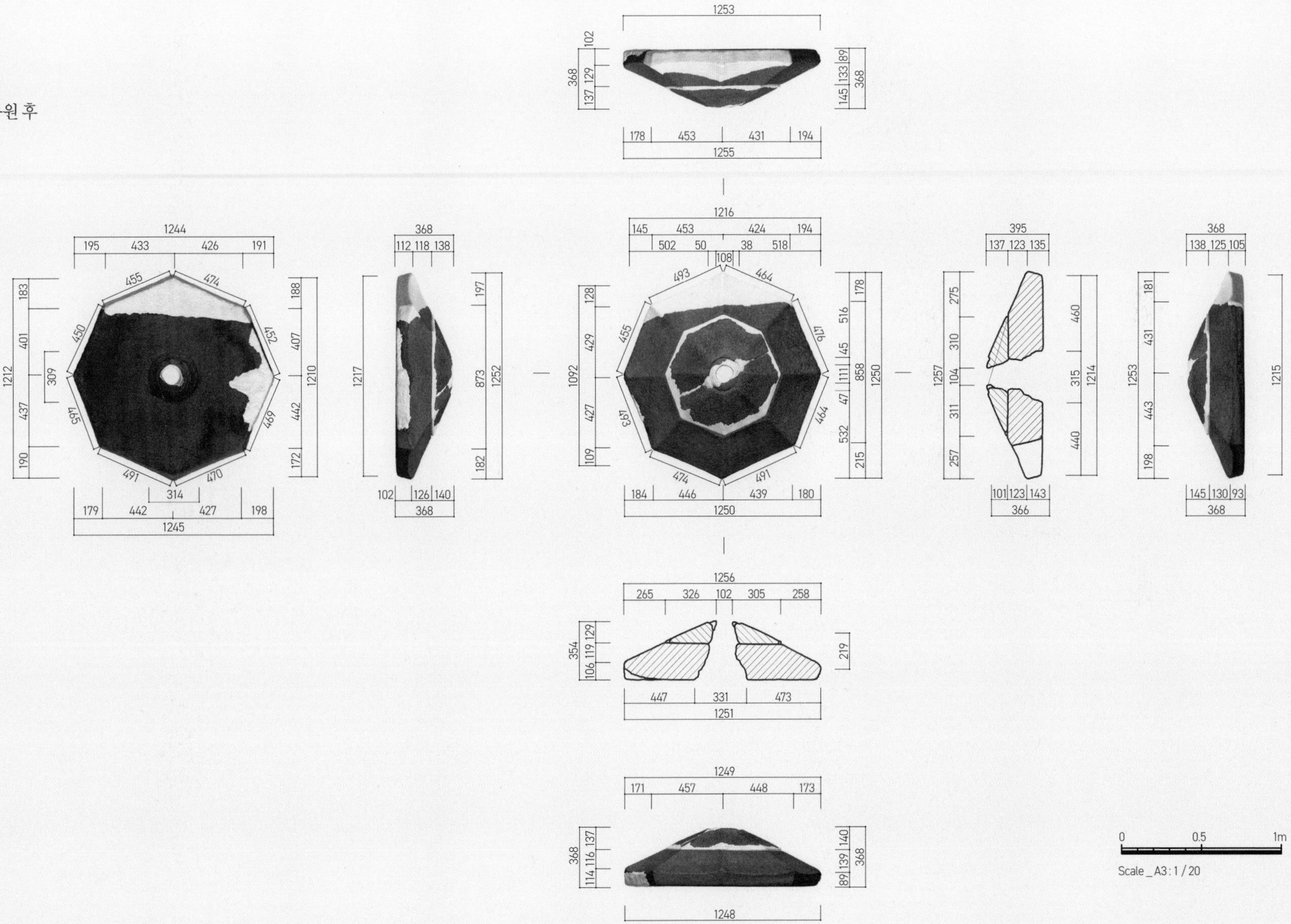

0 0.5 1m

Scale _ A3 : 1 / 20

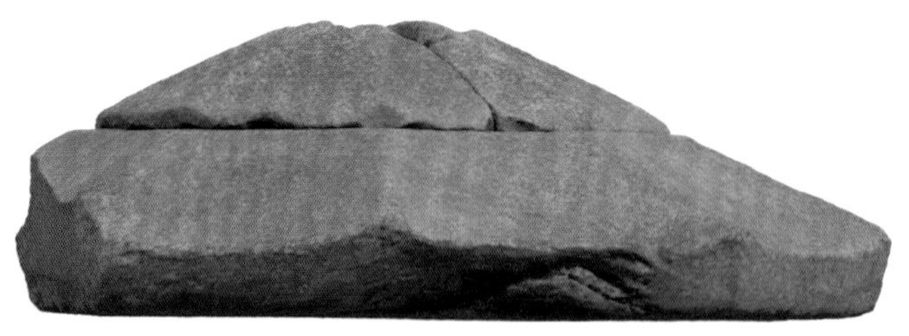

측면1

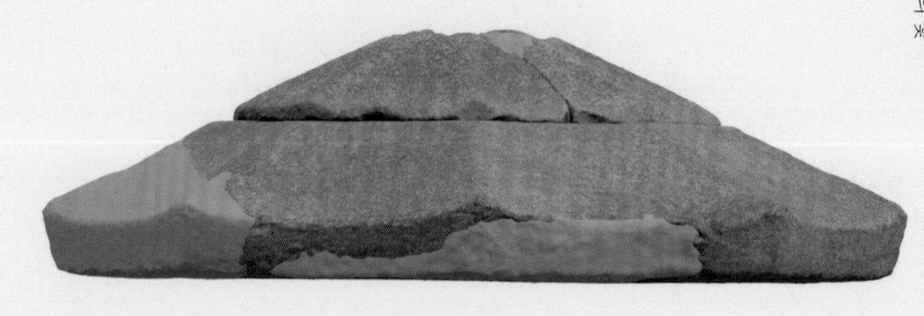

측면1

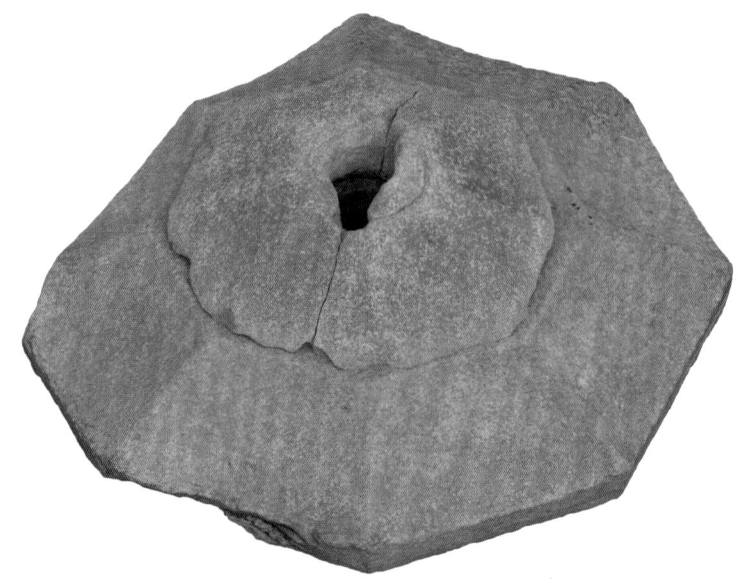

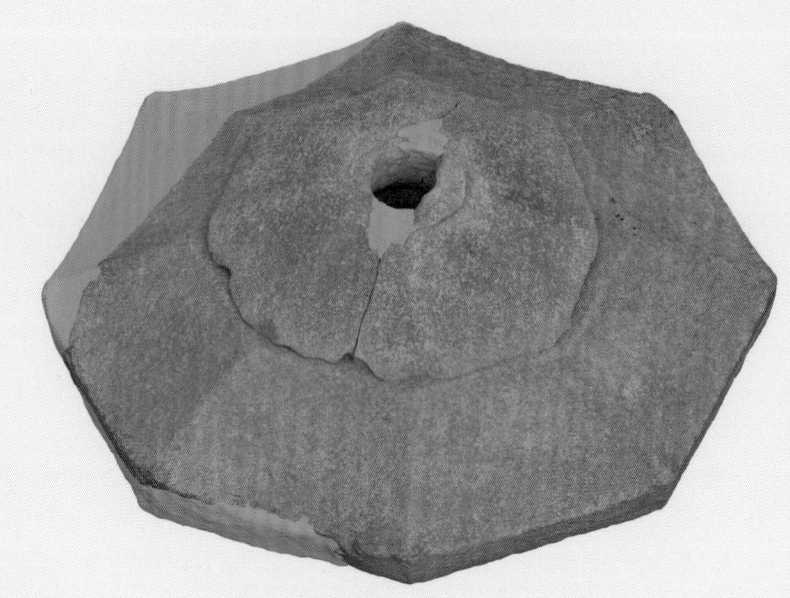

복원 전

복원 후

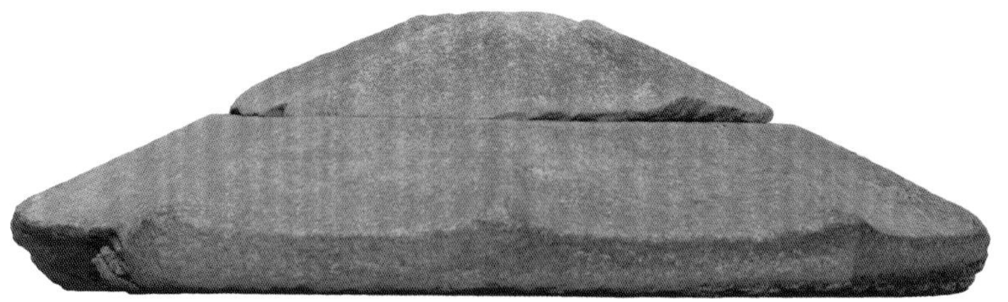

측면2

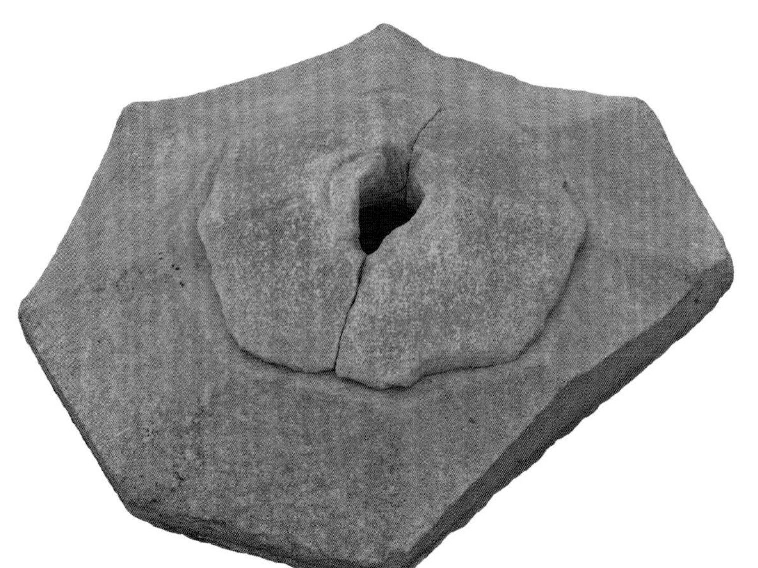

복원 전

측면2

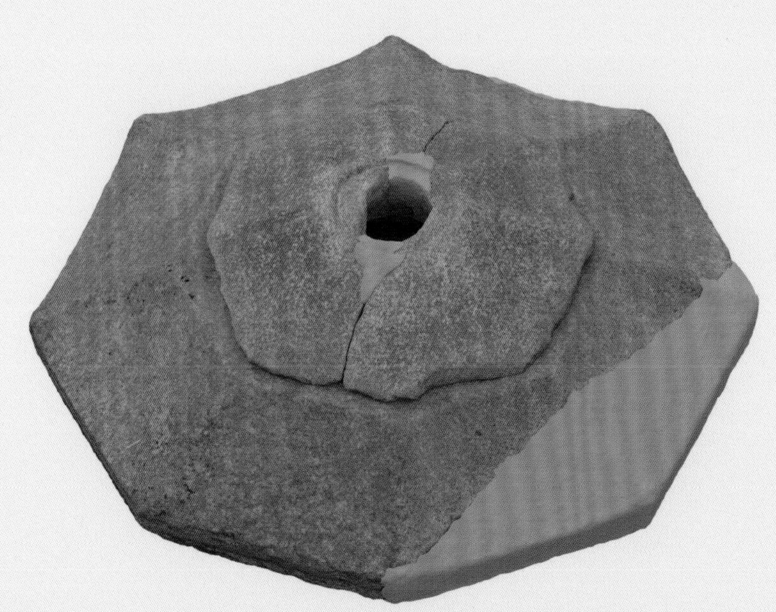

복원 후

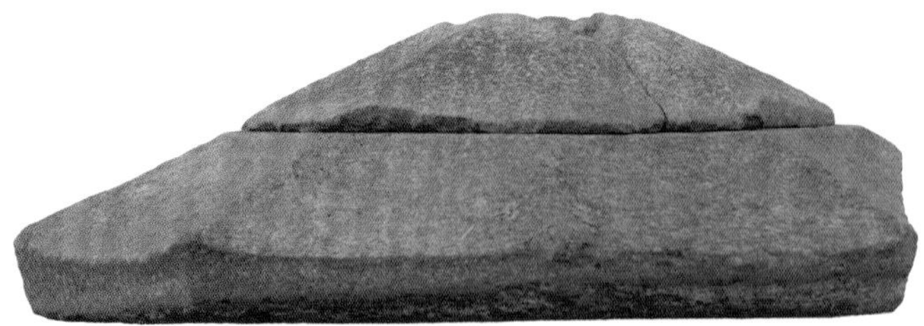

측면3

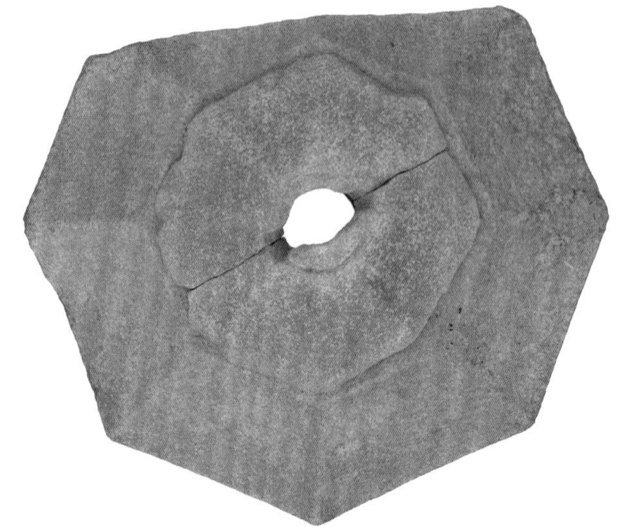

윗면

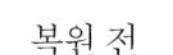

복원 전

복원 후

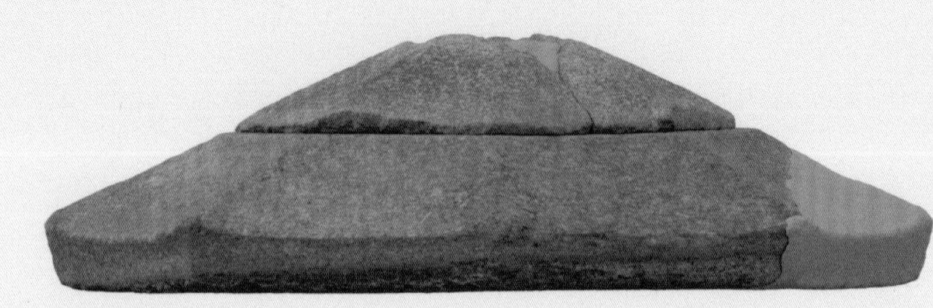

측면3

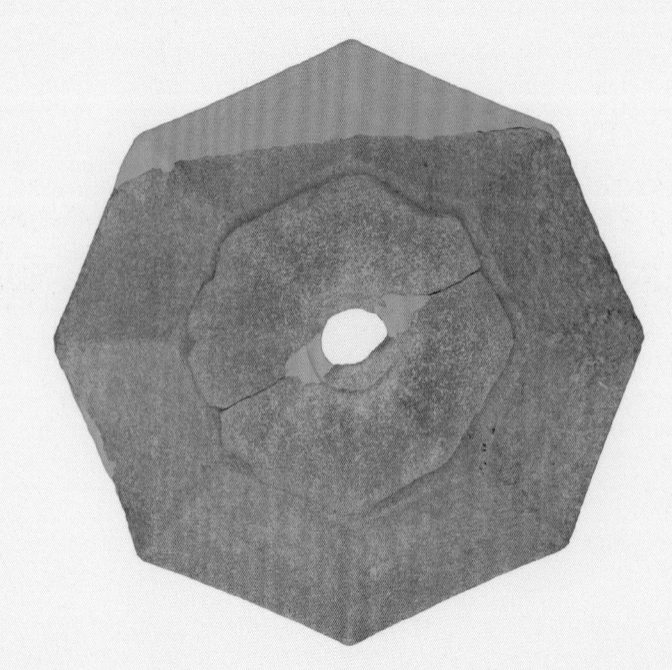

윗면

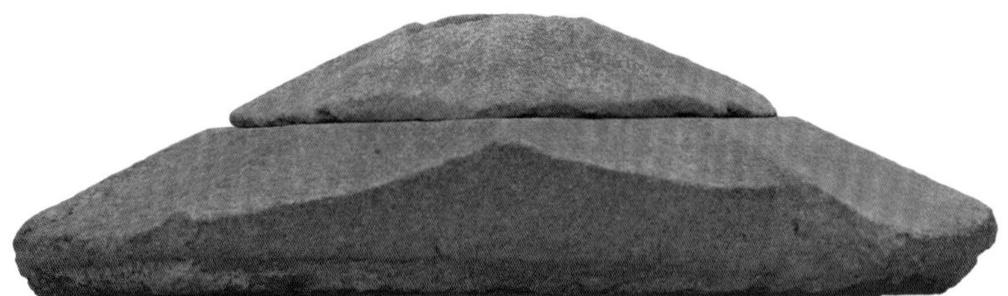

측면4

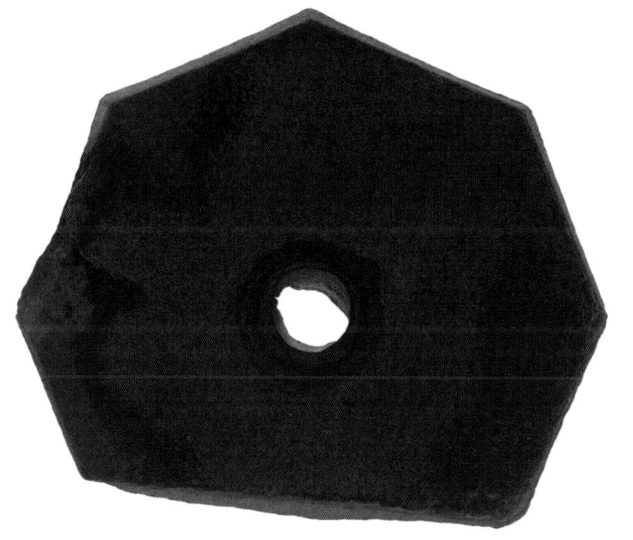

아랫면

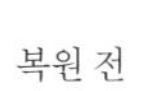

복원 전

복원 후

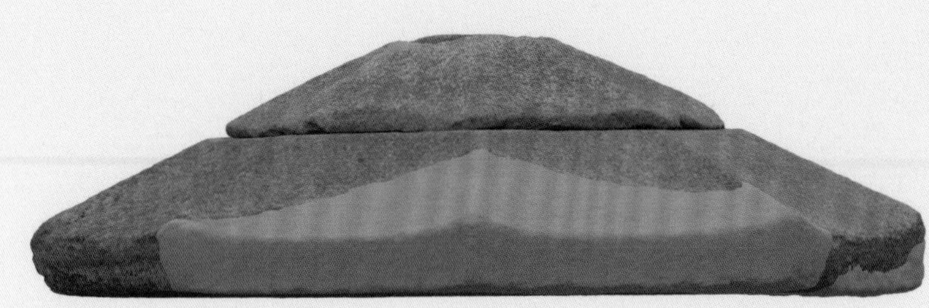

측면4

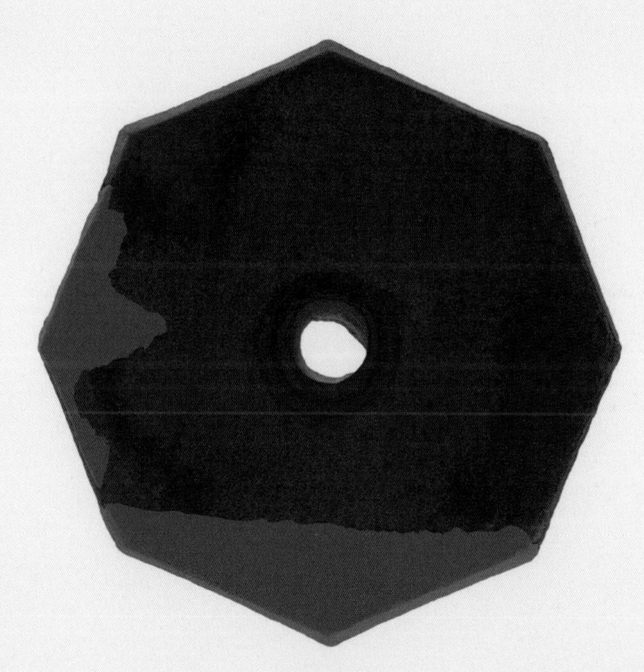

아랫면

간주석

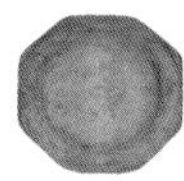

1980년대 초반 발굴 때, 사역의 서편에서 발견된 팔각 기둥 형태의 간주석으로 추정되나, 정확한 정보는 알 수 없다. 간주석은 위로는 상대석, 아래로는 하대석과 연결하기 위한 꼭지가 달려 있어야 하는데 한쪽이 파손되어, 위아래 구별이 되지 않으며, 원래의 길이도 알 수 없다.

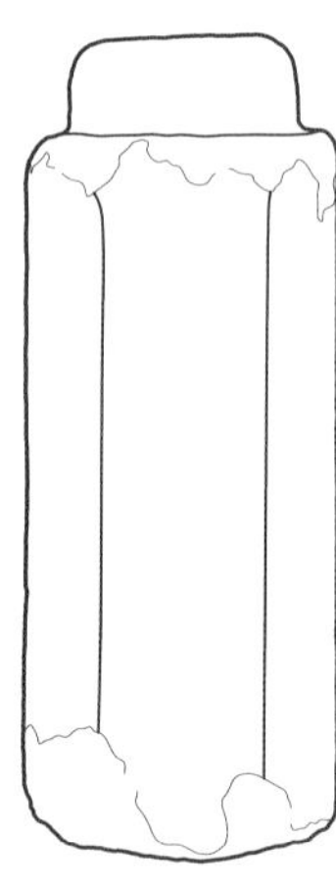

도19.
간주석, 통일신라 이후,
길이 81.3cm, 지름 32.4cm,
익산 미륵사지

→ 익산 미륵사지 야외 석재 전시

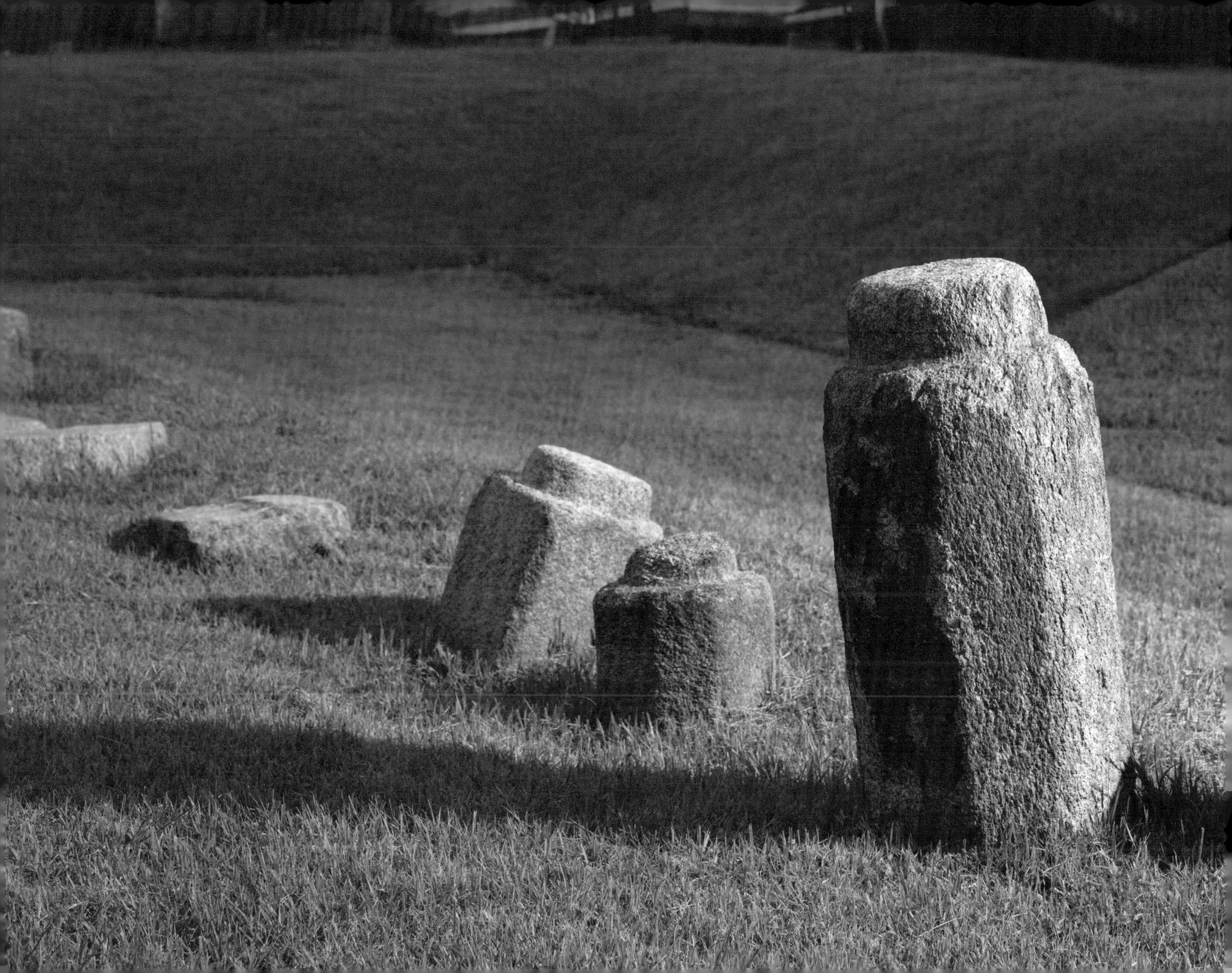

간주석

복원 전

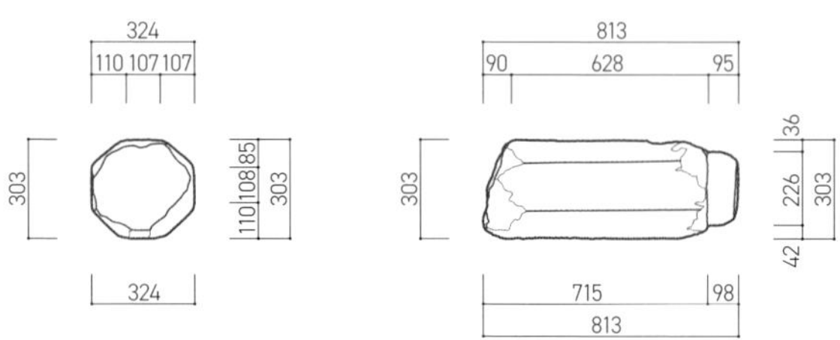

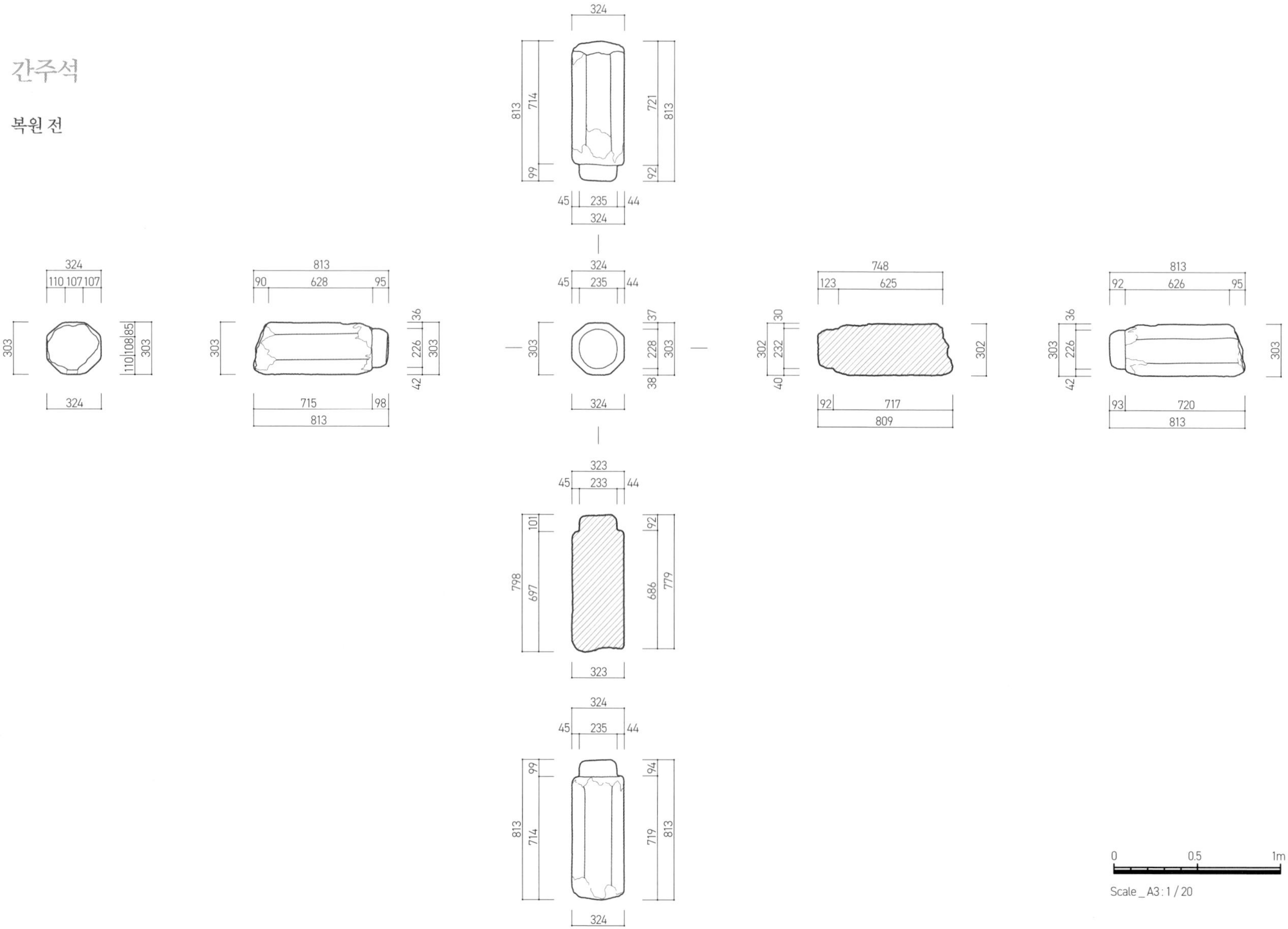

0 0.5 1m

Scale_A3 : 1 / 20

복원후

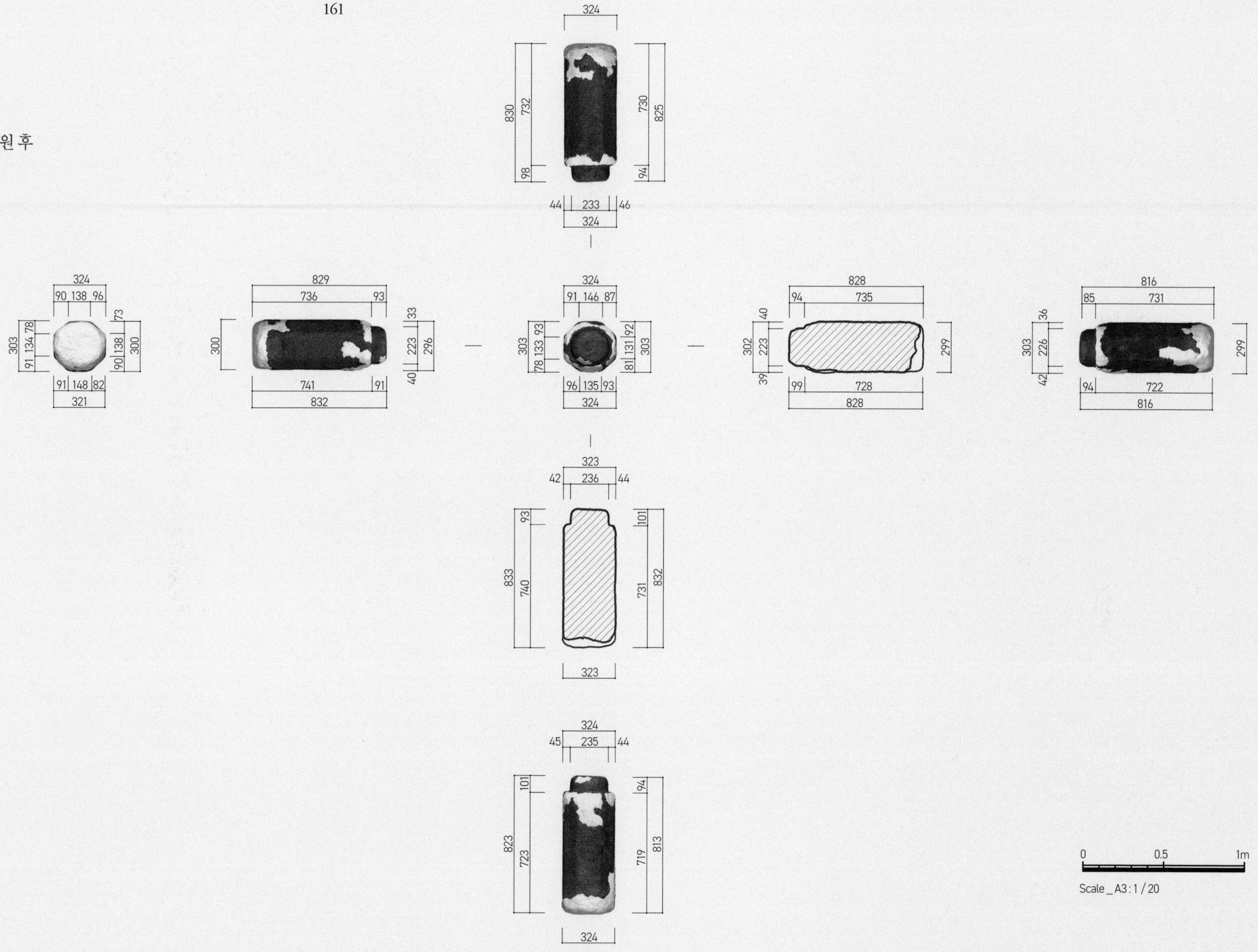

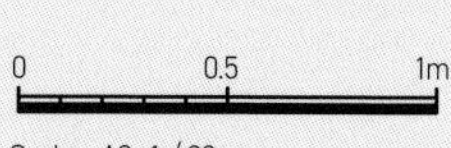

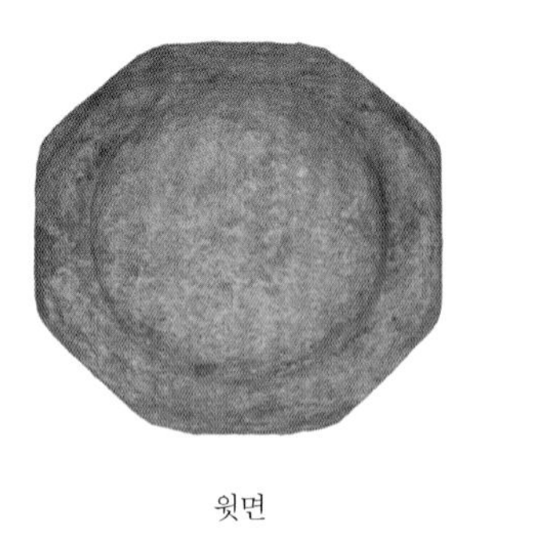

윗면

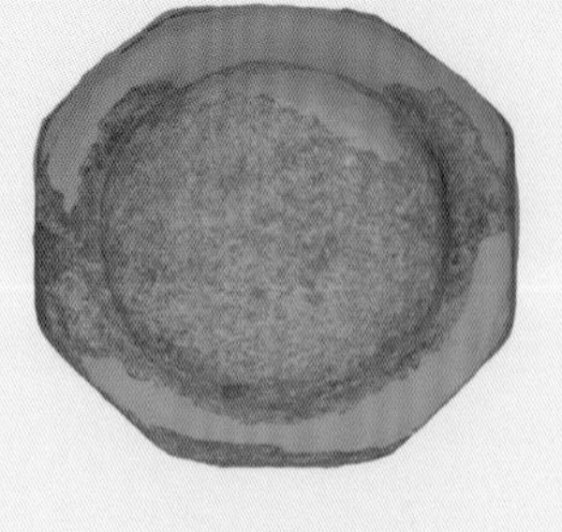

윗면

1

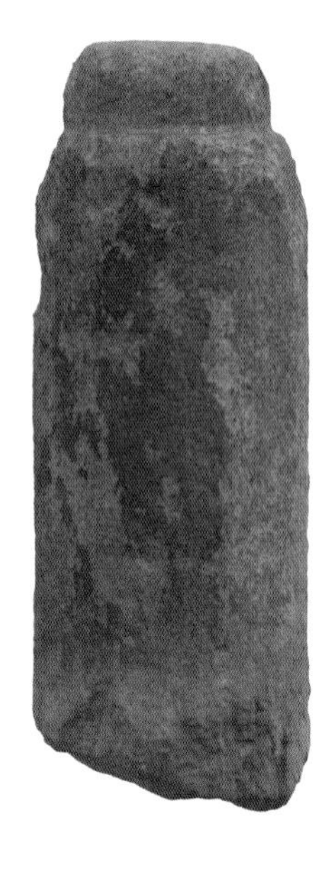

2

복원 전

복원 후

1

2

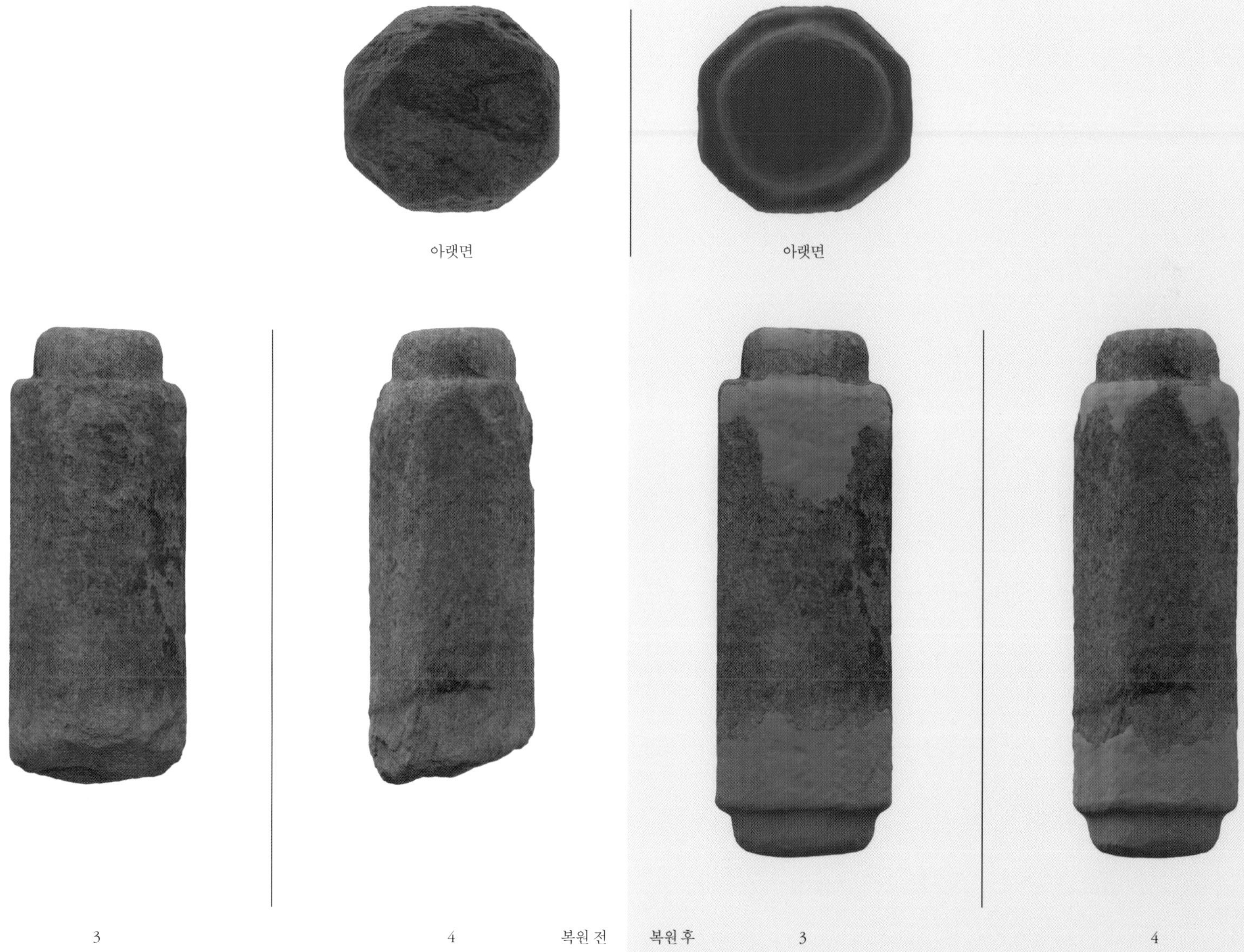

복원 전 복원 후

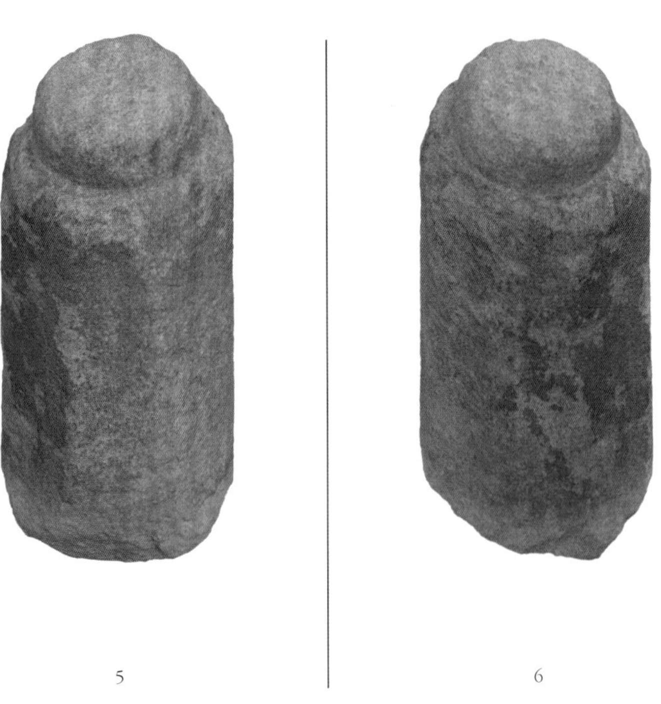

5 6

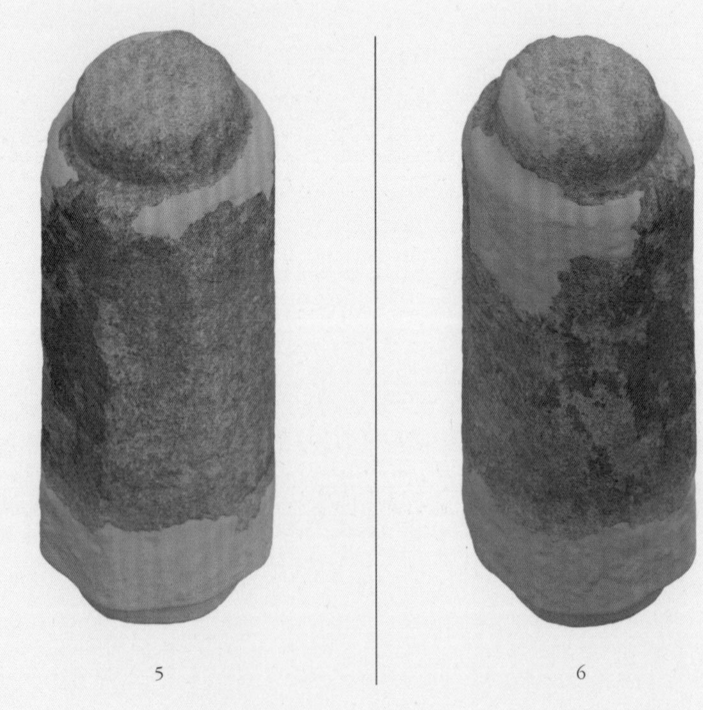

5 6

복원 전 복원 후

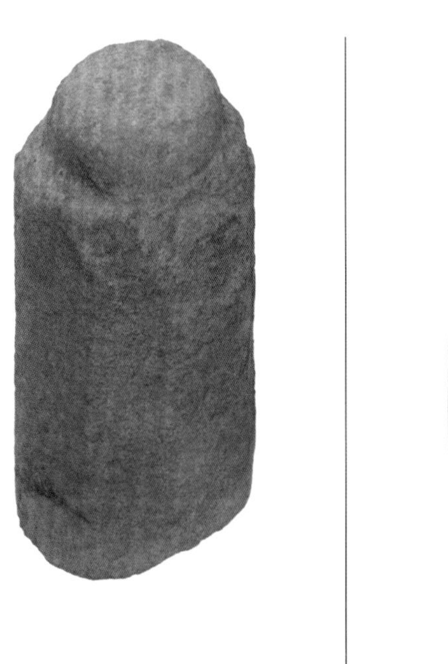

7

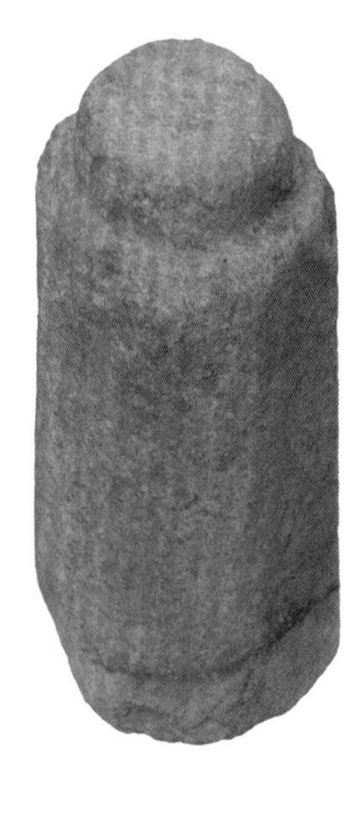

8

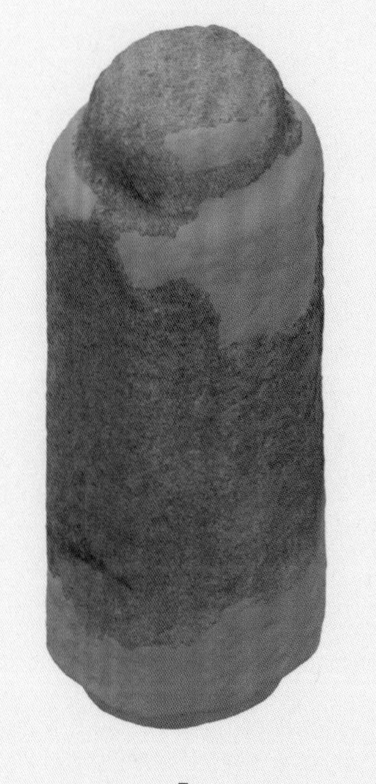

7

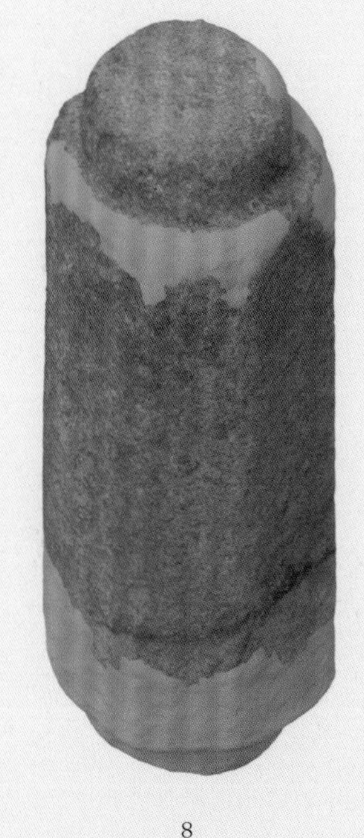

8

복원 전 복원 후

디지털복원 부재의 조립

미륵사지에 전하는 석등 부재 13점의 발견 및 출토 정황을 정리하고 디지털복원하여 원래의 모습을 확인하였으니, 이제 이를 조립하여 익산 미륵사 창건기 석등의 원형을 추정하는 마지막 단계가 남았다. 하지만 여기에도 명백한 한계가 존재한다. 미륵사지에 전하는 석등 부재 가운데 같은 모양, 비슷한 크기의 화사석과 옥개석이 각각 3점씩 존재하기 때문에, 미륵사 창건기 석등은 3기였을 것으로 추정할 수 있지만, 안타깝게도 하대석은 2점이어서 모자라고, 옥개석은 오히려 1점이 남는다. 또한 상대석은 3점이지만, 그 가운데 1점은 연화문의 형태로 보아 다른 상대석이나 하대석과 제작 시기가 다르므로, 실질적으로 상대석도 2점뿐이라고 생각해야 한다. 무엇보다 석등의 규모를 결정하는 데 가장 중요한 간주석이 파손된 형태로 1점만 전하고 있는 사실이 복원의 가장 큰 걸림돌이다. 따라서 현재로서 가능한 복원의 범위는 동원과 중원에 남아 있는 하대석과 어울리는 부재를 찾아 조립하고, 적당한 간주석의 규모를 추정하는 수준에 머무를 수밖에 없다. 이러한 한계에도 불구하고 창건기 미륵사 석등의 원형 추정은 백제 석등의 원형, 더 나아가 우리나라 석등의 시원을 탐색하는 것으로 매우 의미 있는 작업이다.

→ 특별전 〈백제의 빛, 미륵사 석등〉 '미륵사 석등 모형 쌓기' 체험

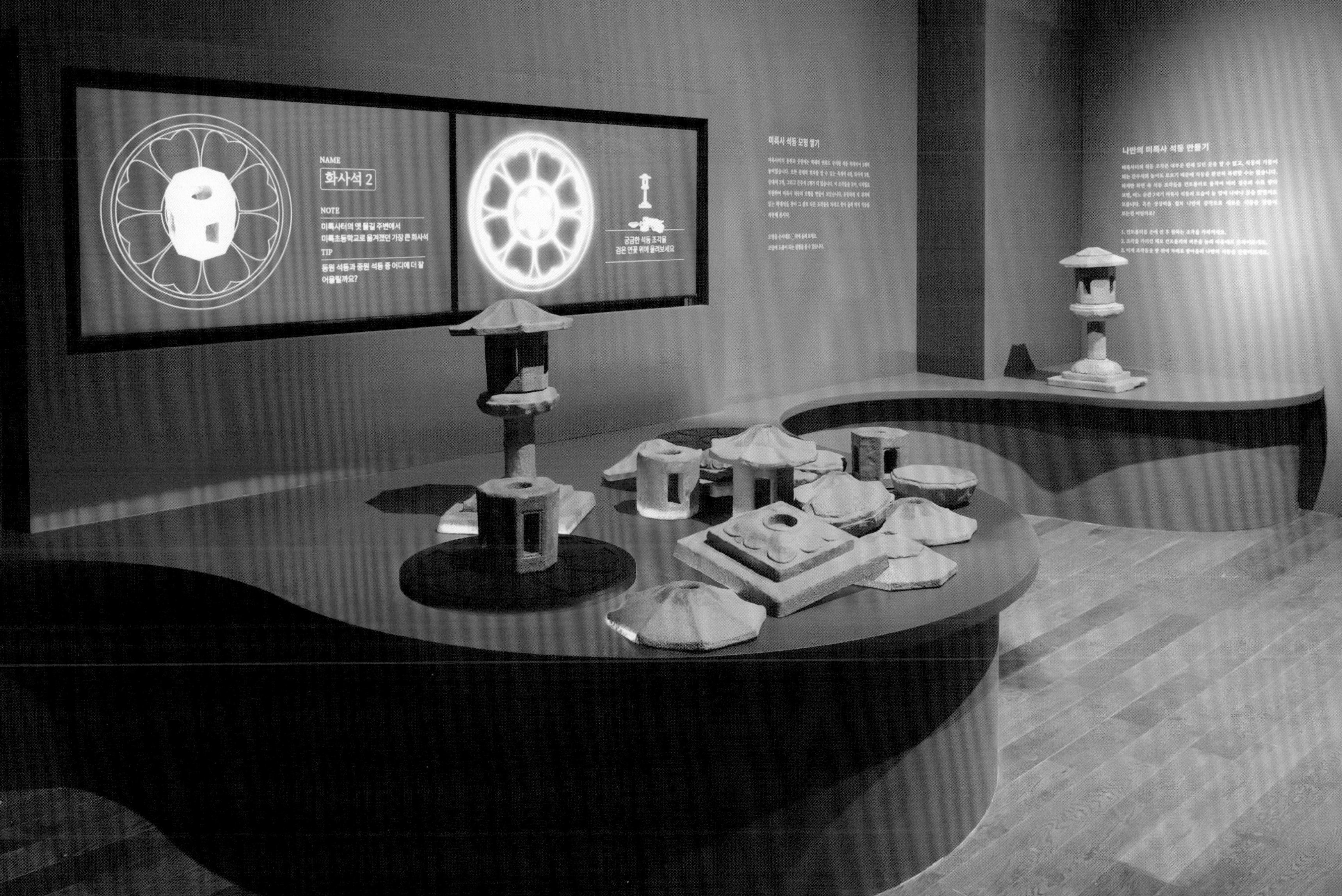
NAME
화사석 2
NOTE
미륵사터의 옛 물길 주변에서
미륵초등학교로 옮겨졌던 가장 큰 화사석
TIP
동원 석등과 중원 석등 중 어디에 더 잘
어울릴까요?
궁금한 석등 조각을
검은 연꽃 위에 올려보세요
미륵사 석등 모형 쌓기
나만의 미륵사 석등 만들기

결합의 문제 1. 하대석과 간주석의 결합

석등의 조립은 아래서부터 하대석→간주석→상대석→화사석→옥개석의 순서로 쌓아 올라가야 한다. 먼저 사적지의 원래 위치에 남아 있는 하대석 2점에 간주석을 결합하면 다음과 같다.

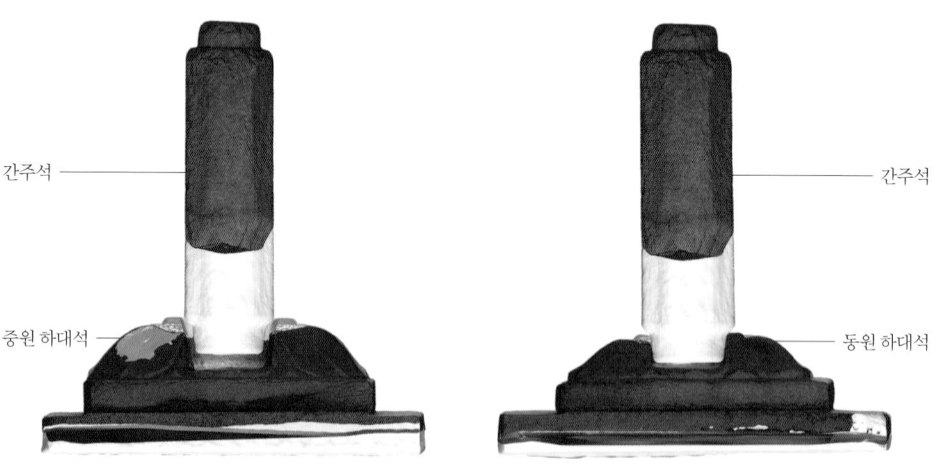

중원 하대석의 구멍 지름은 32.4~33.9㎝인데, 현재 남아있는 팔각 간주석의 전체 폭이 30.3~32.4㎝이니, 이 간주석을 중원의 하대석에 끼우기에는 구멍이 너무 크다. 한편 동원 하대석의 구멍 지름은 27.2~28.0㎝이고, 간주석 꼭지의 지름은 23.2~23.5㎝이니 꽤 여유롭게 끼울 수 있다. 또한 구멍 둘레의 간주석 괴임에 간주석이 안정적으로 올라탈 수 있다. 다만 구멍 안에서 꼭지가 헐거울 텐데, 만일 주변에 자갈이나 모래 등을 채워 지탱한다면 안정적으로 세워질 것이다. 그러나 현전하는 석등 중에 충진재衝振材를 사용한 예는 아직 확인된 바 없다.

결합의 문제 2. 간주석과 상대석의 결합

본래 간주석은 위아래로 꼭지가 있어 아래로는 하대석, 위로는 상대석과 연결되어야 한다. 하지만 안타깝게도 지금 남아 있는 간주석은 절반이 부서진 상태여서 꼭지가 하나뿐이다. 이를 아래 꼭지로 가정하고 하대석과의 결합 시뮬레이션 결과, 동원 하대석과 맞을 가능성이 있다. 이제 반대로 간주석의 윗부분이 남아 있다고 가정하고 상대석과 결합시켜보는 경우의 수에 대해 생각해 보자.

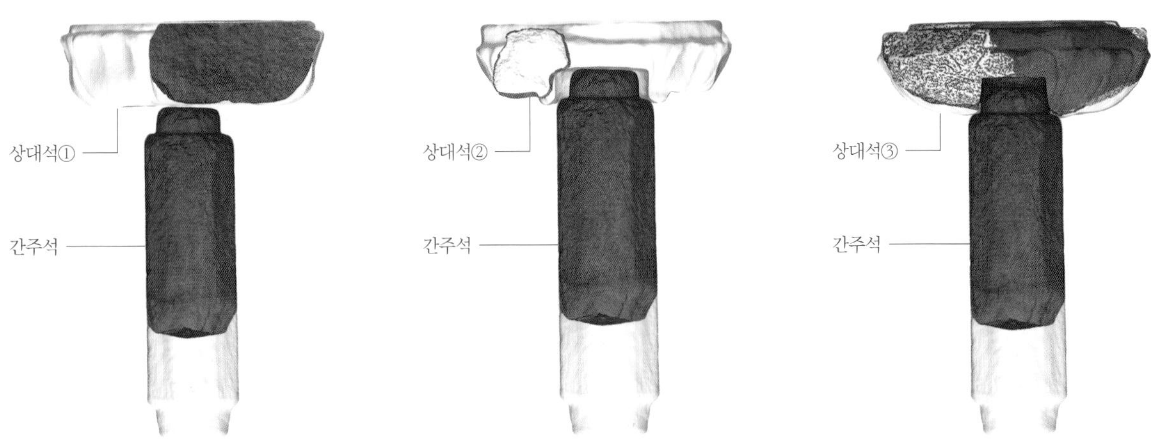

상대석①은 워낙 깨진 부분이 많아서 구멍이 아예 남아있지 않으므로 복원이 불가능하다. 상대석②의 경우, 구멍의 지름이 30.4~31㎝이기 때문에 간주석을 끼우기에 큰 것을 알 수 있다. 마지막으로 상대석③은 복원 후 구멍 지름이 23.7~24.8㎝이므로, 지름 23.2~23.5㎝의 꼭지를 가진 간주석을 끼우기에 적당하다. 또한 상대석의 구멍 둘레에 마련된 간주석 괴임이 40㎝ 이상으로 안정적이다. 하지만 앞에서 살펴보았듯이, 상대석③에 장식된 연꽃무늬는 7세기 전반 백제의 장식 문양 중에서는 찾아볼 수 없는 것으로, 다른 석등 부재들과 제작 시기를 달리하는 점을 고려해야 한다. 사실 현재 남아있는 간주석 1점도 발견 위치가 '사역의 서편' 혹은 '고려시대 건물지'로 불확실하고, 파손 상태도 심하여 창건기 석등의 부재인지 확인하기 어렵다. 하지만 장식 문양이 없는 팔각 기둥으로 창건기 석등의 간주석으로 대체하여도 지장이 없을 것으로 판단된다. 다만 현재 남아있는 하대석, 상대석과 결합해 보았을 때 무리 없이 이어지는 것은 동원 하대석뿐이다.

결합의 문제 3. 상대석과 화사석의 결합

하대석 위에 간주석을 꽂고, 그 위에 상대석을 끼워 맞춘 뒤, 석등의 중심인 화사석을 올려야 하는데, 상대석의 윗면과 화사석의 아랫면이 모두 편평하여 별다른 제약이 없다. 3점의 화사석 중 가장 큰 것의 폭이 69㎝인데, 남아있는 상대석의 윗면이 모두 70㎝를 훌쩍 넘기 때문에 문제가 없다.

결합의 문제 4. 화사석과 옥개석의 결합

마지막으로 화사석 위에 옥개석을 얹어야 하는데, 화사석의 윗면 역시 편평하여 지붕인 옥개석을 얹기 어려운 경우의 수는 없다. 화사석은 윗면과 아랫면에 모두 구멍이 뚫린 것(화사석①)과, 윗면에만 구멍을 뚫은 것(화사석②, ③)의 두 종류로 나누어지는데, 둘 다 옥개석 결합에 영향을 끼치지 않는다. 다만 화사석②의 경우, 화사석 윗면 구멍 주변에 고리 형태의 단이 새겨져 있어 옥개석을 얹을 때 주의가 필요하다. 현재 옥개석은 모두 4점이 전하는데, 3점(옥개석①~③)이 같은 모양, 비슷한 크기이고, 1점(옥개석④)만 상하 2단 구조로 다르다. 전자의 경우, 옥개석의 바닥을 원뿔 모양으로 파내었는데, 옥개석②를 제외한 옥개석①과 옥개석③은 원뿔의 밑면이 넓어서, 화사석 위에 얹으면 그 빈 공간 안으로 화사석②의 고리 장식이 쏙 들어가 안정적이다. 후자인 옥개석④도 바닥을 파내지 않아 편평하므로 화사석② 위에 얹었을 때, 이론상 흔들릴 수 있다. 하지만 옥개석은 모두 상당히 무겁기 때문에 1~2㎝ 정도 높이의 단차는 문제가 되지 않는다. 굳이 구조적으로 문제가 있을 수 있는 경우의 수를 제외한다면, 옥개석①이나 옥개석③과 짝을 이룰 가능성이 크다. 앞서 지적하였듯이, 화사석②의 윗면 고리 모양 단은 특별한 기능이나 장식 효과가 없어서 설치 이유를 짐작하기 어려운 점이 아쉬움으로 남는다.

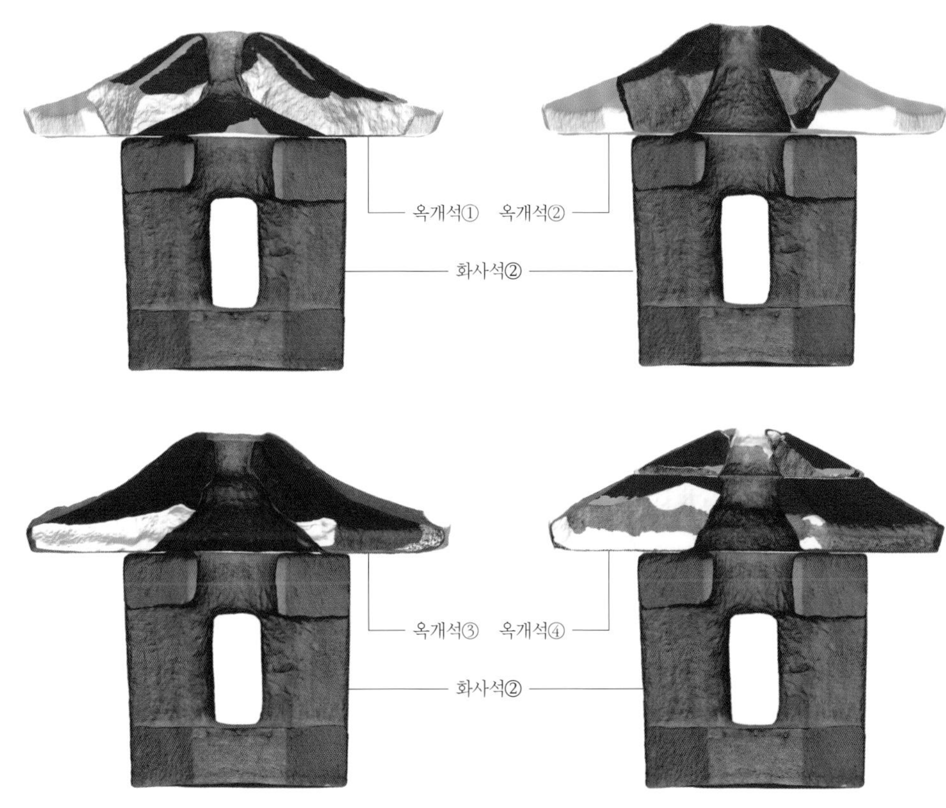

조립 경우의 수

이상 살펴본 바와 같이 원래 파손이 심하고 제작시기도 불분명한 간주석을 제외하면 현재 남아 있는 부재 간의 결합에 구조적인 문제는 없다. 그렇다면 이제 발견 및 출토 위치와 부재간 비율을 고려하여 각 부재를 조립하면서 경우의 수를 줄여나가야 한다.

경우의 수 1. 동원 석등

동원 석등을 조립할 경우 하대석은 원래 위치 그대로이며, 옥개석은 하대석과 함께 발견된 옥개석③과 짝을 이룬다. 화사석은 같은 모양, 비슷한 크기의 화사석①, 화사석②, 화사석③을 모두 고려할 수 있다. 하지만 화사석③은 서원 석탑 주변에서 발견되었으므로 화사석①, 화사석②의 가능성이 보다 높다. 상대석은 제작 시기가 비슷한 상대석①과 상대석②를 고려할 수 있다. 그러나 상대석①은 역시 서원 석탑 주변에서 발견되었으므로 상대석②보다 가능성이 낮다. 간주석은 결합 구조상 하대석에 연결되지만 높이는 알 수 없다. 단, 디지털복원에 활용할 간주석은 석등 안의 여러 부재와 비율을 맞춰 길이를 조정하였다. 예를 들어 화사석의 높이, 지대석 한 변의 길이, 하대석 연꽃의 지름, 그리고 상대석 연꽃의 지름 등을 대입해 볼 수 있는데, 이 가운데 상대석 연꽃의 지름에 맞추어 간주석 길이를 조정하였을 때 가장 안정적인 비율을 보였다.

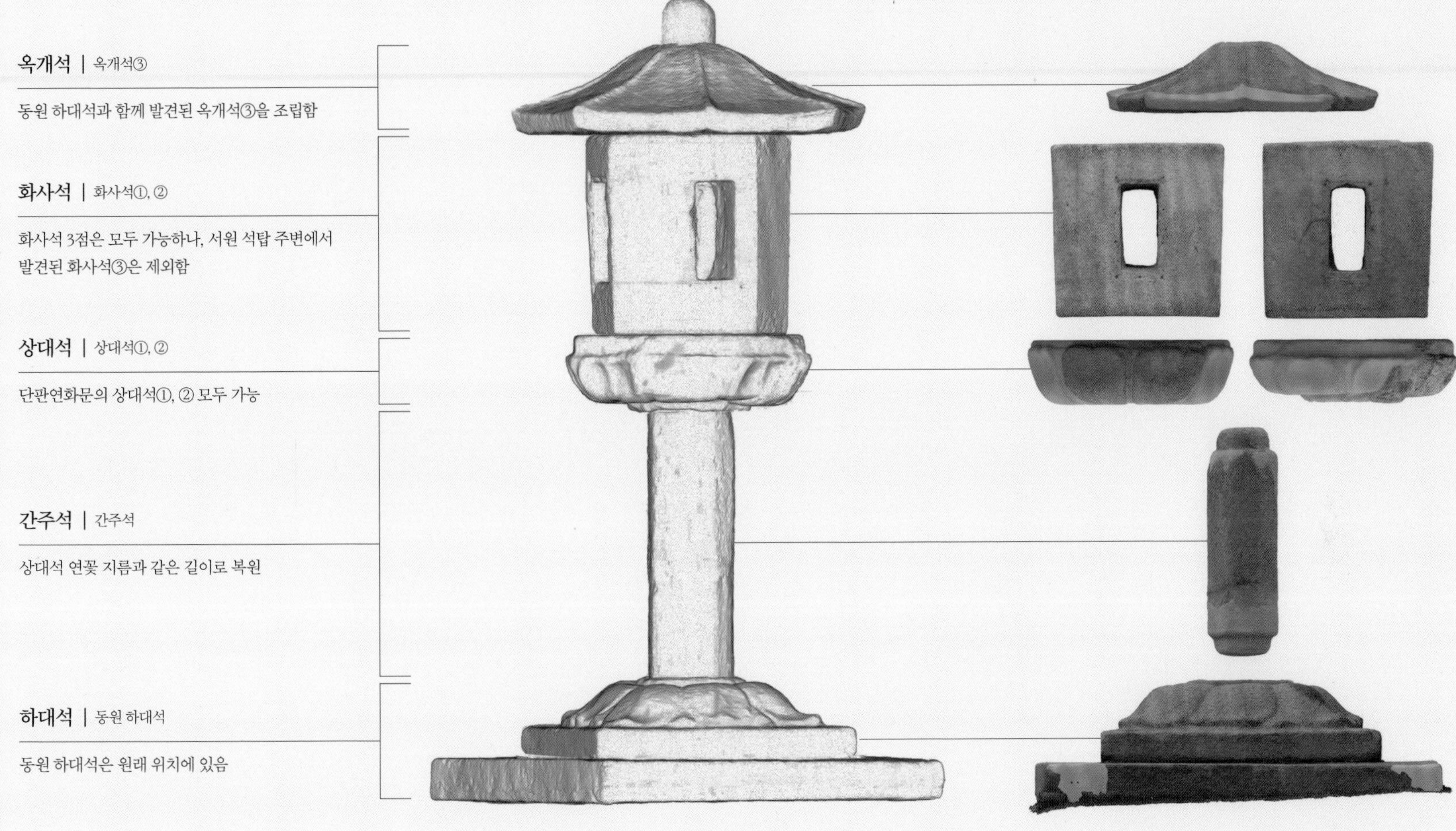
옥개석 | 옥개석③
동원 하대석과 함께 발견된 옥개석③을 조립함
화사석 | 화사석①, ②
화사석 3점은 모두 가능하나, 서원 석탑 주변에서 발견된 화사석③은 제외함
상대석 | 상대석①, ②
단판연화문의 상대석①, ② 모두 가능
간주석 | 간주석
상대석 연꽃 지름과 같은 길이로 복원
하대석 | 동원 하대석
동원 하대석은 원래 위치에 있음

동원 석등 조립 가능 부재

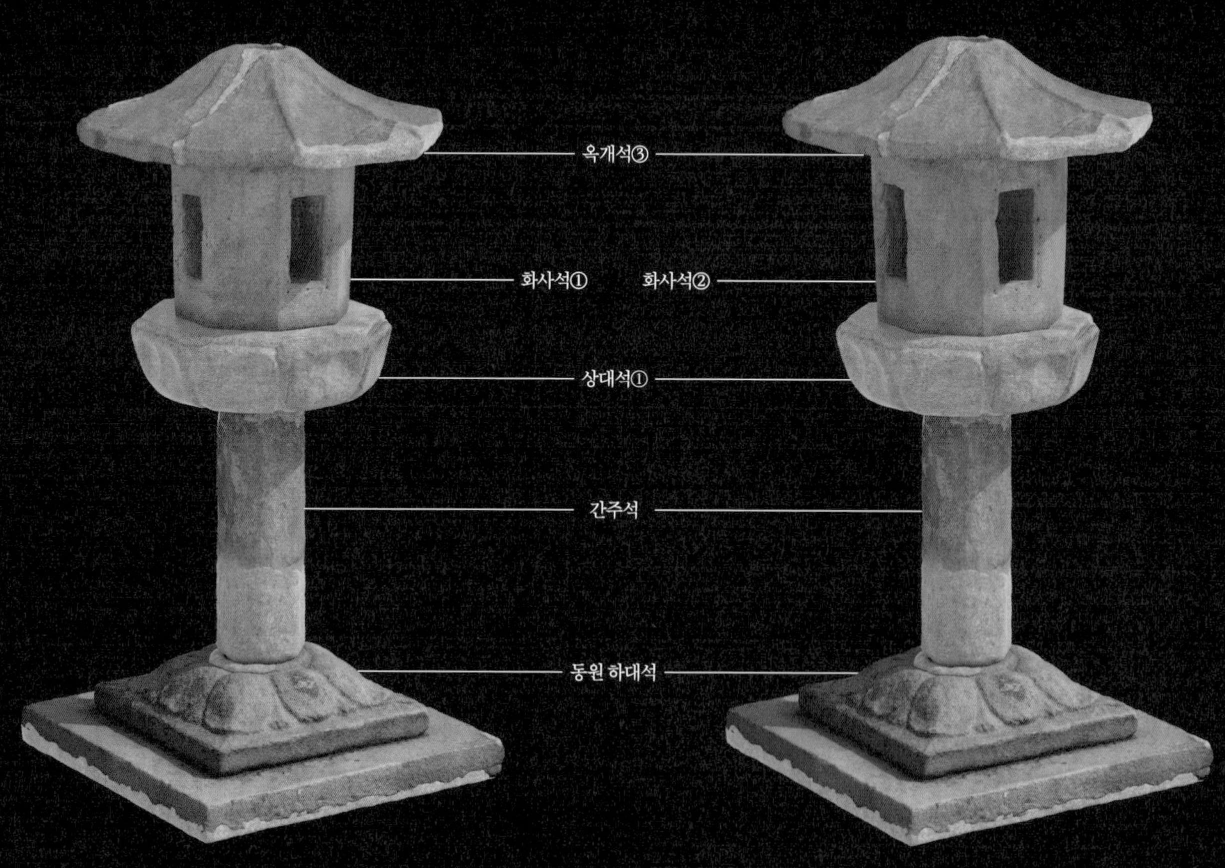

동원 석등 추정 복원안 1

동원 석등 추정 복원안 2

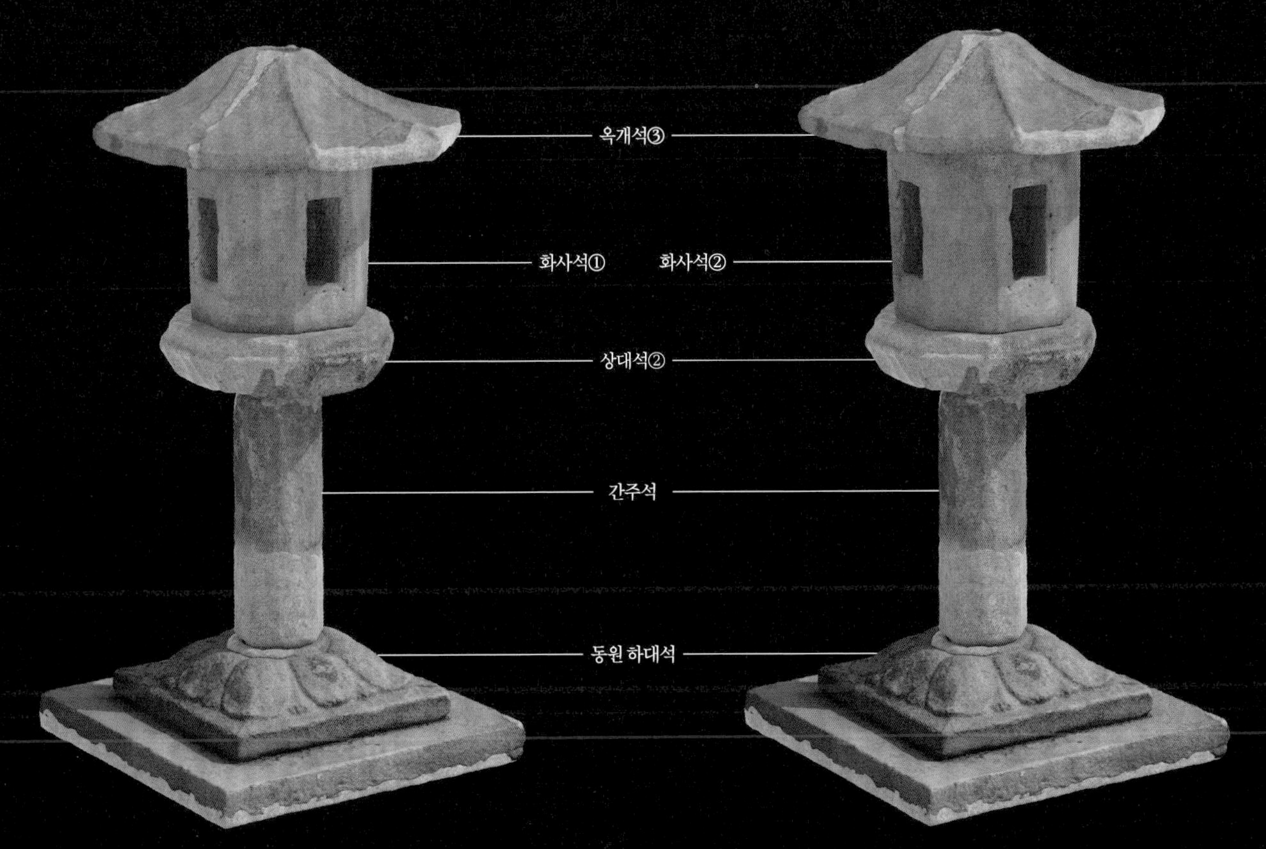

동원 석등 추정 복원안 3

동원 석등 추정 복원안 4

경우의 수 2. 중원 석등

중원에 남아있는 하대석 위로 가능한 부재를 조립하면, 시대가 서로 다른 복수의 추정 복원안을 도출할 수 있다. 예를 들어, 상대석의 경우, 동원 석등 조립 때 사용했던 상대석②와 서원에서 발견된 상대석①을 제외하면 중원 금당터에서 발견된 상대석③만 남게 된다. 하지만 상대석③은 단판연화문이 아니어서 중원 하대석과 다른 시기에 제작되었다고 보아야 한다. 따라서 중원의 석등은 어느 시기엔가 상대석이 교체되었을 가능성이 높다. 한편 옥개석의 경우도 마찬가지로, 동원 석등 조립 때 사용된 옥개석③을 제외하면 옥개석①, ②가 후보로 남고, 이와 함께 중원 금당터에서 발견된 옥개석④도 유력한 후보가 된다. 하지만 옥개석④는 나머지 옥개석 3점과 구조가 서로 달라 같은 시기의 것으로 볼 수 없다. 물론 옥개석④의 형태는 8세기 통일신라 이후 석등에서 유례를 찾을 수 없는 것이므로, 상대석처럼 다른 옥개석 3점보다 나중에 제작된 것이라 잘라 말할 수는 없다. 일단 선후 관계는 차치하더라도 중원 석등은 어떠한 이유에서인지 상대석과 옥개석 등 일부 부재가 교체되어 시대에 따라 모습을 바꾸어 가며 존재하였다고 결론지을 수 있다. 즉 중원 석등 추정 복원안은 시기별로 다른 복수의 안을 마련해야 하는 것이다.

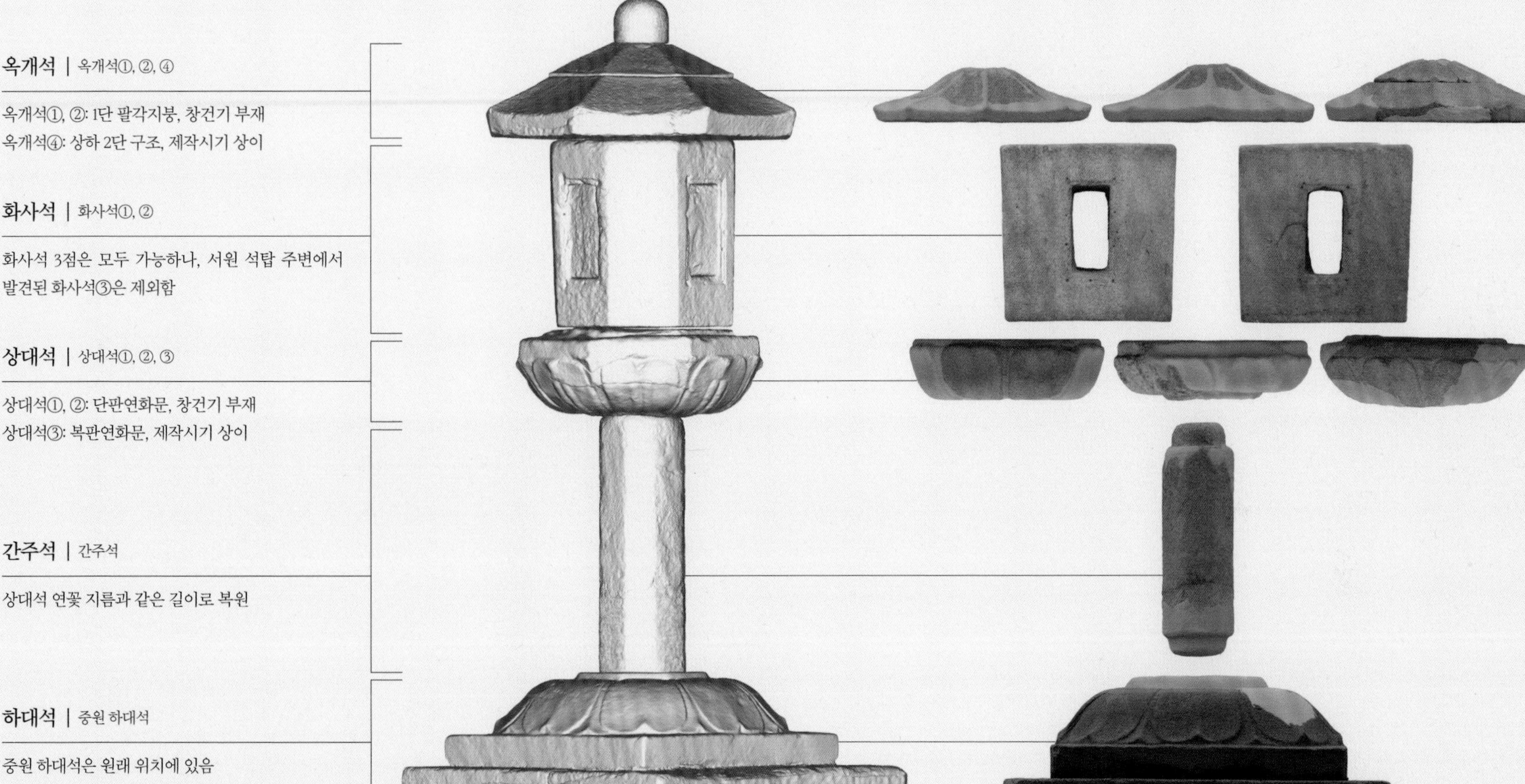
옥개석 | 옥개석①, ②, ④
옥개석①, ②: 1단 팔각지붕, 창건기 부재
옥개석④: 상하 2단 구조, 제작시기 상이
화사석 | 화사석①, ②
화사석 3점은 모두 가능하나, 서원 석탑 주변에서
발견된 화사석③은 제외함
상대석 | 상대석①, ②, ③
상대석①, ②: 단판연화문, 창건기 부재
상대석③: 복판연화문, 제작시기 상이
간주석 | 간주석
상대석 연꽃 지름과 같은 길이로 복원
하대석 | 중원 하대석
중원 하대석은 원래 위치에 있음

중원 석등 조립 가능 부재

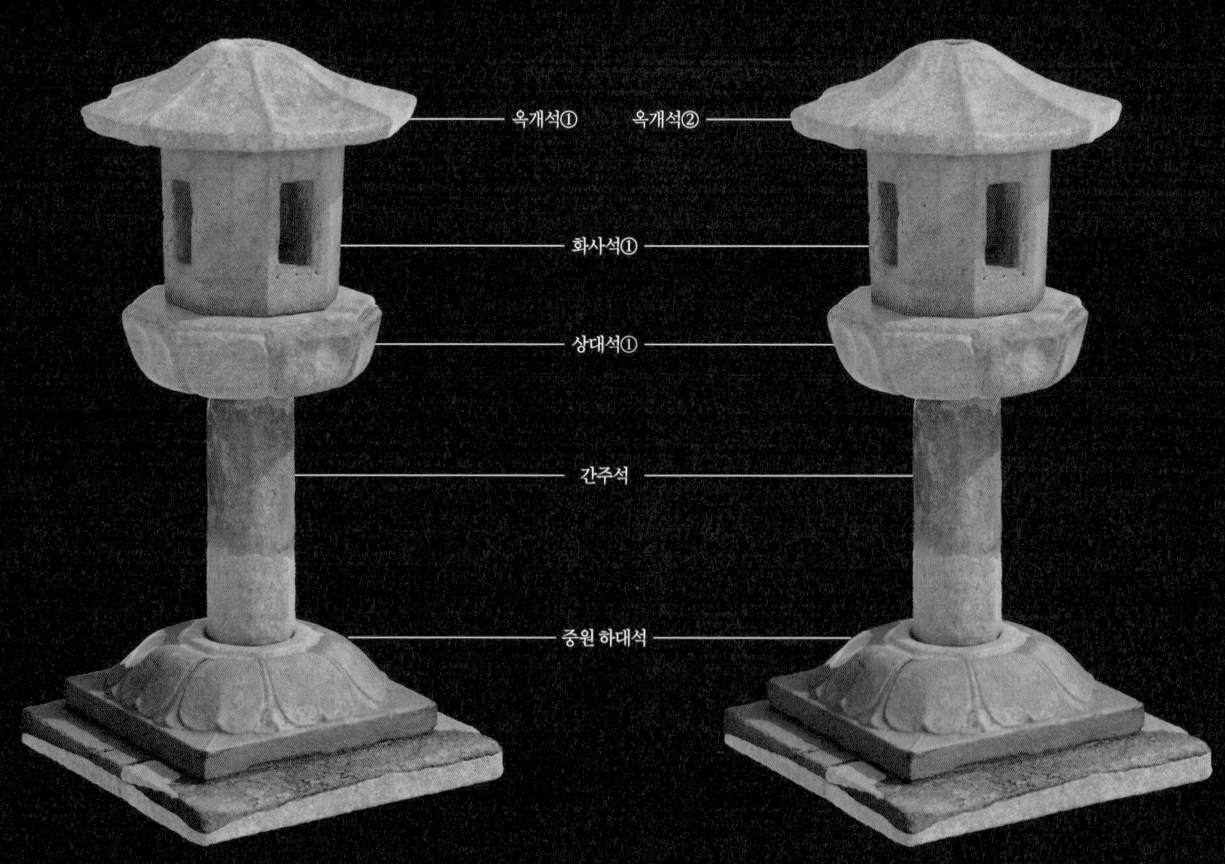

중원 석등 추정 복원안 1

중원 석등 추정 복원안 2

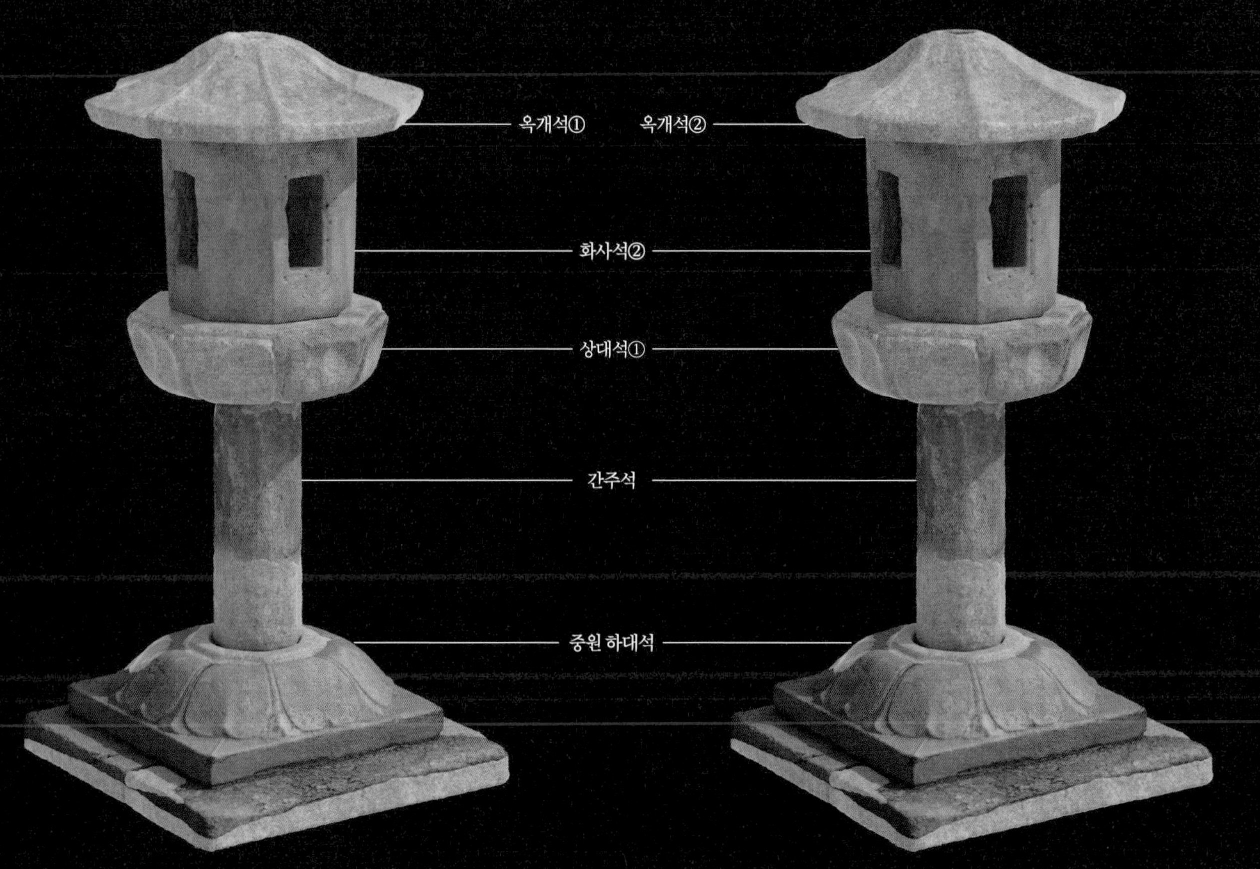

중원 석등 추정 복원안 3

중원 석등 추정 복원안 4

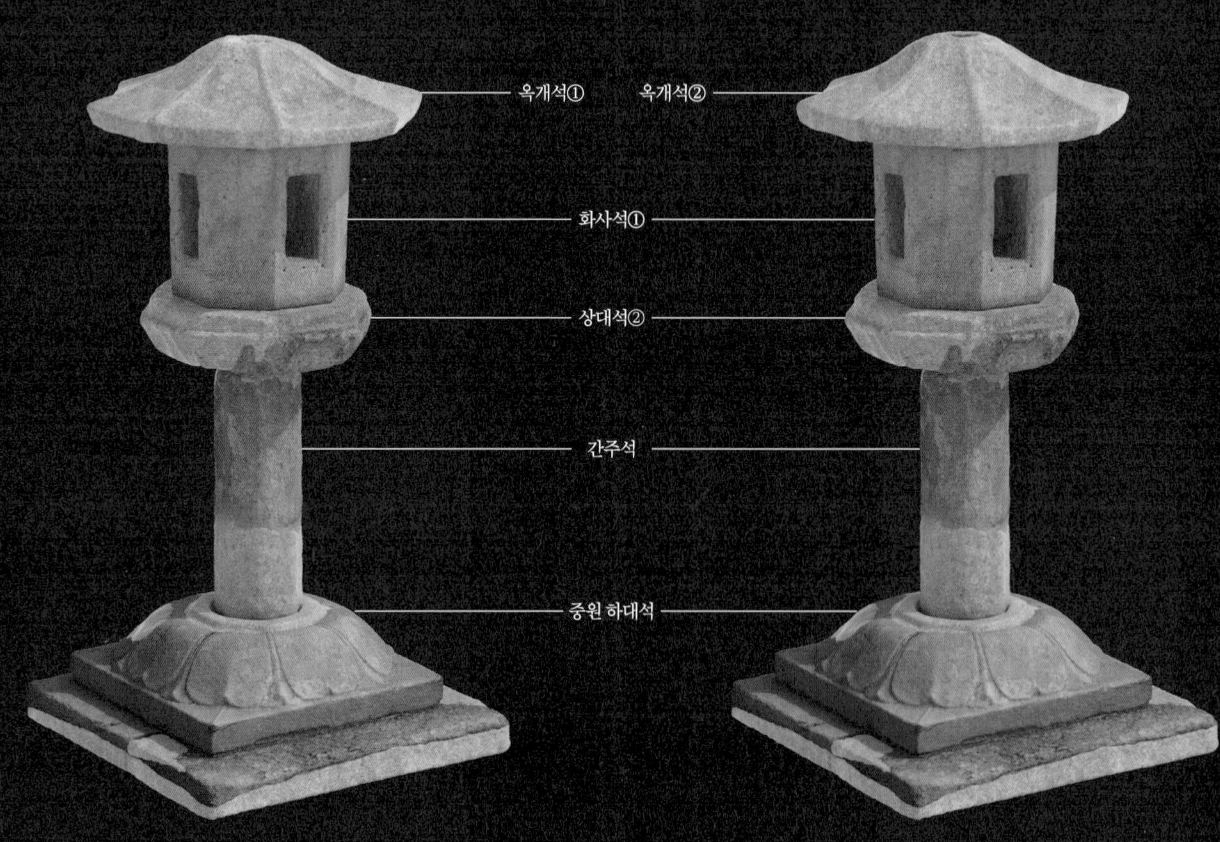

중원 석등 추정 복원안 5

중원 석등 추정 복원안 6

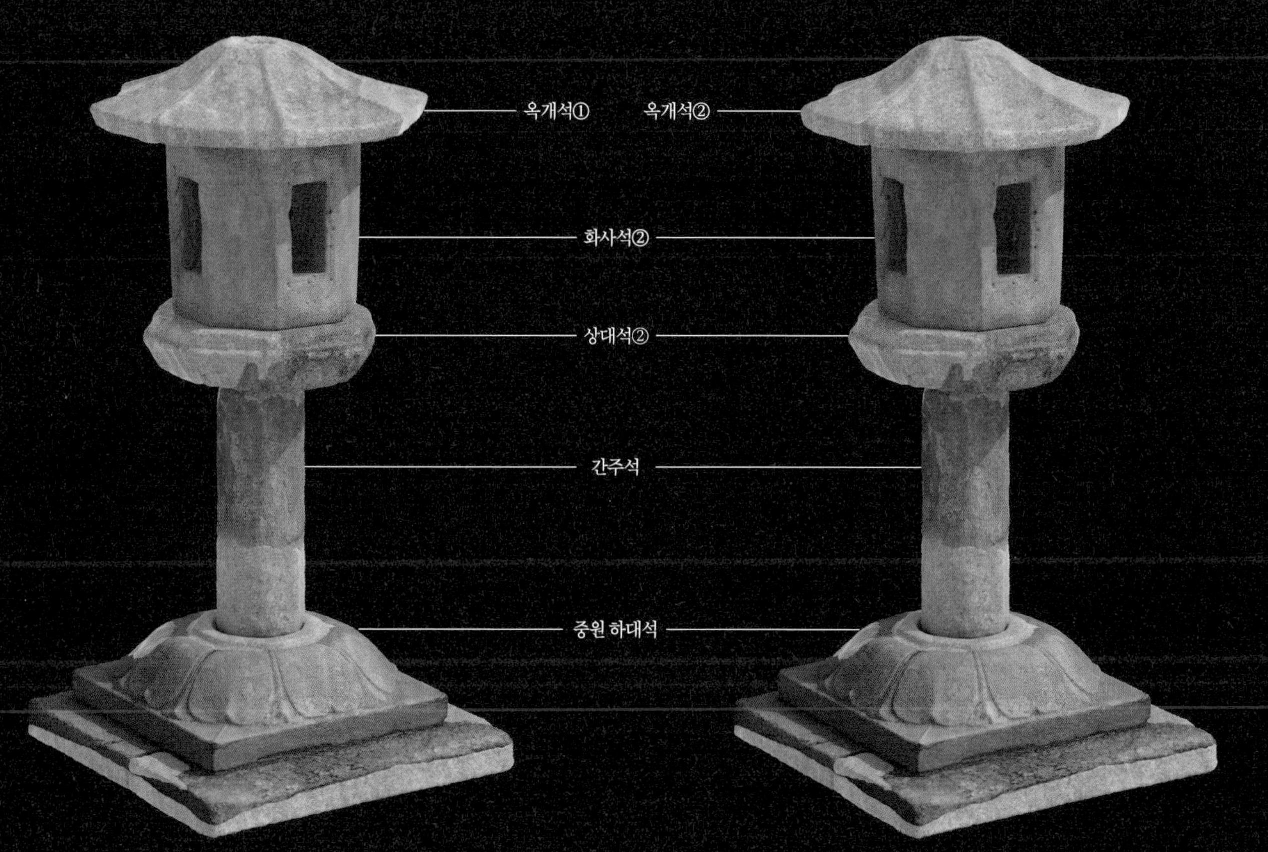

중원 석등 추정 복원안 7

중원 석등 추정 복원안 8

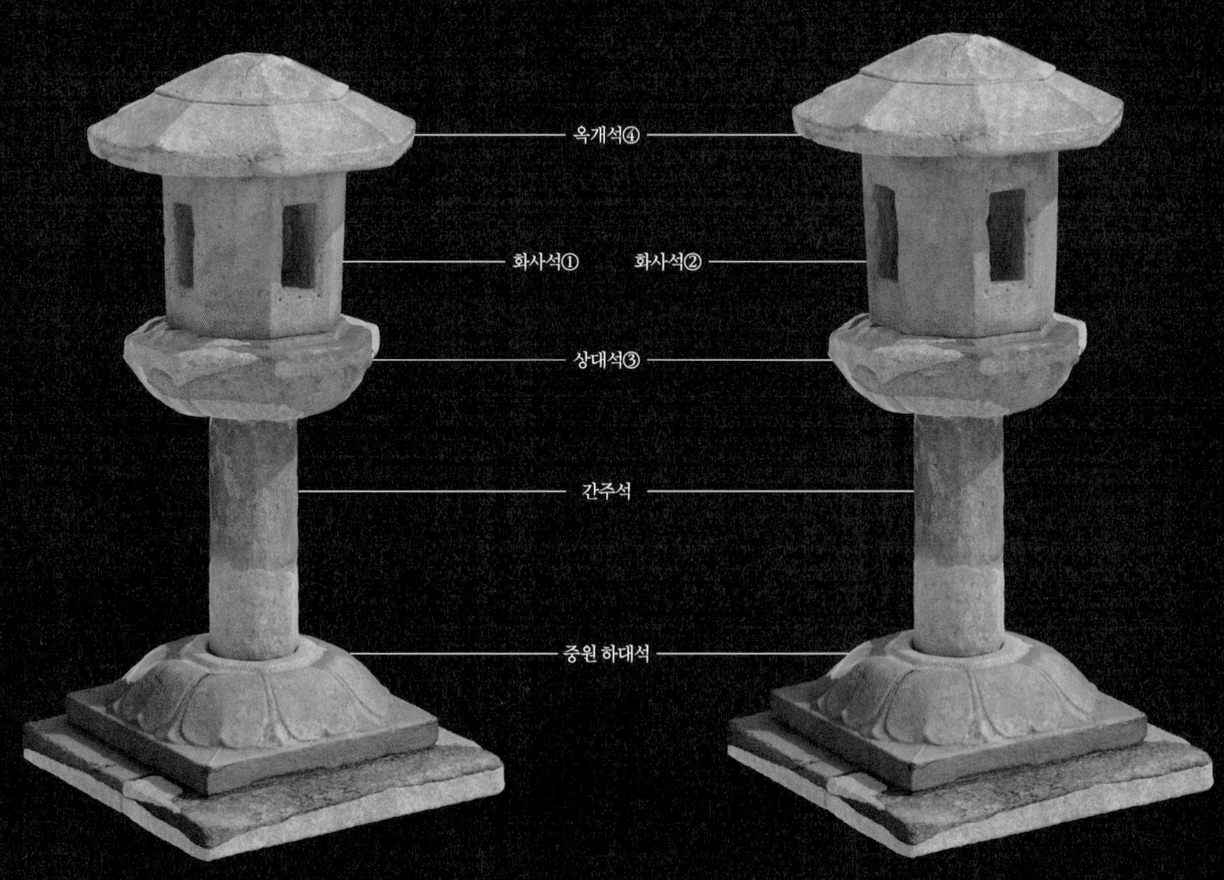

중원 석등 추정 복원안 9

중원 석등 추정 복원안 10

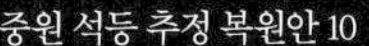

중원 석등 추정 복원안 10

중원에는 도중에 부재를 교체하여 최초의 모습과는 다른 석등이 존재하였을 것으로 추정된다. 창건기 부재가 아닌 것으로만 이루어진 중원 석등 추정 복원안 중에서 10번째 〈중원 하대석-간주석-상대석③-화사석②-옥개석④〉의 안이 유력해 보이지만, 신뢰도는 높지 않다. 상대석③은 다른 상대석에 비해 나중에 만들어진 것이 확실하지만, 옥개석④는 다른 옥개석과의 선후 관계를 알 수 없기 때문이다.

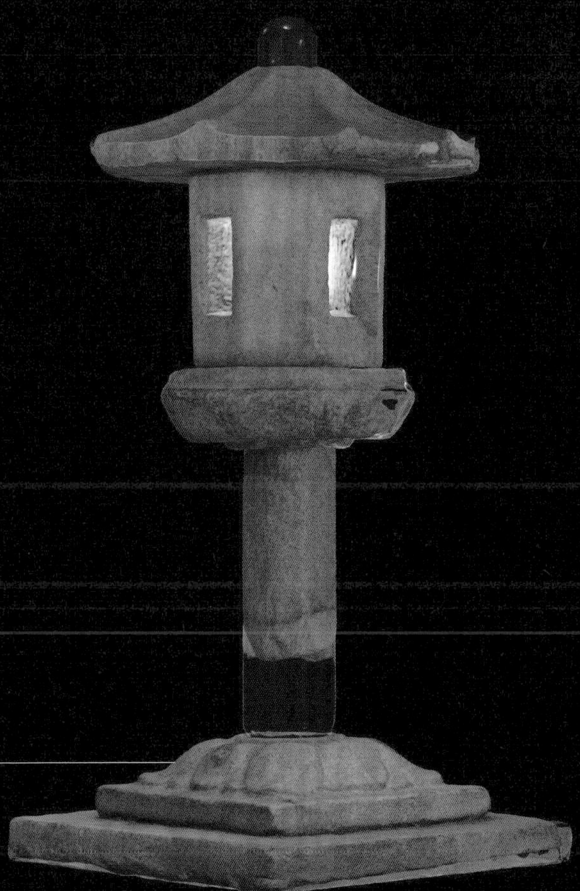

동원 석등 추정 복원안 3

가능한 경우의 수 중에서 발견 위치와 부재간 비율을 고려하였을 때, 미륵사 창건기의 동원 석등은 〈동원 하대석-간주석-상대석②-화사석①-옥개석③〉으로 조합된 3번째 추정 복원안이 가장 합리적인 것으로 판단된다.

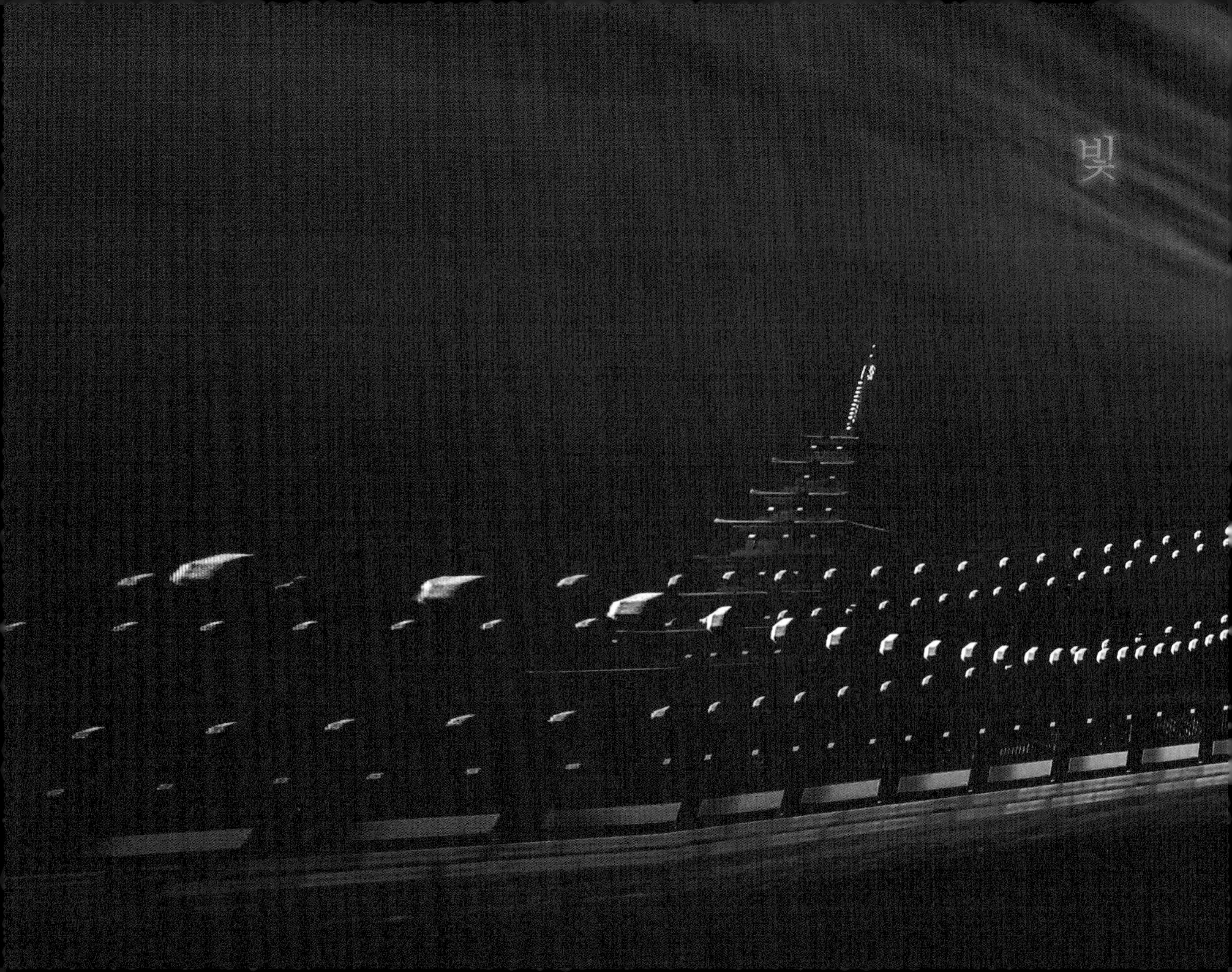
빛

법등法燈, 미륵사의 꺼지지 않는

법등, 미륵사의 꺼지지 않는 빛

백제의 무왕과 그의 부인은 용화산龍華山 밑에서 미륵삼존彌勒三尊의 현현顯現을 목격하고, 3채의 금당과 3기의 탑이 늘어선 3원 가람에, 등명燈明으로 나타나실 미륵을 상징하는 3기의 석등이 빛나는 거대 사찰을 세웠다. 무왕은 이곳에 불교 사원을 짓고 왕궁을 정비하여 백제의 새로운 도약을 준비하였다. 그의 꿈은 결국 이루어지지 못하였지만, 그가 밝힌 미륵사의 법등은 오랫동안 꺼지지 않았다. 미륵사는 신라의 삼국 통일 이후에도 크게 번창하였고, 고려를 지나 조선 전기에 이를 때까지 많은 승려들이 머물며 법등을 이어왔다. 17세기 이후 미륵사에 밝게 빛나던 석등의 불빛은 사라지고 무너진 석탑만 쓸쓸히 남게 되었지만, 이곳을 지나던 문인들은 옛 절의 영광과 세월의 무상함을 노래하여 미륵사의 법등을 오늘날까지 지켜주었다.

→특별전 〈백제의 빛, 미륵사 석등〉 '미륵사 석등 불 밝히기' 인터랙티브 콘텐츠 중에서

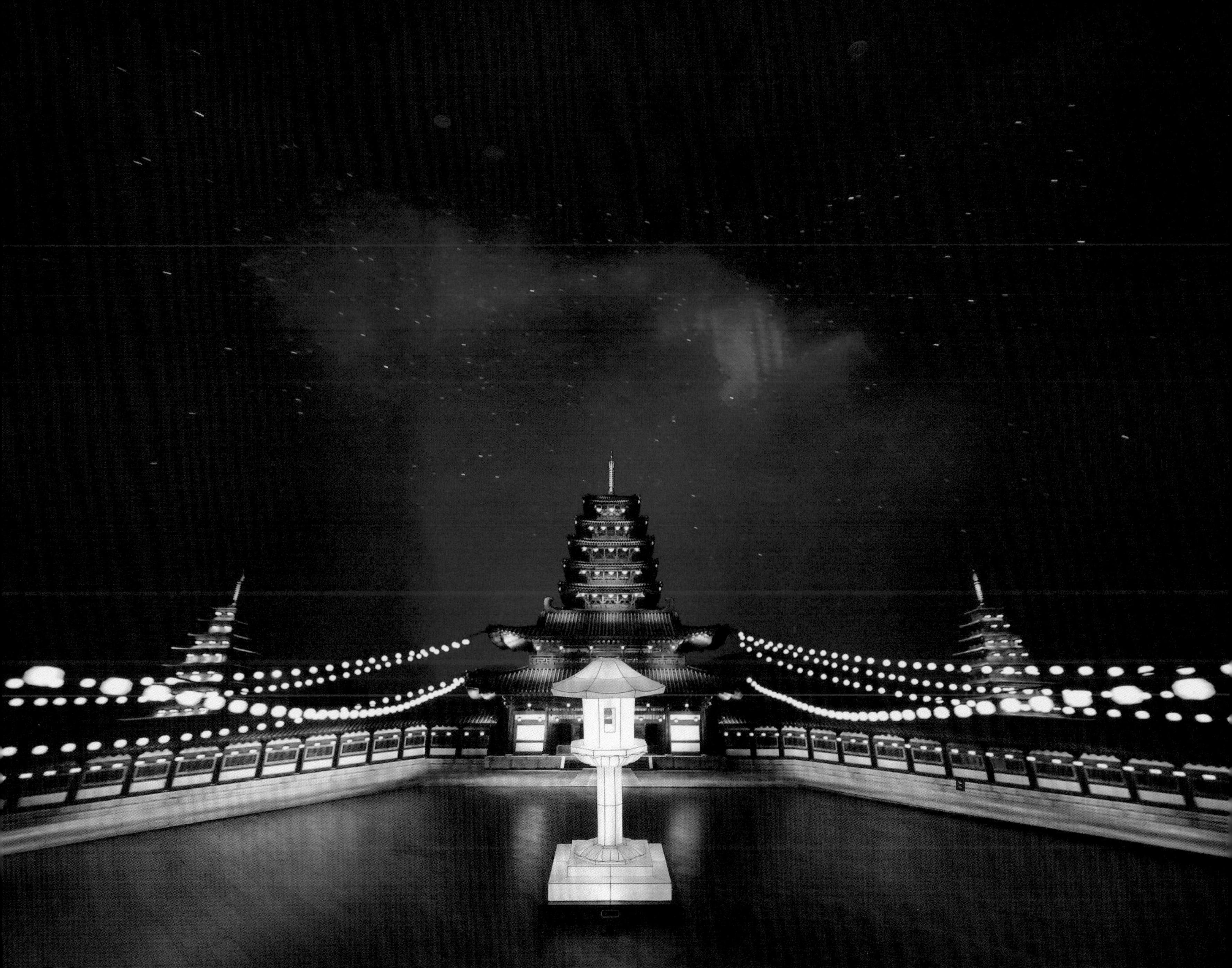

미륵사 석등의 종교적 의미

미륵사의 3원 가람과 석등

미륵사의 창건은『삼국유사三國遺事』에 다음과 같이 기록되어 있다.

어느 날 무왕이 부인과 함께 사자사師子寺에 가려고 용화산 밑의 큰 못가에 이르니 미륵삼존이 못 가운데서 나타나므로 수레를 멈추고 절을 올렸다. 부인이 왕에게 말하기를 "모름지기 이곳에 큰 절을 지어 주십시오. 그것이 제 소원입니다"라고 하였다. 왕은 그것을 허락했다.[31]

이 구절은 무왕에게 미륵사 창건을 기원한 이가『삼국유사』에 전하는 대로 신라의 선화공주인지, 혹은 미륵사지 서원 석탑 출토 〈사리봉영기舍利奉迎記〉의 내용대로 백제 사택沙乇 씨의 딸이었는지에 대한 논란으로 매우 유명하다.

선화공주님은
남몰래 사귀어 두고
서동방을 밤에 몰래 안고 간다.[32]

백제의 무왕이 신라의 수도 경주에 거짓 내용의 노래, 서동요薯童謠를 퍼뜨려 진평왕眞平王의 셋째 공주 선화를 부인으로 얻었다는 이야기는 문학과 역사의 경계에서 잘 알려진 에피소드이다. 그러나 2009년 미륵사지 석탑 해체 수리 도중에 1층 심주석 안에서 발견된 사리봉영기의 기록으로, 무왕에게 백제 고위관료 사택 씨의 딸인 부인이 있었다는 사실이 밝혀지면서 미륵사 창건주에 대한 전설과 역사적 사실을 구별하기 위한 뜨거운 논란이 일어난 것이다.

우리 백제 왕후는 좌평佐平 사택적덕沙乇積德의 딸로서 오랜 세월 동안 선인을 심으시어 금생

31 『三國遺事』卷2 紀異, "一日王與夫人欲幸師子寺至龍華山下大池邊 彌勒三尊出現池中 留駕致敬 夫人謂王曰 須創大伽藍於此地 固所願也 王許之"

32 『三國遺事』卷2 紀異, "善化公主主隱 他密只嫁良置古 薯童房乙夜矣卯乙抱遣去如"

> 에 뛰어난 과보를 받으셨다. … 때문에 삼가 깨끗한 재물을 희사하여 가람을 세우고, 기해년(639) 정월 29일에 사리를 받들어 맞이하셨다.[33]

천년이 넘도록 미륵사지 석탑 안에 잠들어 있었던 〈사리봉영기〉가 전하는 이야기는『삼국유사』보다 구체적이고 유력하게 들린다. 하지만『삼국유사』의 기록은 미륵사의 창건주가 누구인지 뿐만 아니라 미륵사를 어떻게 지었는지, 종교적 배경과 건축 구조에 대해서도 중요한 정보를 제공하기 때문에 여전히 중요하다.

> 지명知命에게 가서 못을 메울 일을 물으니 신비스러운 힘으로 하룻밤 사이에 산을 무너뜨려 못을 메우고 평지를 만들었다. 이에 미륵삼회彌勒三會의 모습을 본따 전殿과 탑塔과 낭무廊廡를 각각 세 곳에 세우고, 절 이름을 미륵사라고 하였다. 진평왕이 여러 공인工人들을 보내서 이를 도왔는데 그 절은 지금도 남아 있다.[34]

무왕과 그의 부인이 미륵삼존의 현현顯現을 목격한 바로 그 자리에 절을 짓기 위하여 용화산 밑의 연못을 메우고 땅을 다지는 대규모 토목 공사가 선행되었다. 그리고 미륵불이 세상에 내려와 행하실 3번의 설법說法, 즉 미륵삼회彌勒三會를 형상화하기 위하여 전각과 탑을 세 곳에 세우고, 회랑을 둘러 연결하였다. 고려시대 이후 사역寺域의 중심을 관통하는 물길이 생겨난 것을 보아도 미륵사가 매립지 위에 지어진 건물군인 것을 알 수 있으며, 여러 차례의 발굴 조사 결과, 1금당 1탑을 기본 단위로 하는 예배 공간이 동서로 늘어선 3원 형식의 가람 배치인 것도 밝혀졌다.

물론『삼국유사』기록 어디에서도 우리의 관심사인 석등에 대한 이야기는 등장하지 않는다. 다만 미륵사에는 3채의 금당과 3기의 탑이 있었다고 하였는데, 실제 3탑 3금당의 3원에, 3기의 석

33 "我百濟王后 佐平沙乇積德女 種善因於曠劫 受勝報於今生 撫育萬民 棟梁三寶 故能 謹捨淨財 造立伽藍 以己亥年正月廿九日 奉迎舍利"; 〈사리봉영기〉의 해석은 국립익산박물관 상설전시 도록(2020), p. 226을 참조하였다.

34 『三國遺事』卷2 紀異, "詣知命所問填池事 以神力一夜頹山填池為平地 乃法像彌勒三會殿塔廊廡各三所創之 額曰彌勒寺 眞平王遣百工助之 至今存其寺"

등이 세워져 있었던 사실을 증명하는 물적 증거들은 남아 있다. 그리고 미륵삼회를 형상화한 3원 가람에 3기의 석등을 세워 불을 밝히는 문헌적 근거는, 이 책의 가장 처음에 인용한『미륵대성불경』의 마지막 구절에서 찾을 수 있다.

得見世間燈明彌勒佛身必無疑也

마침내 세상의 등불[燈明]이신 미륵의 불신을 틀림없이 뵙게 되리라.[35]

미륵신앙과 3기의 석등

우리나라의 미륵신앙은『미륵상생경彌勒上生經』,『미륵하생경彌勒下生經』, 그리고『미륵대성불경彌勒大成佛經』의 미륵삼부경彌勒三部經을 바탕으로 한다. 이들 세 경전은 미륵보살이 성불한 뒤 다시 이 세상에 내려와 3번의 설법을 행하는 서사 구조를 기본 틀로 가지고 있다. 앞서 인용한 구절은 바로 미륵이 세상에 내려오실 때, 중생들이 밝은 빛으로 나타나실 미륵의 모습을 직접 목격하는 감격스러운 순간이다. 백제 무왕과 그의 부인이 용화산 사자사 행차 도중 연못 위로 미륵삼존의 현현을 목격한 것은 바로 이 서사의 일부이다.

무왕과 그의 부인이 미륵삼존의 현현을 어떠한 방식으로 목격하였는지 자세한 기록은 없지만, 만일 그 장면을 재현한다면 아마 용화수龍華樹 밑 사자좌獅子座에 결가부좌한 미륵삼존불을 금당 안에 안치하는 것이 가장 일반적이고 직관적인 방법일 것이다. 혹은 드물게『미륵대성불경』의 구절에 영감을 받는다면 칠흑같이 어두운 밤, 미륵산을 배경으로 우뚝 선 미륵사의 3원 가람에 3기의 석등이 점화되는 광경의 연출도 극적이고 효과적인 방법이 될 것이다.

일반적인 불교미술의 역사를 살펴보았을 때, 실제로는 미륵사 3원의 금당마다 돌이든, 금속이든, 귀한 재료를 이용하여 미륵의 불상을 제작하여 모셨을 가능성이 가장 크다. 다만 미륵사에

35 T456:14, 434a20-21,『彌勒大成佛經』

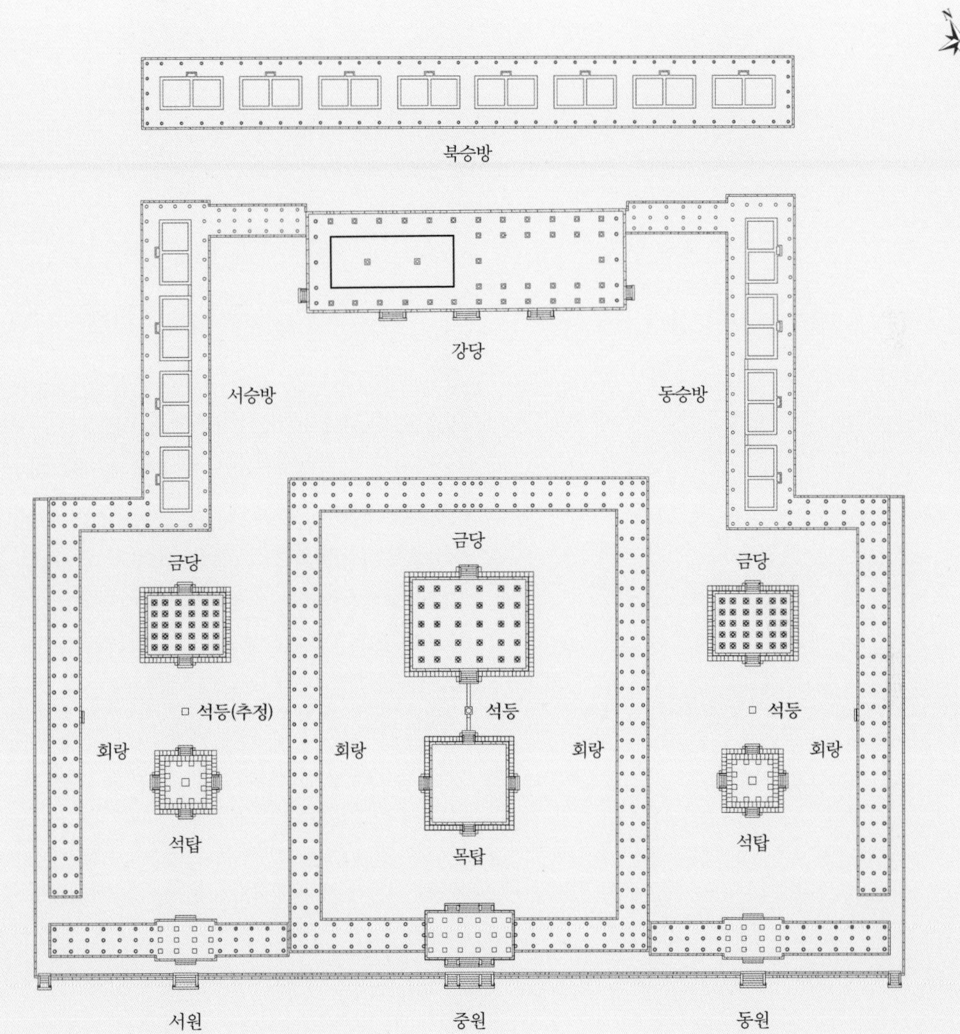

→ 백제 창건기 미륵사 가람 배치도

서는 금당 안으로 들어가 구체적으로 인간의 형태를 갖춘 미륵의 불상을 대하기 전, 석등 앞에서 형체 없이 빛으로 나타난 미륵과 대면하는 순서가 추가된 것이다. 동원, 중원, 그리고 서원의 금당 안에 모셔진 3구의 미륵이 3번의 설법을 행하고 있는 미륵의 모습을 구체적으로 표현한 것이라면, 금당 앞을 밝힌 3개의 석등 불빛은 그 설법의 내용을 상징한 것이라고 해석할 수 있다. 이처럼 물질적 예배 대상과 추상적 관념이 공존하는 미륵사의 예배 구조는 매우 사려 깊고 독창적이다.

미륵사의 3원 가람에서 3기의 석등이 점화되는 순간은 석등이 조명기구 이상의 종교적 의미를 가지게 되는 최초의 순간이었을 것이다. 미륵사의 창건기 석등 3기가 언제까지 처음의 형태와 의미를 유지했는지 알 수 없다. 다만 중원에서 복수의 추정 복원안이 도출되었던 것처럼 시대에 따라 새로운 모습의 석등이 그 자리를 대체해 나갔을 것이라 상상할 수 있다. 안타깝게도 미륵사는 물론, 우리나라의 다른 어떤 사찰에서도 이후 석등이 종교적 의미를 유지했던 증거는 찾을 수 없다. 하지만 조명기구의 기능이 부각된 공양물로서 새로운 석등이 가람 곳곳에 세워졌을 것이다. 예를 들어 창건기 미륵사 가람 북쪽의 조선시대 건물터에서 매우 간소한 석등의 하대석(그림 9)이 발굴된 적 있다. 이 하대석도 홑잎의 연꽃무늬로 장식되어 있지만 백제의 석등 부재로 볼 수 없다. 조선시대 법당의 중정中庭에서 발견되었을 뿐만 아니라, 전혀 다른 재질의 받침돌 위에 올려져 있어 전용轉用의 가능성도 있기 때문이다.[36] 또한 석등 화사석의 일부로 보이는 석재 2점(그림 10)이 발견되기도 하였다.[37] 둘 다 발굴 조사 과정에서 지면에 노출된 석재를 수습한 것으로, 정확한 출토 위치를 알 수 없다. 제작 시기는 고려 이후로 확실하지 않고, 규모가 작은 편이다. 사찰의 중심 전각 앞에서 진리의 빛을 밝히던 거대한 석등의 종교적 의미는 희석되고 조명기구로서의 실용적 기능이 부각되어 가는 모습을 확인할 수 있다.

36 국립부여문화재연구소, 『미륵사지조사보고서 II』 1996 p. 486, 도판6-2, 7-2, 341-7; 참고로 이 하대석은 발굴 당시 현상 보존 원칙에 따라 그 자리에 그대로 두고 흙을 덮었기 때문에 현재 실물을 확인할 수 없다.

37 이 2점은 현재 미륵사지 야외 석재 전시장에 상대석③, 간주석과 함께 진열되어 있다. 워낙 작은 조각이기 때문에 화사석이 아닐 가능성조차 무시할 수 없고, 발견 위치도 불분명하여 이번 창건기 석등 부재 조사에서는 제외하였다.

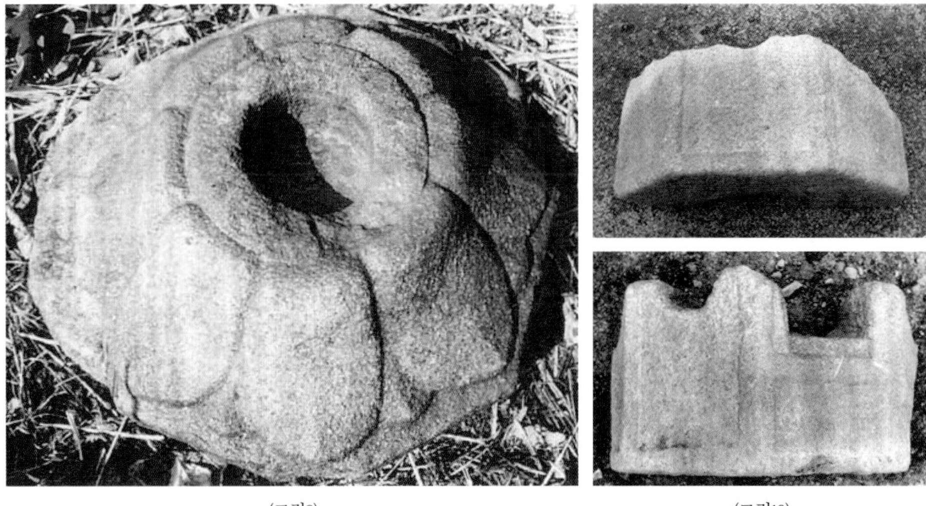

(그림9)
하대석, 조선시대, 익산 미륵사지

(그림10)
화사석 조각, 고려 이후, 익산 미륵사지

→ 미륵사지 사역 북편 건물지5 법당 앞 중정

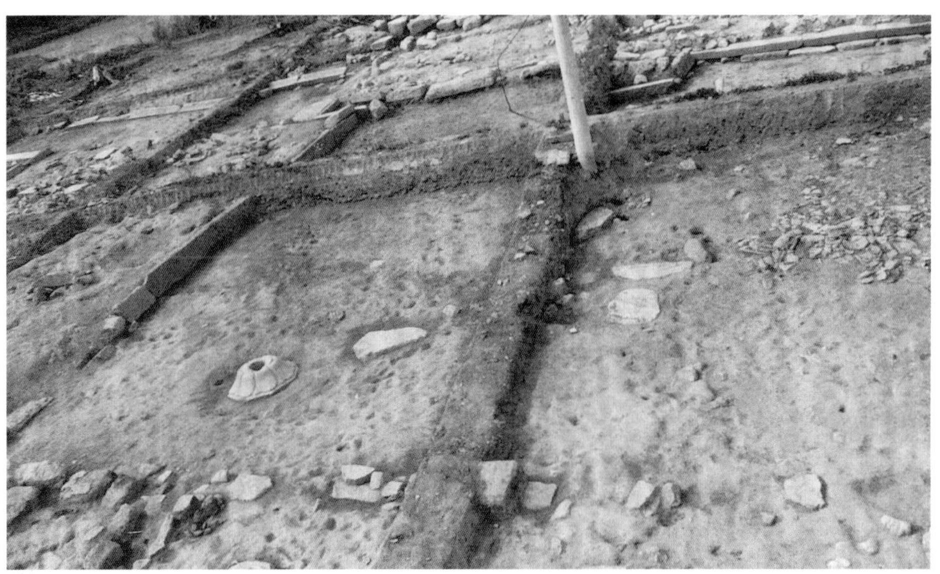

백제 이후의 미륵사

7세기 창건기 미륵사의 석등이 언제까지 사용되었는지, 그리고 이후 어떠한 석등이 세워졌는지에 대한 문헌 기록은 전혀 남아 있지 않다. 그러나 미륵사의 석등이 더 이상 빛을 발하지 않게 되었다고 해서 미륵사의 법등까지 꺼진 것은 아니었다. 법등의 빛은 여러 세대에 걸쳐 사찰의 명맥과 불교의 가르침이 이어지는 것을 의미하는데, 백제의 멸망 이후에도 미륵사의 법등이 빛을 잃은 적은 없었다.

통일신라의 미륵사

무왕이 익산에서 새로운 백제의 도약을 꿈꾸었던 것도 무색하게 661년, 금마金馬의 땅엔 피가 흐르고, 대관사大官寺의 우물은 핏물로 가득 찼다.[38] 이어 684년, 안승安勝의 조카인 장군 대문大文이 금마저金馬渚에서 반란을 도모하였으나 끝내 신라에 굴복하였다.[39] 하지만 신라 성덕왕 18년(719), 금마 미륵사에 벼락이 친 기록이 남아있는 것으로 보아, 미륵사는 7세기 후반 피비린내 나는 통일 전쟁을 견뎌내고 사세寺勢를 유지하였던 것을 알 수 있다.[40]

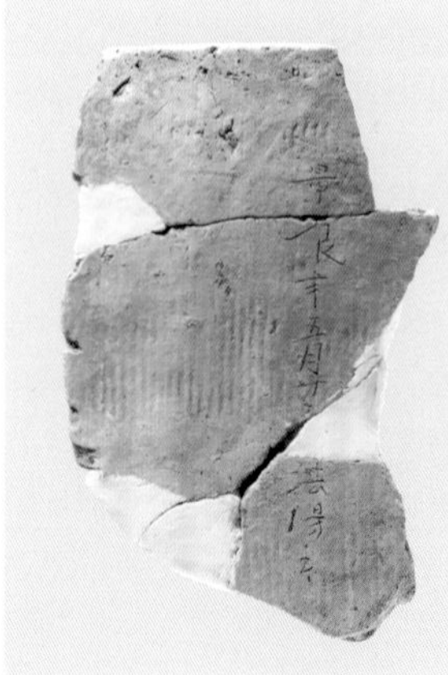

도20.
암키와 조각, 통일신라 740년,
익산 미륵사지 출토, 국립전주박물관 소장

景辰年五月廿○法得書
경진년 5월 20일 법득 씀

미륵사지 북쪽 언덕에서 발견된 암키와 조각이다. 재료와 기법이 '개원開元 4년(716)'명 기와와 같아 8세기 전반에 만들어진 것을 알 수 있다. 명문의 '경진景辰'은 '경진庚辰'의 음을 빌려 쓴 것일 테니, 8세기 전반의 경진년, 즉 740년일 것이다. 신라가 삼국을 통일한 후 8세기 전반까지 미륵사는 아직 세력을 유지하며 이 일대 최고 사찰로서의 위상을 지키고 있었다.

38 『三國史記』 卷第5 新羅本紀 第5, 太宗武烈王 八年 "大官寺井水爲血金馬郡地流血廣五步"

39 『三國史記』 卷第8 新羅本紀 第8, 神文王 四年 "安勝族子將軍大文在金馬渚謀叛事發伏誅餘人見大文誅死害官吏據邑叛"

40 『三國史記』 卷第8 新羅本紀 第8, 聖德王 十八年, "秋九月 震金馬郡彌勒寺"

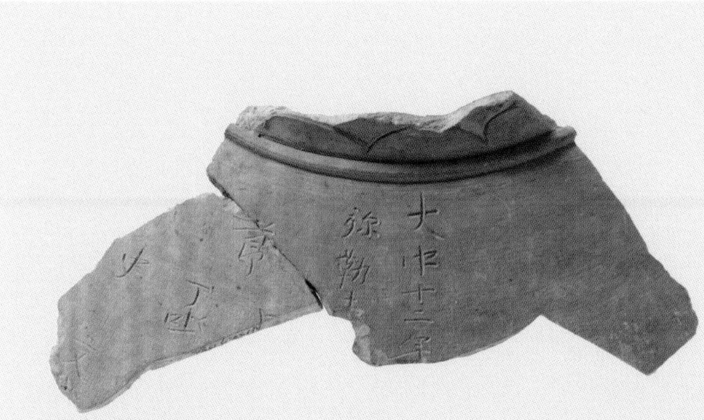

大中十二年
弥勒寺
節　丁坐　史　文
대중 12년
미륵사
절　정좌　사　문

'대중 12년(858)'에 만들어진 항아리 조각으로, 미륵사 승려들이 거주하던 동원 건물터에서 발견되었다. 이 항아리 조각과 함께 출토된 유물 중에는 중국에서 수입된 도자기 조각도 여러 점 있다. 큼지막한 토기 항아리부터 귀한 수입 자기까지, 9세기 중반 미륵사는 스님들의 꽤 윤택한 생활을 지지할 수 있을 정도의 경제력과 사세를 유지하고 있었던 것으로 보인다.

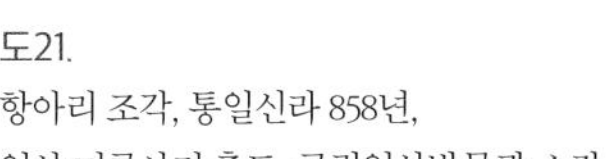
도21.
항아리 조각, 통일신라 858년,
익산 미륵사지 출토, 국립익산박물관 소장

고려의 미륵사

고려 건국 이후 미륵사에 대한 문자 기록은 거의 없다.[41] 다만 고려시대의 연호가 새겨진 기와가 수천 점 출토될 뿐이다. 고려시대의 미륵사는 미륵산에서 흘러내리는 물줄기로 인해 가람을 점점 북서쪽으로 이동시켜야만 했기 때문에 공사가 끊이지 않았을 것이다. 비록 가람의 위치는 변하였지만 새로운 불사佛事를 일으킬 수 있을 정도의 재정 지원이 가능한 시주자와 공사를 진행시킬 승려 집단이 거주하였던 사실을 확인할 수 있다.

41 고려 성종 13년(994)에 세워진 갈양사葛陽寺 혜거국사비惠居國師碑에, 용덕龍德 2년(922), 미륵사의 탑을 열어 공양한 내용이 기록되어 있으나, 비석은 사라지고 탁본만 전하고 있어 사실 관계를 확인할 수 없다. "特被彌勒寺開塔之恩仍赴禪雲選佛之場登壇說法時天花繽紛"

太平興國五年庚辰六月日
弥勒藪龍泉房瓦草
태평흥국 5년 경진 6월에
미륵수 용천방에 기와를 올림

'태평흥국'의 연호가 쓰인 기와는 미륵사의 3원에서 고르게 발견된다. 글귀에 적힌 '미륵수'의 존재와 '용천방'의 위치는 알 수 없지만, 10세기에도 미륵사 3원을 계속해서 손보고 고쳤던 것을 알 수 있다.

도22.
암키와 조각, 고려 980년,
익산 미륵사지 출토, 국립익산박물관 소장

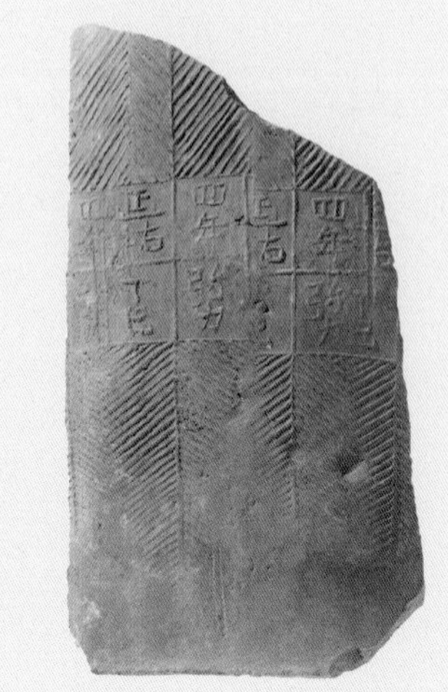

延祐 丁巳
四年 弥力
연우 정사
사년 미력

미륵사지 동원과 중원 사이로 흘러내리는 물줄기로 인한 가람 이전 공사는 특히 14세기에 활발했던 것으로 보인다. '연우 4년(1317)'이라고 쓰인 기와를 포함해 고려 후기 기와 수천 점 발견되었기 때문이다.

도23.
암키와 조각, 고려 1317년,
익산 미륵사지 출토, 국립익산박물관 소장

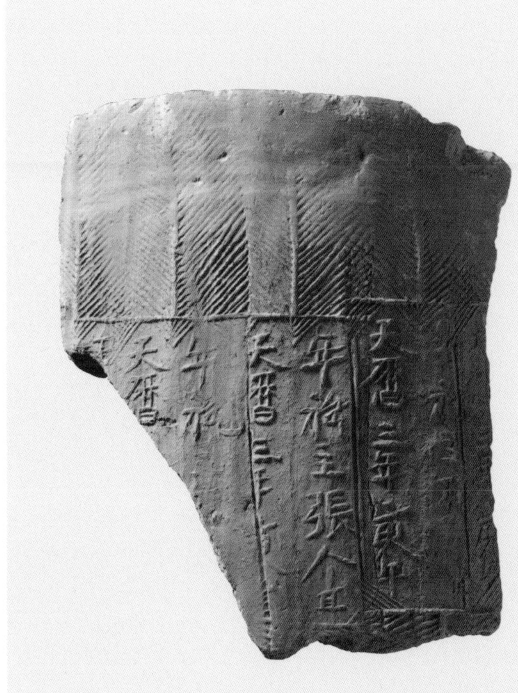

天曆三年庚午
施主張介耳
천력 3년 경오
장개이가 시주함

미륵사의 북쪽 건물터에서는 '연우 4년(1317)' 기와에 이어 '천력 3년(1330)' 기와도 수 백점 출토됐다. 이러한 대형 불사에는 경제적으로 지원하는 불심 깊은 시주자들이 반드시 필요하다. 기와에 새겨진 '장개이'라는 인물도 그 가운데 한 명일 것이다.

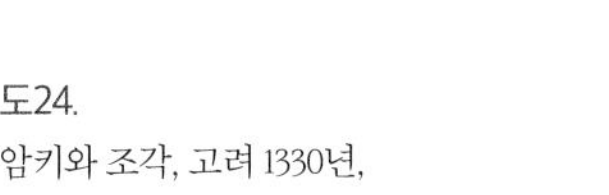

도24.
암키와 조각, 고려 1330년,
익산 미륵사지 출토, 국립익산박물관 소장

고려시대 미륵사의 재정 상태를 파악할 수 있는 문자 자료가 거의 없지만, 미륵사지 곳곳에서 북송의 태종太宗(재위 976~997)부터 휘종徽宗(재위 1100~1125) 때 만들어진 7종류의 동전이 출토된 사실은 주목할 만하다. 이는 미륵사에 중국의 화폐를 거래할 만한 경제적 활동이 존재하였다는 것을 의미한다. 적어도 고려에서 중국의 동전은 단순한 화폐 이상의 가치를 지니고 있었기 때문에, 실제 동전이 발행된 10~12세이 이후 수 세기가 지나서도 활발하게 유통되었고, 고려 전 시기에 걸쳐 미륵사에 대외교류와 경제 활동이 이어지고 있었던 사실을 이야기해 주는 좋은 자료라고 할 수 있다.

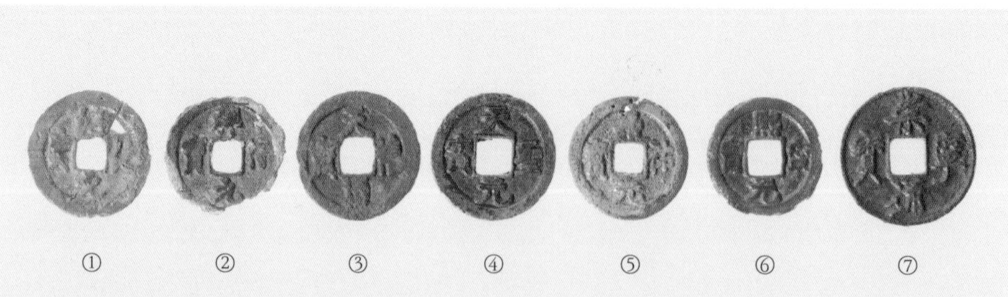

미륵사지에서는 중국 북송北宋 때 만들어진 동전 7종류가 발견되었다. 태종太宗(재위 976~997)의 순화원보부터 8대 휘종徽宗(재위 1100~1125)의 숭녕통보에 이르기까지 연호가 바뀔 때마다 새로운 화폐를 주조한 북송의 동전이 고르게 발견됐다.

도25.
동전, 중국 북송 10~12세기,
익산 미륵사지 출토, 국립익산박물관 소장

① 순화원보淳化元寶 (990~994)
② 상부원보祥符元寶 (1008~1016)
③ 천희통보天禧通寶 (1017~1021)
④ 천성원보天聖元寶 (1023~1031)
⑤ 가우원보嘉祐元寶 (1056~1063)
⑥ 희녕원보熙寧元寶 (1068~1077)
⑦ 숭녕통보崇寧通寶 (1102~1106)

조선 전기의 미륵사

조선 왕조는 유교의 정치 이념으로 나라를 다스리기 위하여 불교를 지원하지 않았다. 『조선왕조실록朝鮮王朝實錄』에 의하면, 태종 7년(1407) 전국의 사찰 중 큰 곳을 골라 자복사資福寺로 정하여, 이곳에만 승려들이 모여 살도록 제한하고, 국가를 위한 불사도 이곳에서만 이루어지게 하였다.[42] 그때 익주益州의 미륵사가 포함되어 있었던 것으로 보아, 미륵사는 15세기에도 이 지역의 대표 사찰로서 위상을 지키고 있었던 것을 알 수 있다. 이와 더불어 미륵사지의 북쪽 구릉 건물지에서는 여전히 새로운 명문 기와들이 출토되어 조선시대의 미륵사에서도 건물의 보수 정비가 이루어지고 있었던 사실을 확인할 수 있다.

42 『朝鮮王朝實錄』 太宗 7年 12月 2日, "議政府請以名刹 代諸州資福 從之 啓曰去年寺社革去之時 自三韓以來大伽藍 反在汰去之例 亡廢寺社 差下住持者 容或有之 僧徒豈無怨咨之心 若擇山水勝處大伽藍 以代亡廢寺院 則庶使僧徒得居止之處 於是 諸州資福寺 皆代以名刹…中神宗 任實珍丘寺 咸豐君尼寺 牙州桐林寺 清州菩慶寺 奉化太子寺 固城法泉寺 白州見佛寺 益州彌勒寺"; 물론 건국 초기의 유화 정책도 잠시, 이내 불교에 대한 본격적인 억압이 시작되면서 세종 6년(1418)에는 전국의 자복사조차 폐지되었다. 『朝鮮王朝實錄』 世宗6年 3月 13日, "京外各宗寺社內 僧人可居寺社定數 以革去寺社田 量宜合屬 其餘有名無實各官資福寺 竝皆革除"

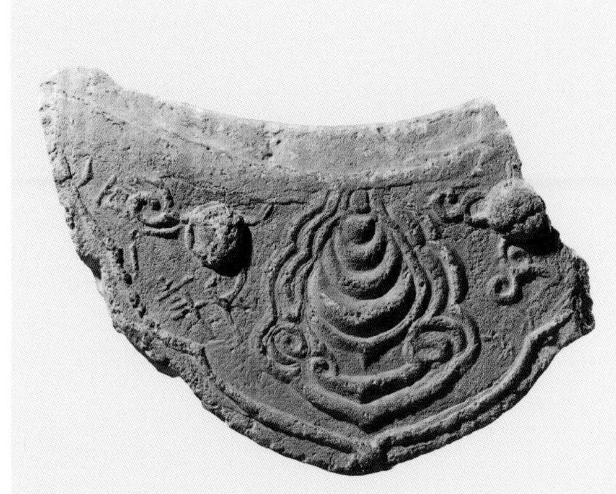

天順八年
천순 8년

미륵사지 북쪽 언덕 건물터에서 출토되는 '천순 8년(1464)'이 새겨진 기와로, 미륵사가 15세기까지 세력을 유지하고 있었음을 보여준다.

도26.
암막새, 조선 1464년,
익산 미륵사지 출토, 국립익산박물관 소장

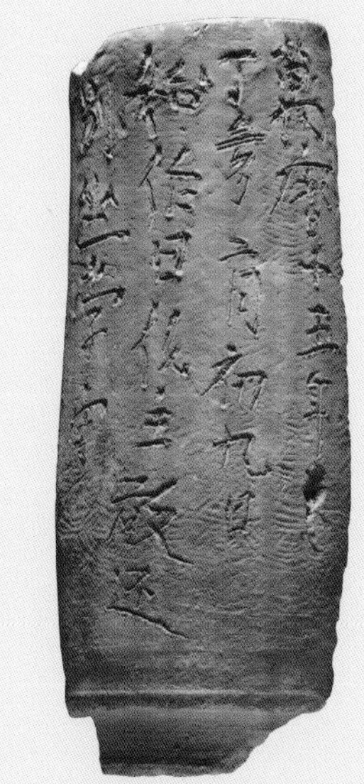

萬曆十五年 / 丁亥二月初九月
始作日化主敬还 / 別坐学守
만력 15년 / 정해 2월 9일에 시작함
화주 경환 / 별좌 학수

16세기 말, 임진왜란이 일어나기 직전의 '만력 15년(1587)'명 기와는 미륵사에서 발견되는 마지막 명문 자료이다. 당시 문인들의 노래에서 알 수 있듯이 서원의 석탑은 이미 무너져 있었지만, 고려 때부터 새롭게 지어진 북쪽 가람에서는 아직도 건물의 개수改修 공사가 이루어지고, 이곳에서 거주하던 승려들은 천년 넘은 미륵사 법등의 빛을 이어가고 있었다.

도27.
암키와 조각, 조선 1587년,
익산 미륵사지 출토, 국립익산박물관 소장

아울러, 익산 미륵사지에서는 진흙으로 빚어 만든 투박한 등잔(도28)이 수백 점 발견되었다. 간소한 만듦새로 보아 승려들이 일상생활에서 어둠을 밝힐 때 썼던 등잔이었을 것이다. 이러한 등잔을 화사석 안에 넣어 석등을 밝히는 데 사용하였을 수도 있고, 혹은 실내에서 생활할 때 작은 등잔대 위에 올려놓고 사용하였을 수도 있다. 미륵사 석등의 찬란한 빛이 사라진 뒤에도, 이 작은 등잔의 불빛들이 미륵사를 가득 채워 미륵사의 법등을 환하게 밝혀왔다.

도28. 등잔, 백제~통일신라, 익산 미륵사지 출토, 국립익산박물관 소장

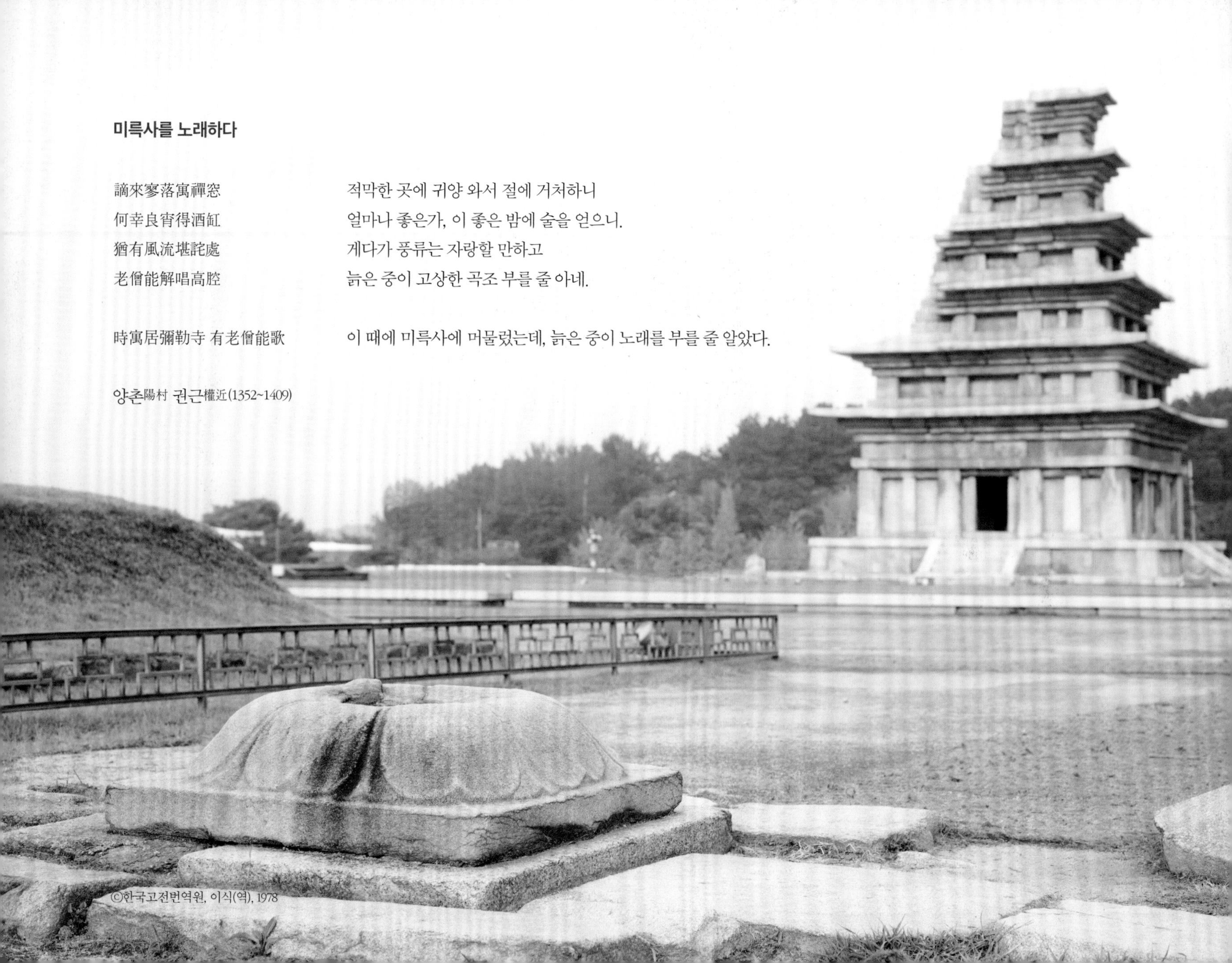

미륵사를 노래하다

謫來寥落寓禪窓　　적막한 곳에 귀양 와서 절에 거처하니
何幸良宵得酒缸　　얼마나 좋은가, 이 좋은 밤에 술을 얻으니.
猶有風流堪詫處　　게다가 풍류는 자랑할 만하고
老僧能解唱高腔　　늙은 중이 고상한 곡조 부를 줄 아네.

時寓居彌勒寺 有老僧能歌　　이 때에 미륵사에 머물렀는데, 늙은 중이 노래를 부를 줄 알았다.

양촌陽村 권근權近(1352~1409)

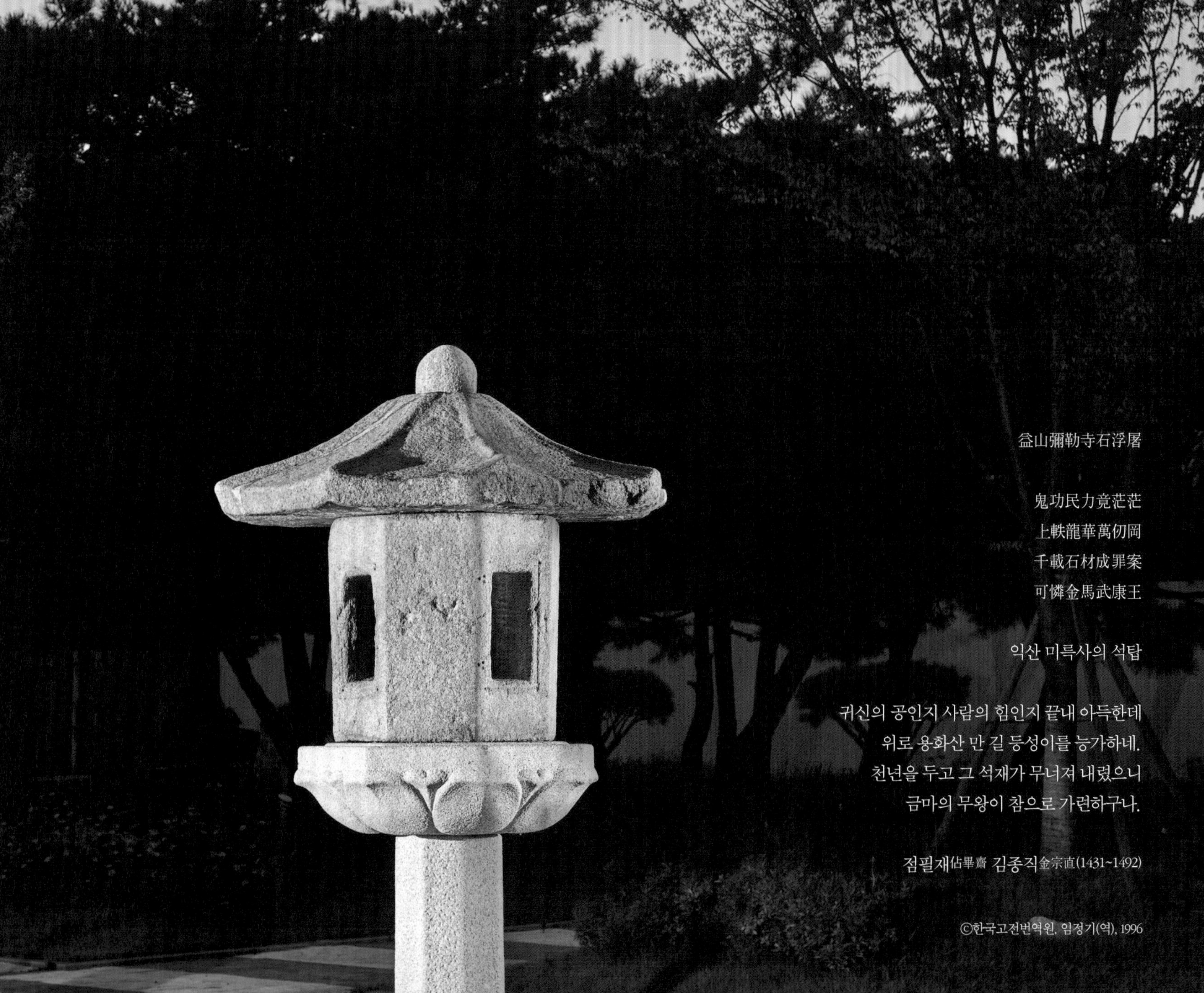

益山彌勒寺石浮屠

鬼功民力竟茫茫
上軼龍華萬仞岡
千載石材成罪案
可憐金馬武康王

익산 미륵사의 석탑

귀신의 공인지 사람의 힘인지 끝내 아득한데
위로 용화산 만 길 등성이를 능가하네.
천년을 두고 그 석재가 무너져 내렸으니
금마의 무왕이 참으로 가련하구나.

점필재佔畢齋 김종직金宗直(1431~1492)

龍華山前彌勒寺
一牛鳴地勢奇雄
緇流住錫多千指
石塔凌雲聳半空
我少讀書長戀戀
師今告別却悤悤
春天日暮頻回首
松月何年訪遠公

용화산 앞 미륵사
소 울음 들릴 만큼 가까운데 형세가 웅장하네.
스님들은 수도 없이 주석하고
석탑은 구름 너머 하늘에 솟았네.
내 어릴 적 책 읽으며 오래오래 사모했는데
선사가 작별을 말하는 지금 너무나 급하네.
봄 하늘에 해 저물면 번번이 고개 돌리고
소나무에 걸린 달은 어느 때나 멀리 있는 그대 찾아갈까.

양곡陽谷 소세양蘇世讓(1486~1562)

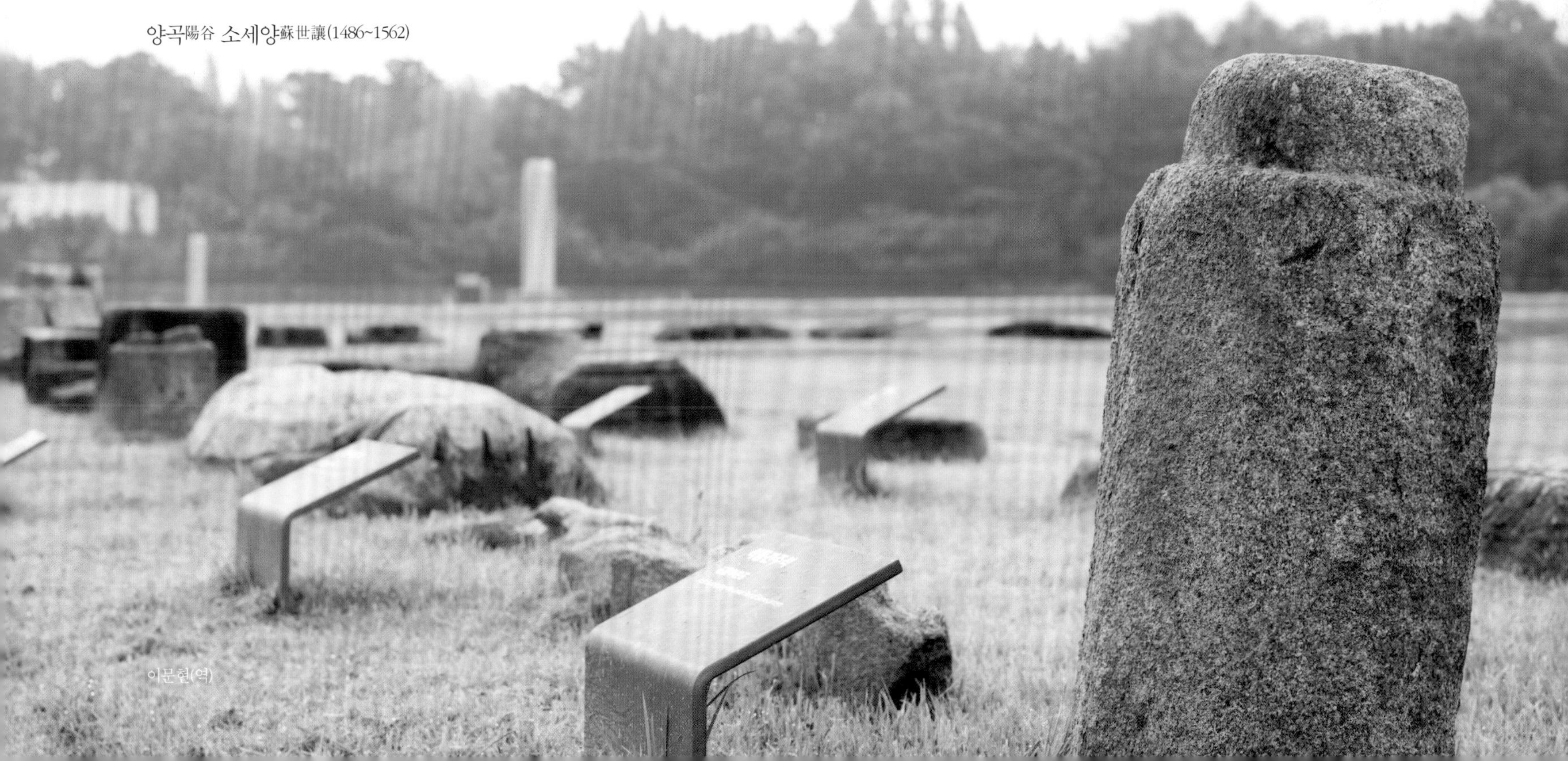

이문현(역)

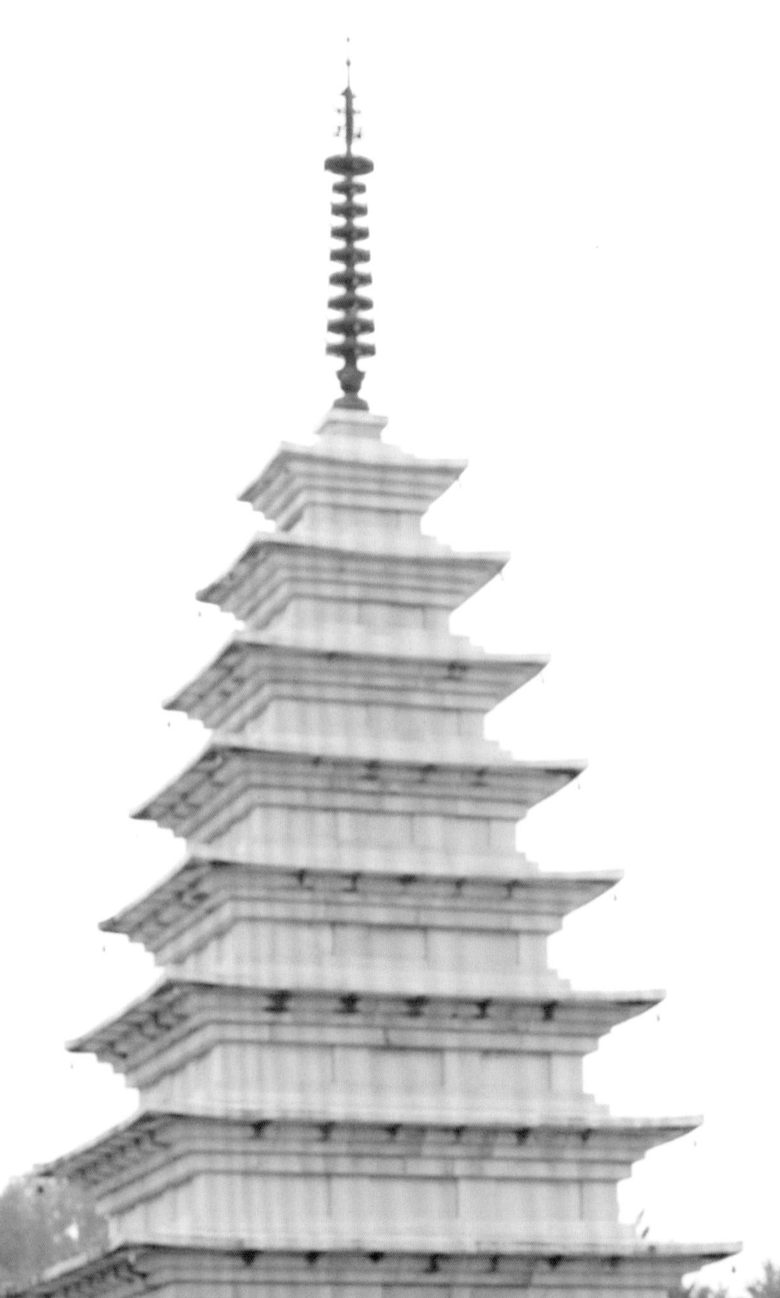

書彌勒寺住持雪希詩卷	미륵사 주지 설희에게 시권을 쓰다
雪積千峯人跡稀	천봉에 눈이 쌓여 인적이 드무니
禪關白日掩柴扉	선관은 대낮에도 사립문 닫혀 있네.
道人宴坐觀空處	도인이 편안히 앉아 관공하는 곳에
秖有瓊花滿院飛	다만 완화가 있어 선원에 가득히 나네.
華山西麓古伽藍	화산의 서쪽 기슭 옛 가람은
吉地相傳冠海南	길지로 서로 전해 해남의 으뜸이네.
石塔聳空三百尺	석탑은 삼백척 공중에 우뚝 솟았으니
最宜彌勒與同龕	미륵과 같은 감실 가장 좋으리.

양곡陽谷 소세양蘇世讓(1486~1562)

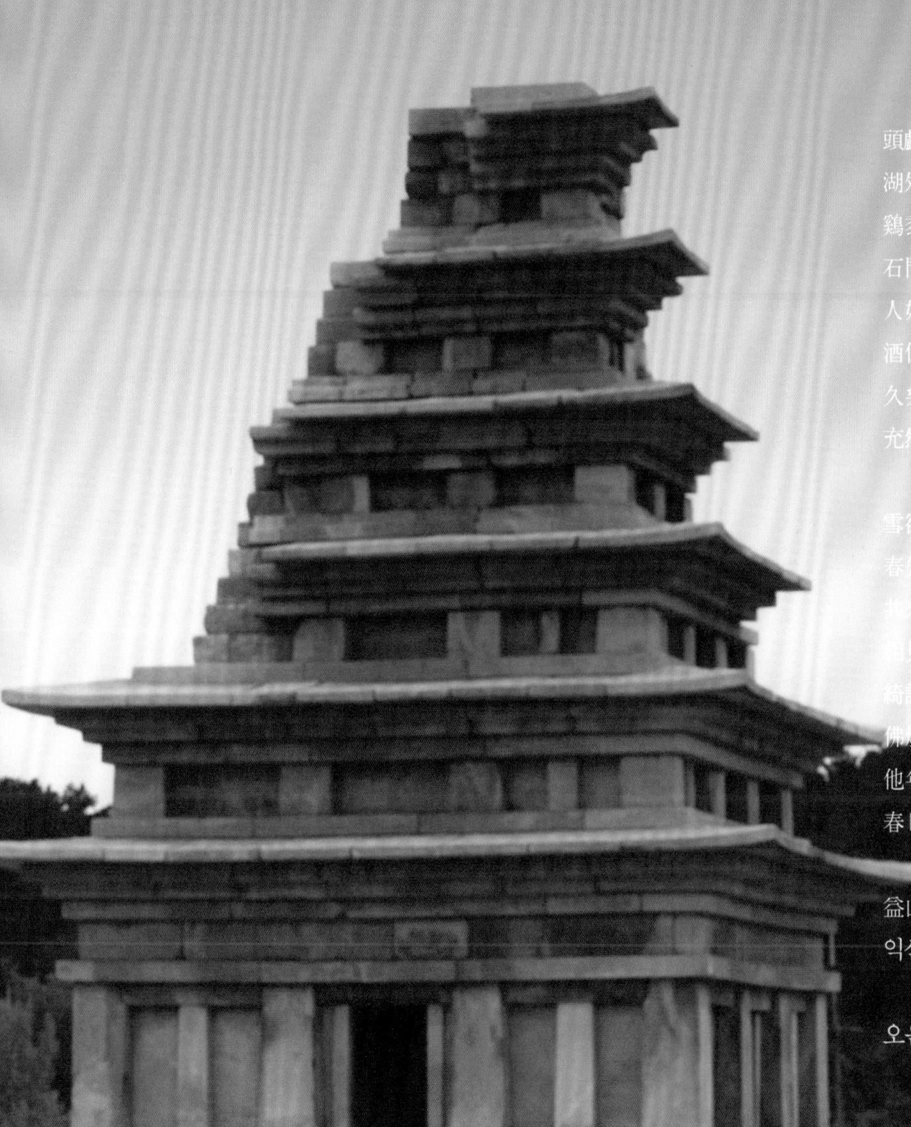

頭顱如此老先知
湖外相逢故舊稀
鷄黍佳期非草次
石門斜日破苔衣
人如蓬轉風吹陌
酒似丹成面發輝
久矣知君全勝我
充然有道覺身肥

雪欲消時草似知
春先到處鴈還稀
共來恣賞羅時塔
相見孃歌金縷衣
綺語終朝霏落屑
佛燈中夜更留輝
他年記取今時會
春日春盤苜蓿肥

나 같은 머리 보면 늙은 줄 먼저 알게 되니
호외에서 상봉할 옛 친구들 적어졌네.
계서의 좋은 기약 초차에서가 아니고
석문의 지는 해 속에 이끼를 밟네.
사람은 길가에 부는 바람에 뒹구는 쑥과 같은데
술은 단약과 같아 얼굴에 빛이 나네.
나보다 훨씬 낫다는 것 오래 전부터 알았지만
도가 충만하여 몸에 살이 올랐구려.

눈이 녹을 즈음 되자 풀은 뭔가 아는 듯한데
봄이 먼저 이른 곳에 기별은 오히려 뜸하네.
함께 와서 신라 때의 탑을 마음껏 감상하고
서로 보며 금루의를 부르는 것은 꺼리네.
시어는 아침까지도 톱밥이 쏟아지는 듯하고
불등은 한밤중에도 다시 빛을 발하네.
훗날 오늘의 모임을 기억하리니
봄날 밥상에 채소만 가득하네.

益山彌勒寺, 次金上舍得地, 宋御史象賢韻
익산의 미륵사에서, 상사 김득지, 어사 송상현의 시에 차운次韻하다.

오음梧陰 윤두수尹斗壽(1533~1601)

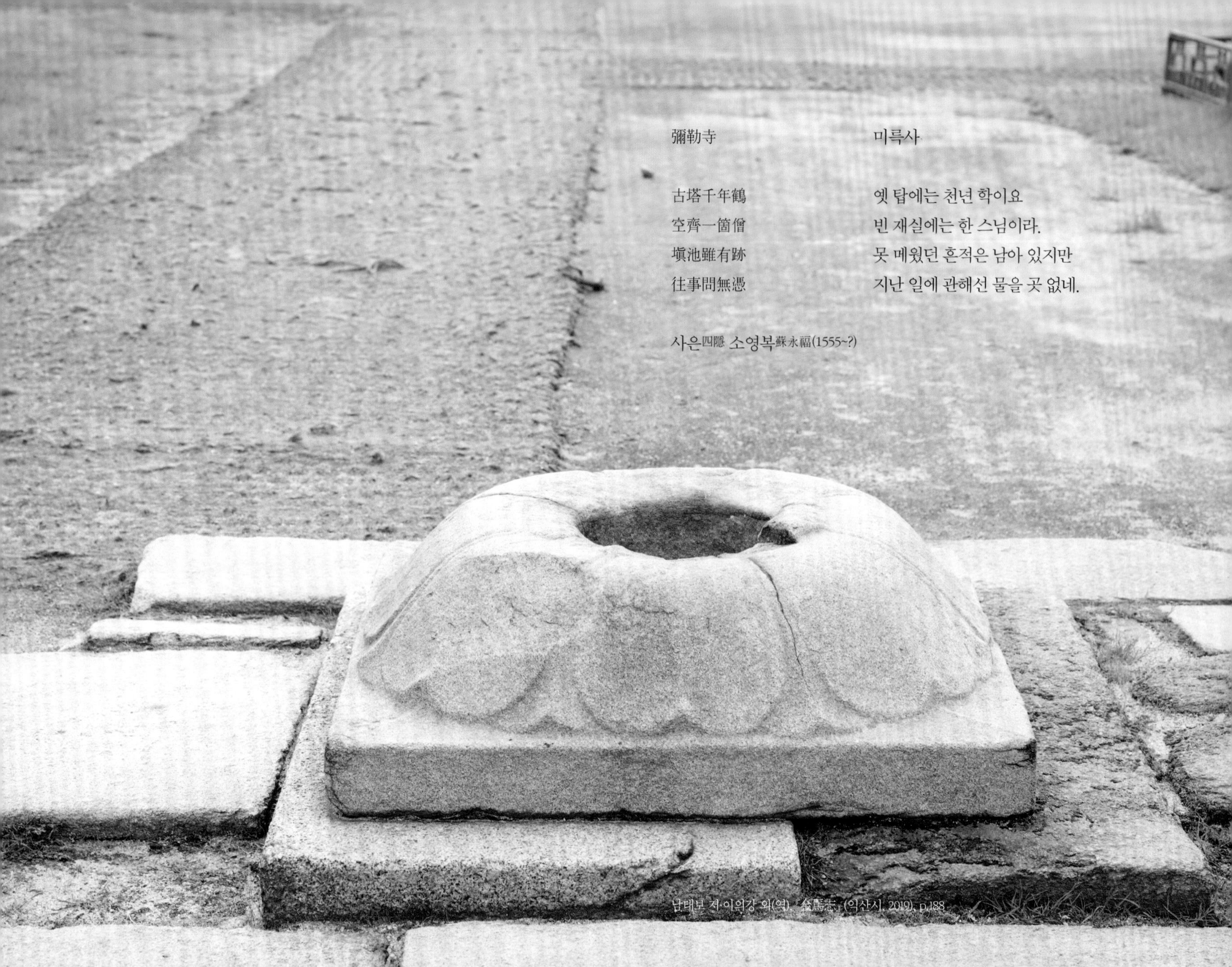

彌勒寺　　미륵사

古塔千年鶴　　옛 탑에는 천년 학이요
空齊一箇僧　　빈 재실에는 한 스님이라.
塡池雖有跡　　못 메웠던 흔적은 남아 있지만
往事問無憑　　지난 일에 관해선 물을 곳 없네.

사은四隱 소영복蘇永福(1555~?)

남태보 저·이의강 외(역), 『金馬志』(익산시, 2019), p.188

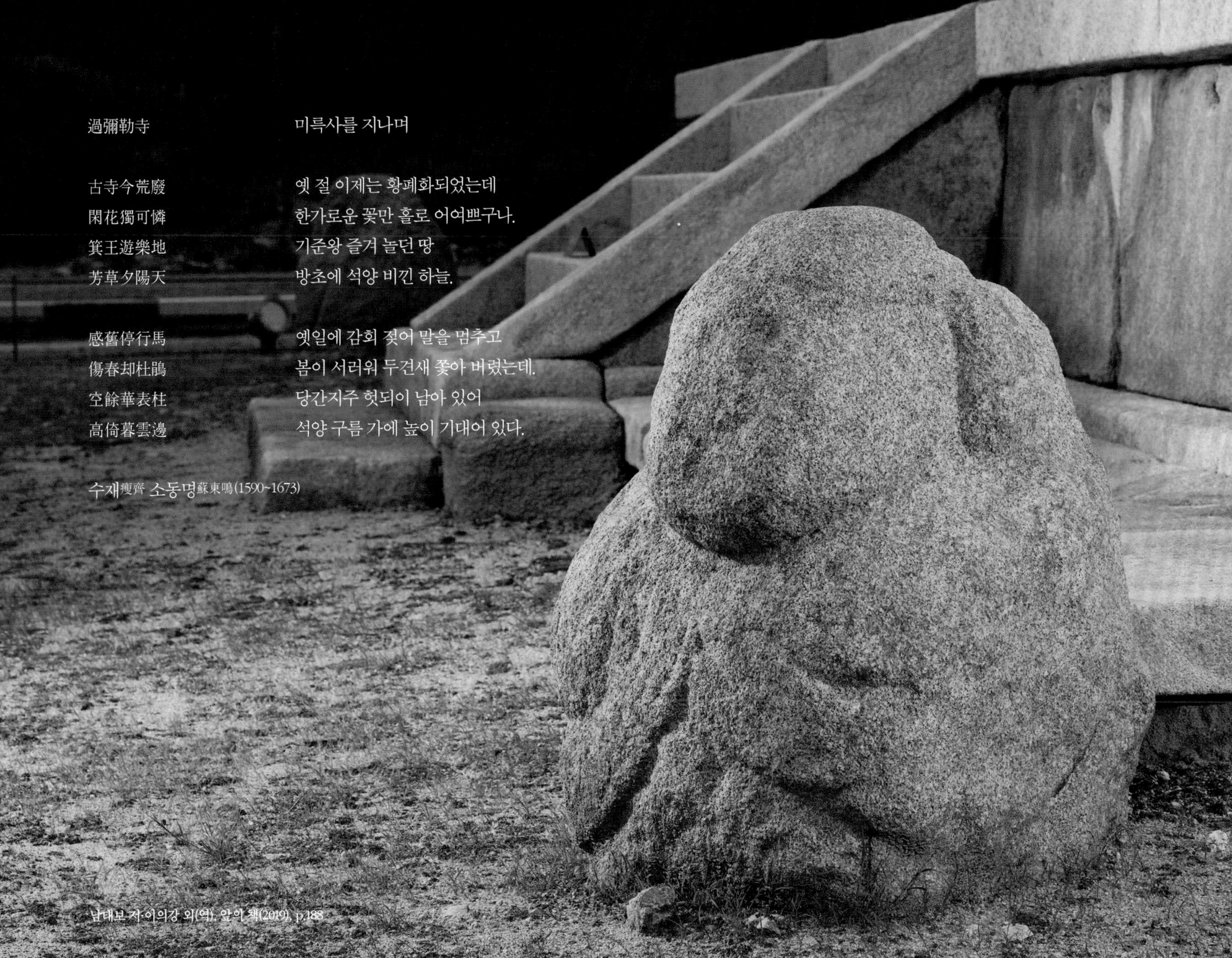

過彌勒寺	미륵사를 지나며
古寺今荒廢	옛 절 이제는 황폐화되었는데
閑花獨可憐	한가로운 꽃만 홀로 어여쁘구나.
箕王遊樂地	기준왕 즐겨 놀던 땅
芳草夕陽天	방초에 석양 비낀 하늘.
感舊停行馬	옛일에 감회 젖어 말을 멈추고
傷春却杜鵑	봄이 서러워 두견새 쫓아 버렸는데.
空餘華表柱	당간지주 헛되이 남아 있어
高倚暮雲邊	석양 구름 가에 높이 기대어 있다.

수재瘦齋 소동명蘇東鳴(1590~1673)

남태보 저·이의강 외(역), 앞의 책(2019), p.188

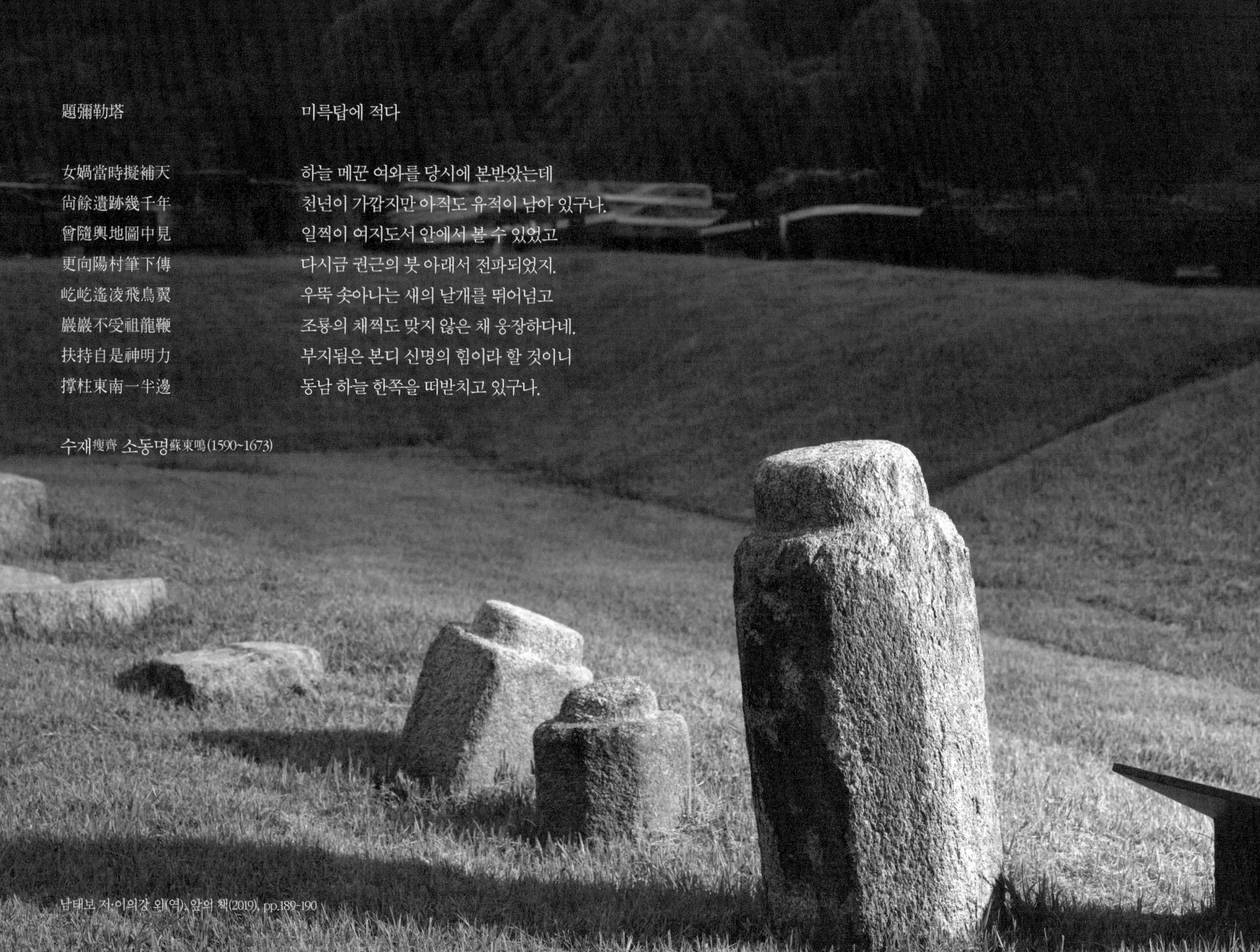

題彌勒塔	미륵탑에 적다
女媧當時擬補天	하늘 메꾼 여와를 당시에 본받았는데
尙餘遺跡幾千年	천년이 가깝지만 아직도 유적이 남아 있구나.
曾隨輿地圖中見	일찍이 여지도서 안에서 볼 수 있었고
更向陽村筆下傳	다시금 권근의 붓 아래서 전파되었지.
屹屹遙凌飛鳥翼	우뚝 솟아나는 새의 날개를 뛰어넘고
巖巖不受祖龍鞭	조룡의 채찍도 맞지 않은 채 웅장하다네.
扶持自是神明力	부지됨은 본디 신명의 힘이라 할 것이니
撑柱東南一半邊	동남 하늘 한쪽을 떠받치고 있구나.

수재瘦齋 소동명蘇東鳴(1590~1673)

남태보 저·이의강 외(역), 앞의 책(2019), pp.189-190

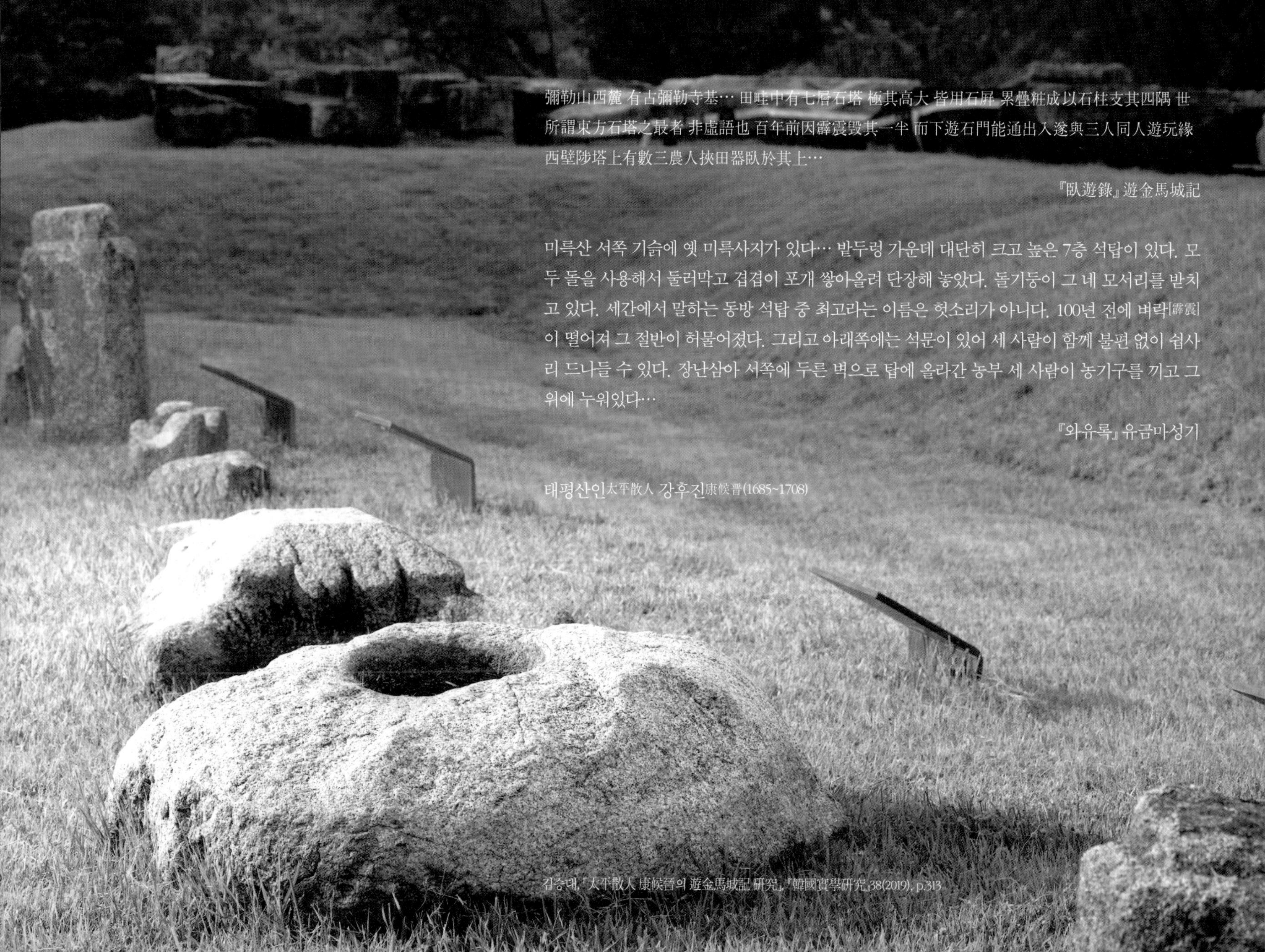

彌勒山西麓 有古彌勒寺基… 田畦中有七層石塔 極其高大 皆用石屛 累疊粧成以石柱支其四隅 世所謂東方石塔之最者 非虛語也 百年前因霹震毁其一半 而下遊石門能通出入遂與三人同人遊玩緣西壁陟塔上有數三農人挾田器臥於其上…

『臥遊錄』遊金馬城記

미륵산 서쪽 기슭에 옛 미륵사지가 있다… 밭두렁 가운데 대단히 크고 높은 7층 석탑이 있다. 모두 돌을 사용해서 둘러막고 겹겹이 포개 쌓아올려 단장해 놓았다. 돌기둥이 그 네 모서리를 받치고 있다. 세간에서 말하는 동방 석탑 중 최고라는 이름은 헛소리가 아니다. 100년 전에 벼락[霹震]이 떨어져 그 절반이 허물어졌다. 그리고 아래쪽에는 석문이 있어 세 사람이 함께 불편 없이 쉽사리 드나들 수 있다. 장난삼아 서쪽에 두른 벽으로 탑에 올라간 농부 세 사람이 농기구를 끼고 그 위에 누워있다…

『와유록』 유금마성기

태평산인太平散人 강후진康候晋(1685~1708)

김승대, 「太平散人 康候晋의 遊金馬城記 研究」, 『韓國實學研究』38(2019), p.313

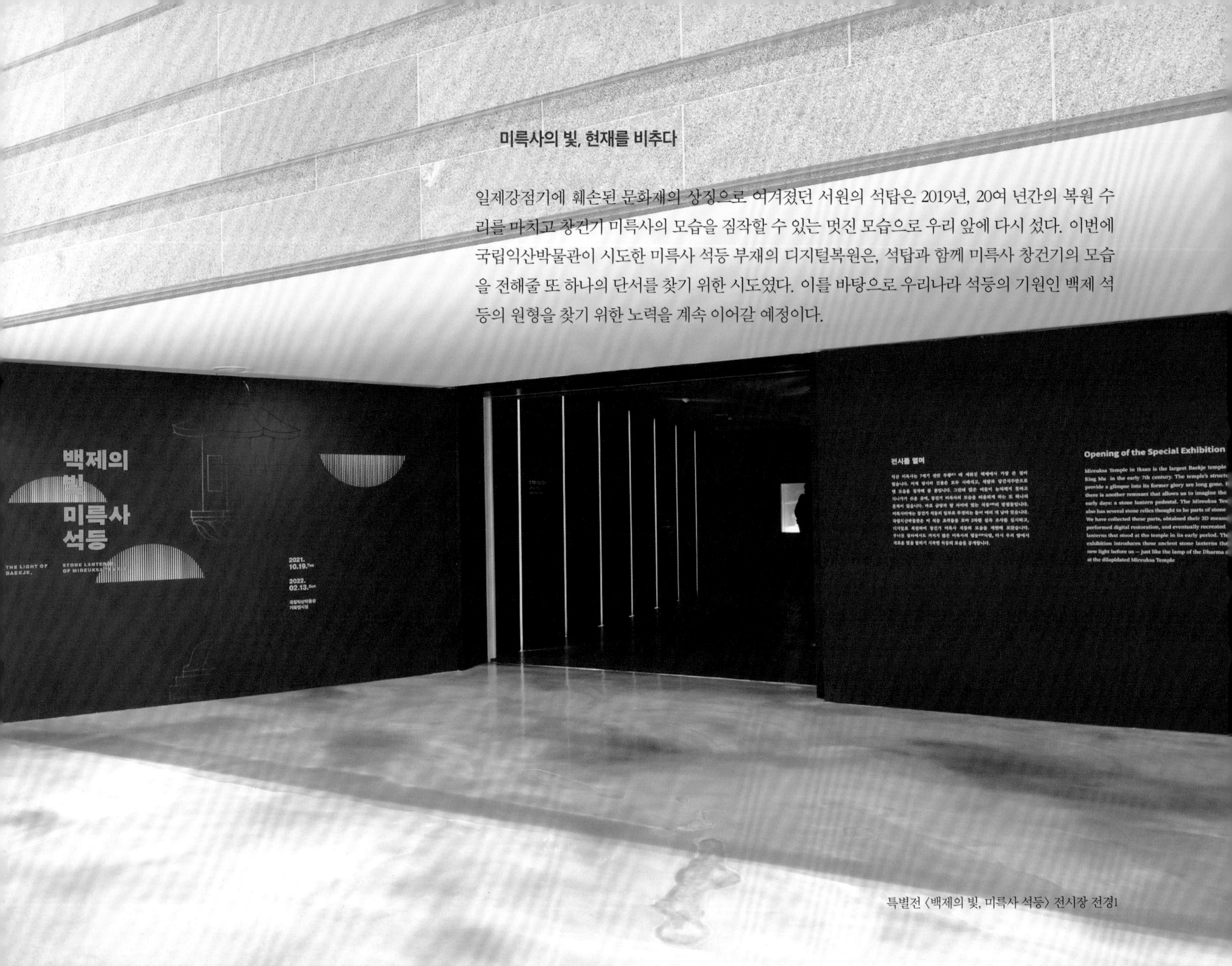

미륵사의 빛, 현재를 비추다

일제강점기에 훼손된 문화재의 상징으로 여겨졌던 서원의 석탑은 2019년, 20여 년간의 복원 수리를 마치고 창건기 미륵사의 모습을 짐작할 수 있는 멋진 모습으로 우리 앞에 다시 섰다. 이번에 국립익산박물관이 시도한 미륵사 석등 부재의 디지털복원은, 석탑과 함께 미륵사 창건기의 모습을 전해줄 또 하나의 단서를 찾기 위한 시도였다. 이를 바탕으로 우리나라 석등의 기원인 백제 석등의 원형을 찾기 위한 노력을 계속 이어갈 예정이다.

특별전 〈백제의 빛, 미륵사 석등〉 전시장 전경1

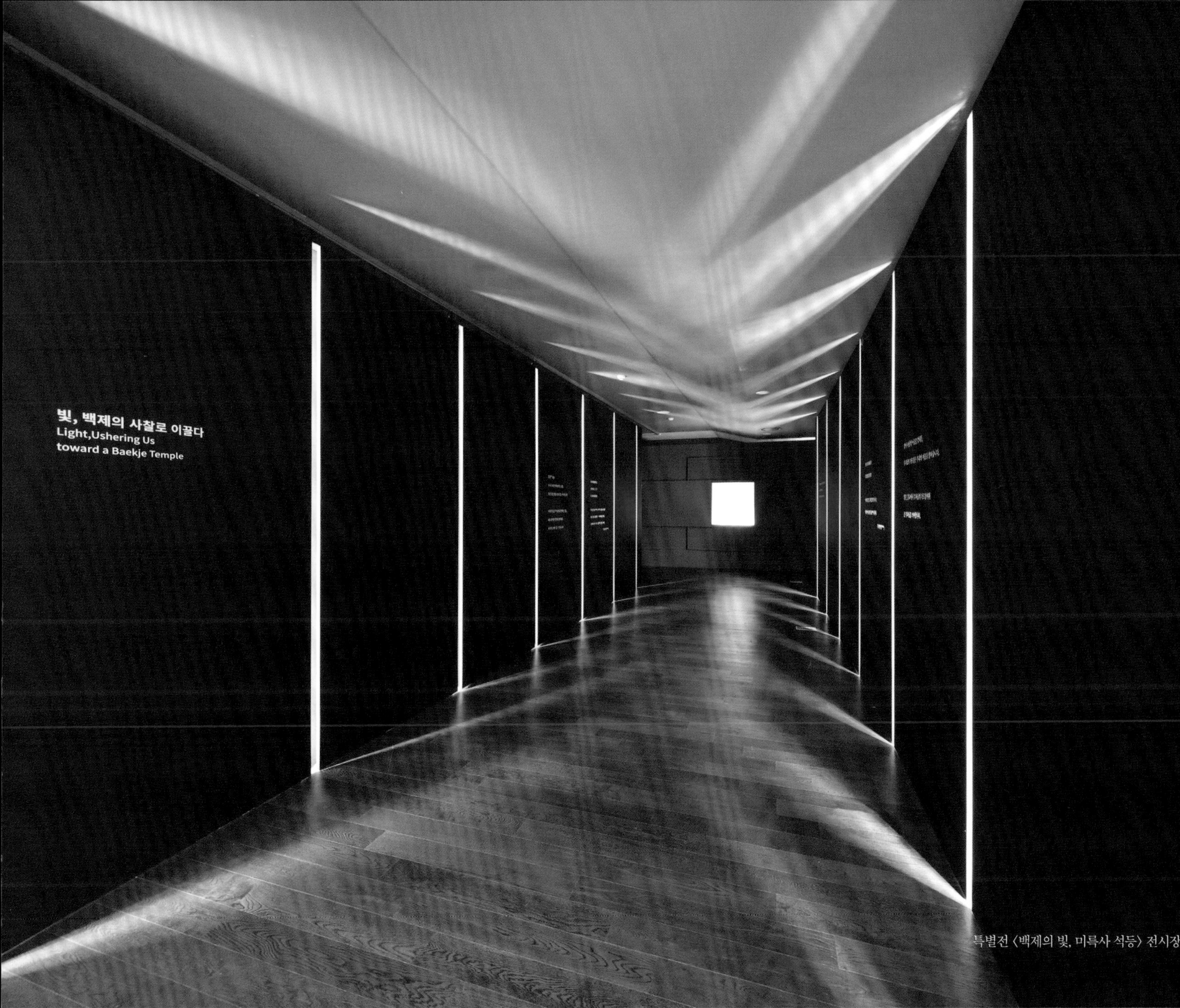

특별전 〈백제의 빛, 미륵사 석등〉 전시장

특별전 〈백제의 빛, 미륵사 석등〉 전시장 전경3

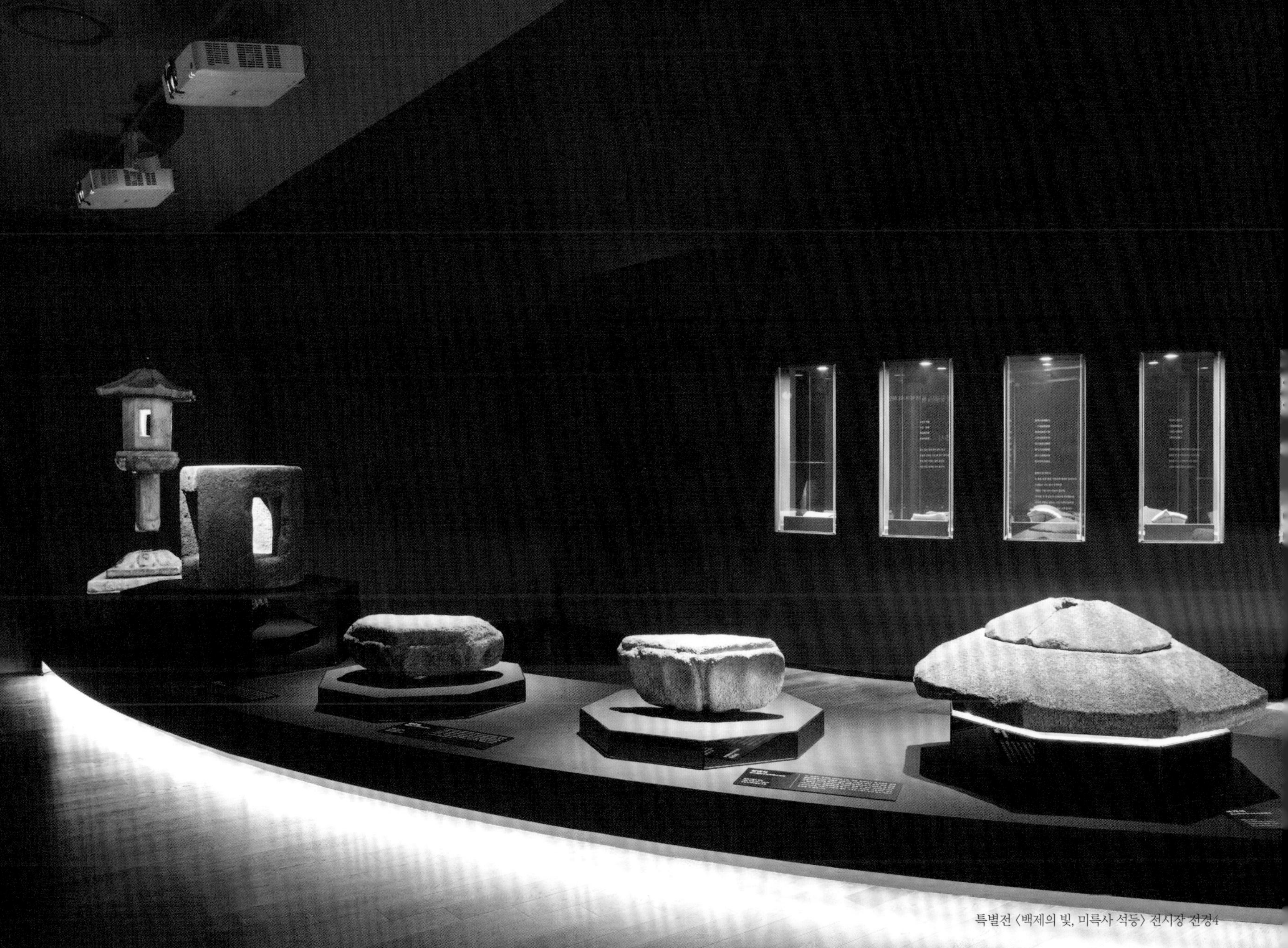

특별전 〈백제의 빛, 미륵사 석등〉 전시장 전경4

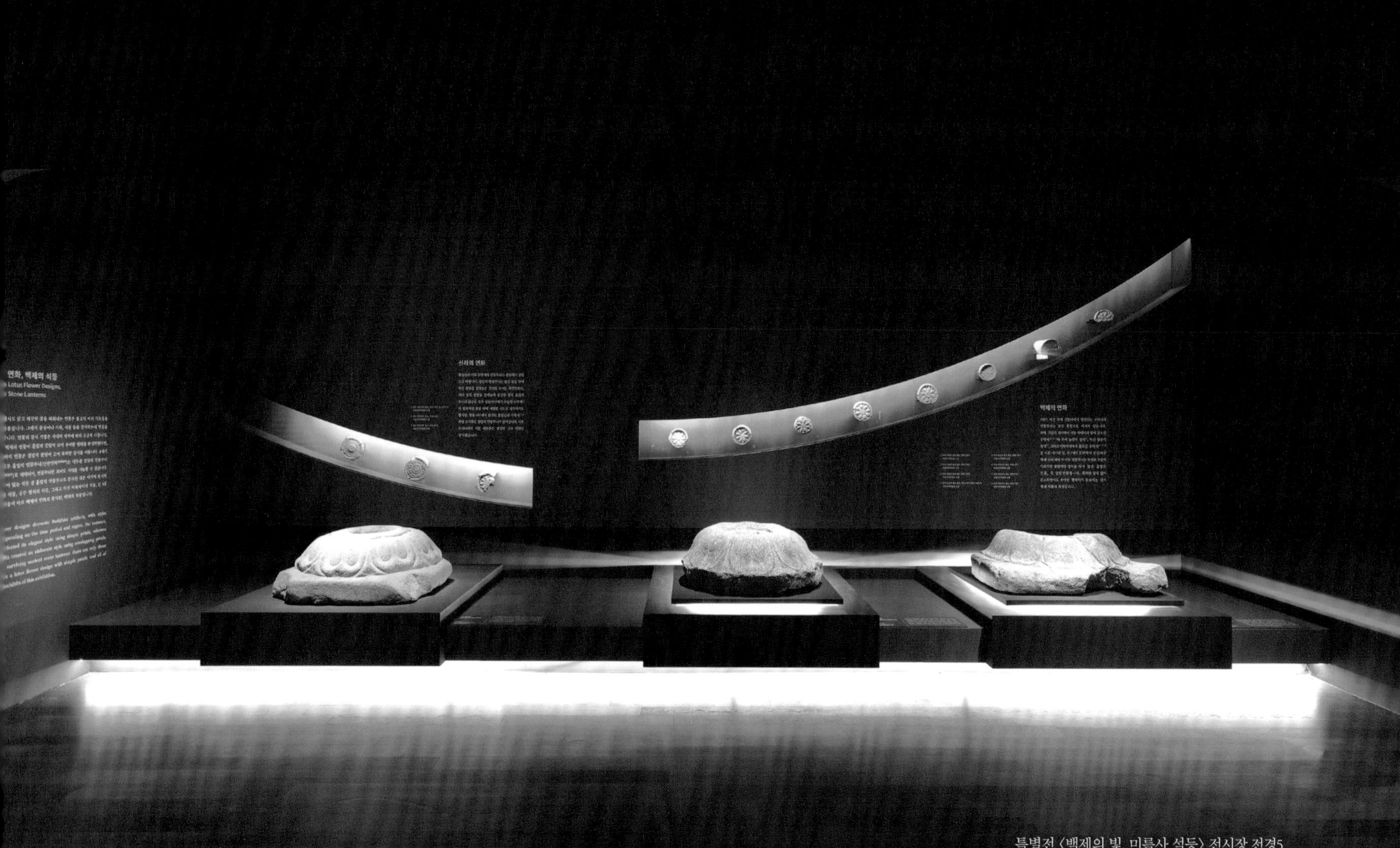

특별전 〈백제의 빛, 미륵사 석등〉 전시장 전경5

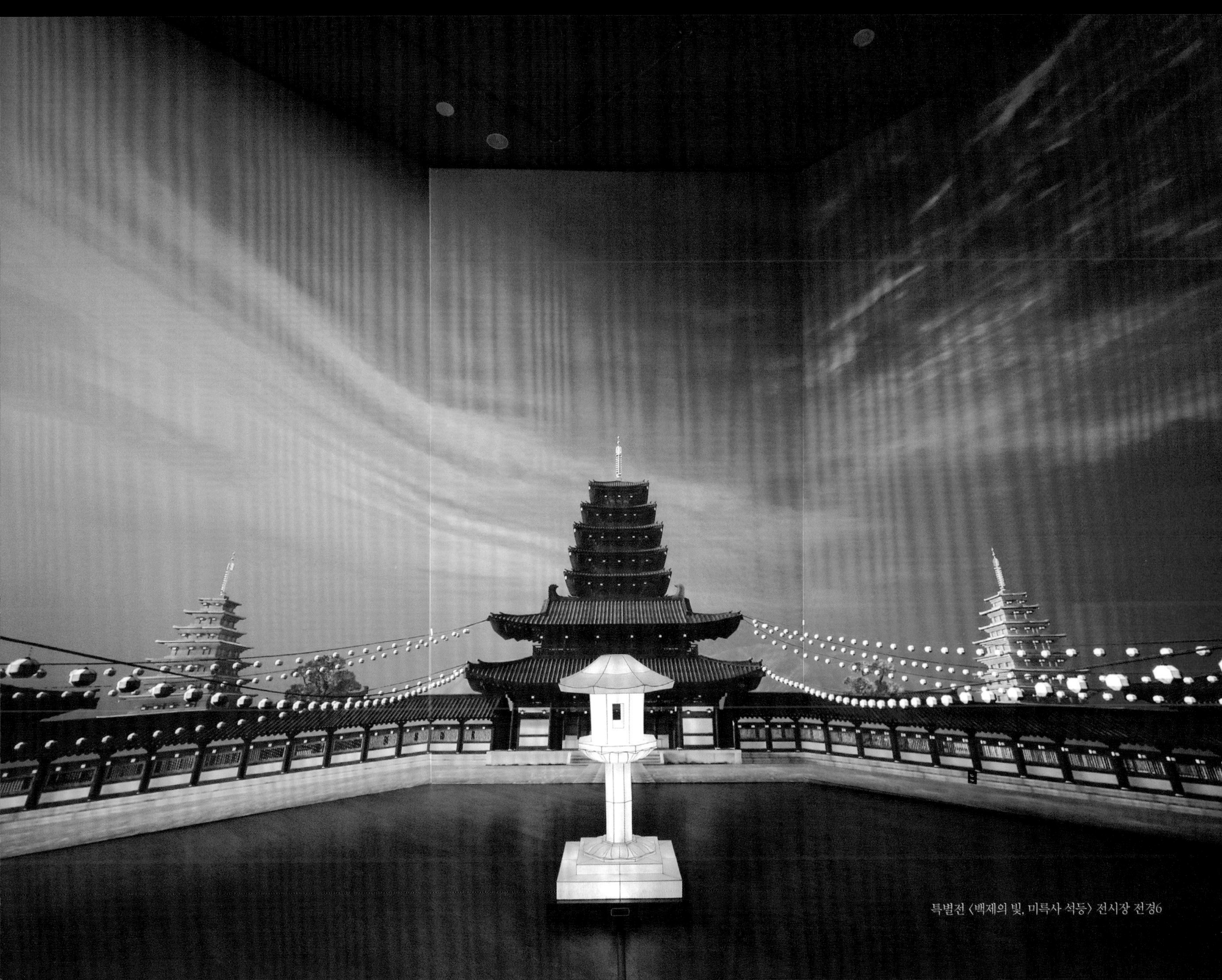

특별전 〈백제의 빛, 미륵사 석등〉 전시장 전경6

특별전 〈백제의 빛, 미륵사 석등〉 전시장 전경7

Abstract

Chapter 1
Light, Ushering Us Toward a Baekje Temple

Although stone lanterns are commonly seen in every Buddhist temple in Korea, they are as unnoticed as they are ubiquitous. Nevertheless, stone lanterns are sculptural objects that most intuitively present light, the symbol of the Buddha's teachings. Moreover, among all sculptural objects at a temple, stone lanterns are creations that most deeply reflect the aesthetic sensibility of the Korean people. The light that shines in darkness symbolizes the truth that dispels ignorance and a lack of awareness. In Buddhism, the truth signifies the teachings of the Buddha or the Buddha himself. Therefore, stone lanterns that shine such light are not mere practical instruments but religious artifacts with a much deeper significance. In this respect, when we trace the origins of stone lanterns using our imaginations, such journey brings us to a Baekje temple during the Three Kingdoms period and to the conclusion that stone lanterns are basically the creation of the Baekje people.

Chapter 2
Stone Lantern, the First Light of Mireuksa Temple

The lower pedestals left in the middle and east courtyards of the Mireuksa Temple Site are decorated with a simple and elegant lotus flower motif from the early 7th century. Next to the lower pedestal of the middle courtyard sits the lower element of a two-tiered roof stone. Additionally, an upper pedestal from the middle courtyard and some part of a middle pillar from the western section of the temple site have been kept together in one location with other recovered stone parts, so a total of five stone lantern parts can be currently identified at the site. Furthermore, three light chamber stones, three roof stones, and two upper pedestals, previously exhibited in Buyeo and Jeonju, have now been relocated and housed at the Iksan National Museum, making 13 the total number of stone lantern parts recovered from the site. Unfortunately, for most of these artifacts, it is difficult to figure out their original appearance and location. Nonetheless, they all once consisted of stone lanterns that shined the first light on Mireuksa Temple in its early days.

Chapter 3
The Light of the Dharma, the Everlasting Light of Mireuksa Temple

After King Mu of Baekje and his wife witnessed the appearance of the Maitreya Buddha Triad on the foot of Yonghwasan Mountain in Geumma, Iksan, they built an enormous temple with three courtyards. In each courtyard, a prayer hall and a pagoda stood along with a shining stone lantern that symbolized Maitreya Buddha, who is supposed to appear to us as the light that illuminates the world. King Mu strived to restore Baekje to its heyday by establishing this temple and rebuilding the royal palace. Unfortunately, his dream did not materialize, but the light of the Dharma he kindled continued to shine long into the future. Mireuksa Temple thrived even after the unification of the Three Kingdoms, with its residing monks maintaining the light of the Dharma throughout the Goryeo period until the early Joseon period. Although the lights of stone lanterns that once brightly illuminated the temple disappeared in the 17th century, with only the forlorn remains of stone pagodas remaining, traveling writers passing by the site have continued to sing the former glory of the temple and humanity's transience, carrying on the temple's light of the Dharma to the present day.

도판목록

번호		명칭	시대	크기(㎝)	출토지	소장처 (관리번호)	출품
도1		산수봉황무늬 벽돌	백제 7세기 초	29.1×28.8	충남 부여 규암면 외리	국립중앙박물관 (본관13972)	O
		산수무늬 벽돌	백제 7세기 초	29.3×29.1	충남 부여 규암면 외리	국립중앙박물관 (본관13972)	O
도2		연꽃무늬 수막새	백제 6세기 후반~7세기	D14.2	충남 부여 가탑리	국립부여박물관 (부여248)	O
		연꽃무늬 수막새	백제 6세기 후반~7세기	D16.0	충남 부여 가탑리	국립부여박물관 (부여1312)	O
		연꽃무늬 수막새	백제 6세기 후반~7세기	D14.5	충남 부여 가탑리	국립부여박물관 (부여1312)	O
		연꽃무늬 수막새	백제 6세기 후반~7세기	D14.4	충남 부여 능산리	국립부여박물관 (부여4539)	O
		연꽃무늬 수막새	백제 6세기 후반~7세기	D14.4	전북 익산 왕궁리	국립익산박물관 (익위왕궁1715)	O
		연꽃무늬 수막새	백제 6세기 후반~7세기	D16.6	전북 익산 왕궁리	국립부여문화재 연구소	O
		연꽃무늬 수막새	백제 6세기 후반~7세기	D13.2	전북 익산 금마면 기양리 (미륵사지)	국립익산박물관 (미륵4748)	O
		연꽃무늬 수막새	백제 6세기 후반~7세기	D15.5	전북 익산 금마면 기양리 (미륵사지)	국립익산박물관 (미륵5915)	O
		연꽃무늬 수막새	백제 6세기 후반~7세기	D14.2	전북 익산 금마면 기양리 (미륵사지)	국립익산박물관 (미륵8091)	O
도3		석등 하대석	백제 7세기 초	D99.0 H34.5	충남 부여 가탑리	국립부여박물관 (부여392)	O
도4		석등 하대석	백제 7세기 이후	L109.0 H33.0	충남 공주 탄천 정치리	국립공주박물관 (공주588)	O

번호		명칭	시대	크기(㎝)	출토지	소장처 (관리번호)	출품
도5	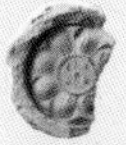	연꽃무늬 수막새	통일신라 7세기 말~8세기 초	D15.6	경북 경주시 동천동 (임천사지)	국립경주박물관 (경주9853)	O
	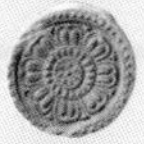	연꽃무늬 수막새	통일신라 7세기 말~8세기 초	D16.7	경북 경주시 구황동 (황룡사지)	국립경주박물관 (황룡791)	O
	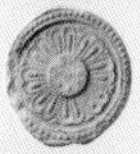	연꽃무늬 수막새	통일신라 7세기 말~8세기 초	D17.0	경북 경주시 구황동 (황룡사지)	국립경주박물관 (황룡853)	O
도6	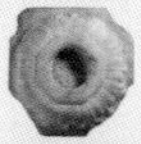	석등 하대석	통일신라 8세기	D100.0 H40.0	경북 경주시 동천동 (임천사지)	국립경주박물관 (석조품341)	O
도7	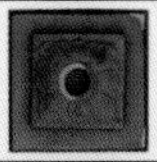	동원 석등 하대석	백제 7세기 전반	137.8×140.3 H42.0	전북 익산 금마면 기양리 (미륵사지)	전북 익산 미륵사지	X
도8	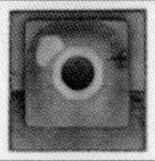	중원 석등 하대석	백제 7세기 전반	136.9×138.3 H44.5	전북 익산 금마면 기양리 (미륵사지)	전북 익산 미륵사지	X
도9	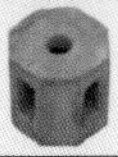	석등 화사석	백제 7세기 전반	D65.2~61.6 H63.6	전북 익산 금마면 기양리 (미륵사지)	국립부여박물관 (부여386)	X
도10	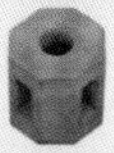	석등 화사석	백제 7세기 전반	D68.7~65.5 H69.0	전북 익산 금마면 기양리 (미륵사지)	국립부여박물관 (부여387-1)	X
도11	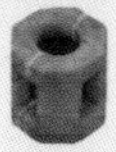	석등 화사석	백제 7세기 전반	D63.6~62.1 H67.0	전북 익산 금마면 기양리 (미륵사지)	국립부여박물관 (부여385-1)	O
도12	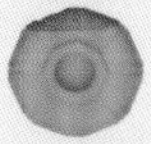	석등 상대석	백제 7세기 전반	L69.6 H29.4	전북 익산 금마면 기양리 (미륵사지)	국립부여박물관 (부여394)	O
도13	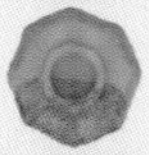	석등 상대석	백제 7세기 전반	L74.1 H26.9	전북 익산 금마면 기양리 (미륵사지)	국립부여박물관 (부여393)	O
도14	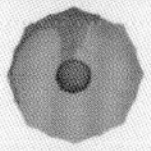	석등 상대석	백제 7세기 후반	D92.8 H32.4	전북 익산 금마면 기양리 (미륵사지)	전북 익산 미륵사지	X
도15	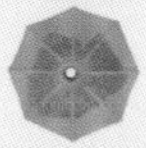	석등 옥개석	백제 7세기 전반	L100.3 H31.0	전북 익산 금마면 기양리 (미륵사지)	국립부여박물관 (부여387-2)	X

번호	명칭	시대	크기(㎝)	출토지	소장처 (관리번호)	출품
도16	석등 옥개석	백제 7세기 전반	L67.9 H32.4	전북 익산 금마면 기양리 (미륵사지)	국립부여박물관 (부여385-2)	X
도17	석등 옥개석	백제 7세기 전반	D134.3 H35.8	전북 익산 금마면 기양리 (미륵사지)	국립부여박물관 (부여1684)	X
도18	석등 옥개석(위)	백제 7~8세기	D66.6 H14.5	전북 익산 금마면 기양리 (미륵사지)	국립익산박물관 (참고품)	O
	석등 옥개석(아래)	백제 7~8세기	D118.0 H23.1	전북 익산 금마면 기양리 (미륵사지)	전북 익산 미륵사지	O
도19	석등 간주석	통일신라 이후	D32.4 H81.3	전북 익산 금마면 기양리 (미륵사지)	전북 익산 미륵사지	X
도20	암키와 조각	통일신라 740년	W17.2 L25.0	전북 익산 금마면 기양리 (미륵사지)	국립전주박물관 (전주9363)	O
도21	항아리 조각	통일신라 858년	W28.5 L14.0	전북 익산 금마면 기양리 (미륵사지)	국립익산박물관 (미륵4552)	O
도22	암키와 조각	고려 980년	W19.0 L30.0	전북 익산 금마면 기양리 (미륵사지)	국립익산박물관 (미륵13639)	O
도23	암키와 조각	고려 1317년	W21.0 L37.0	전북 익산 금마면 기양리 (미륵사지)	국립익산박물관 (미륵15993)	O
도24	암키와 조각	고려 1330년	W23.0 L27.0	전북 익산 금마면 기양리 (미륵사지)	국립익산박물관 (미륵16652)	O
도25	동전(순화원보淳化元寶)	중국 북송 990~994년	D2.5	전북 익산 금마면 기양리 (미륵사지)	국립익산박물관 (미륵13855)	O
	동전(상부원보祥符元寶)	중국 북송 1008~1016년	D2.5	전북 익산 금마면 기양리 (미륵사지)	국립익산박물관 (미륵12456)	O
	동전(천희통보天禧通寶)	중국 북송 1017~1021년	D2.6	전북 익산 금마면 기양리 (미륵사지)	국립익산박물관 (미륵5689)	O

번호		명칭	시대	크기(㎝)	출토지	소장처 (관리번호)	출품
도25		동전(천성원보天聖元寶)	중국 북송 1023~1031년	D2.5	전북 익산 금마면 기양리 (미륵사지)	국립익산박물관 (미륵13844)	O
		동전(가우원보嘉祐元寶)	중국 북송 1056~1063년	D2.4	전북 익산 금마면 기양리 (미륵사지)	국립익산박물관 (미륵1454)	O
		동전(희녕원보熙寧元寶)	중국 북송 1068~1077년	D2.3	전북 익산 금마면 기양리 (미륵사지)	국립익산박물관 (미륵12457)	O
		동전(숭녕통보崇寧通寶)	중국 북송 1102~1106년	D3.4	전북 익산 금마면 기양리 (미륵사지)	국립익산박물관 (미륵8511)	O
도26		암막새	조선 1464년	W25.0 H16.1	전북 익산 금마면 기양리 (미륵사지)	국립익산박물관 (미륵13964)	O
도27		암키와 조각	조선 1587년	W17.5 H39.2	전북 익산 금마면 기양리 (미륵사지)	국립익산박물관 (미륵14692)	O
도28		등잔	백제~통일신라	D6.7 H2.8	전북 익산 금마면 기양리 (미륵사지)	국립익산박물관 (미륵1847)	O
		등잔	백제~통일신라	D9.0 H4.0	전북 익산 금마면 기양리 (미륵사지)	국립익산박물관 (미륵4462)	O

백제의 빛, 미륵사 석등

THE LIGHT OF BAEKJE, STONE LANTERNS OF MIREUKSA TEMPLE

전시

기획 류승진 배영일
진행 신민철 송현경 권혜은
보조 조성혁 이미령 정유라 정태영 황인현
교육 강지원 김현지
보존처리 조연태 김종우
콘텐츠 제작 ㈜문화유산기술연구소
전시 디자인 ㈜영인스페이스

도록

원고 류승진
디지털복원 ㈜문화유산기술연구소
유물 촬영 남기용
전시실 촬영 주병수
번역 한국외국어대학교통번역센터

발행일 2021년 11월 30일
발행처 국립익산박물관
전라북도 익산시 금마면 미륵사지로 362
www.iksan.museum.go.kr
출판 ㈜눌와
등록번호 1999.7.26. 제10-1795호
서울시 마포구 월드컵북로 16길 51, 2층

ISBN 979-11-89074-44-9 (93620)

책값은 뒤표지에 표시되어 있습니다.